未来の教師と考える特別活動論

伊東 毅

武蔵野美術大学出版局

はじめに

諸外国の学校と比べて、日本の学校の特色とは何だろうか。もちろん、経済開発協力機構（ＯＥＣＤ）が行う国際学力調査ＰＩＳＡの順位が多少下がることもあるけれど、いつも上位をキープしているわけだから、教科教育の充実が日本の教育の強みであることは間違いない。だが、それよりもはるかに際立った違いがある。それは、教科以外の活動が日本の学校のなかにはふんだんに用意されていることである。そして、この教科以外の活動の多くは、実は特別活動なのである。

日本の教師は、他国の教師に比べてめちゃくちゃ忙しい。でも、それは教科の授業で忙しいわけではない。ＯＥＣＤの調査によると、日本の教師が担当している教科の授業時数は、世界の平均値とさほど変わらない。小学校の教師は平均値よりちょっと多く、中学校の教師は平均値よりちょっと少ない。でも、仕事時間の合計は他を寄せつけない数値で世界一位である（詳しくは第14章参照）。日本の教師は、教科の授業以外、すなわち、特別活動と特別活動から派生した部活動、そして事務仕事に相当の精力を注いでいる。

本書の取り扱う特別活動と特別活動から派生した部活動は、まさに日本の学校教育の特色にあたる部分ということになる。教師になったらここを頑張らなくてはいけないのだから、教壇に立つ前にしっかりと学んでおいてほしい。事務仕事も日本の教師の特色の一つといえるかも知れないが、こちらの方はオン・

ザ・ジョブ・トレーニング（ＯＪＴ）でお願いしたい。

さて、この特別活動であるが、教職課程で学びはじめた人のなかで、その全体像をつかんでいる人はそうはいないのではないだろうか。特別活動といわれて皆さんは何を想像するだろうか。特別活動は略して「特活《とっかつ》」であるが、朝の特活・帰りの特活（朝の会・帰りの会・ショートホームルームなどとも呼ばれる）、そして、特活の時間といわれるロングホームルームあたりを思い浮かべる人はそれなりにいると思う。しかし、特別活動の守備範囲は想像以上に広く、なかなか輪郭がつかみにくい。そこで、特別活動を把握するための簡易的な公式をつくって提示したことがある。ここでも取り上げて解説を加えてみよう。

学校での教育活動－教科（道徳科を含む）－総合的な学習（探究）の時間＝特別活動

学校で展開されていたいろいろな場面を思い出してほしい。頭のなかに浮かんでいる場面が各教科の授業のシーンでもなく、最近教科に格上げされた特別の教科である道徳（「特別の教科　道徳」「道徳科」とも表記される）でもなく、総合的な学習（探究）の時間（高等学校では二〇二二〔令和四〕年度から「総合的な探究の時間」）でもなかったら、それは特別活動である。ただし、この公式の精度はそれほど高いものではないので、妄信してもらっては困るが、それでも特別活動を理解する取り掛かりとしては役に立つはずである。

具体的な公式の使い方は次のようになる。「そういえば、学活っていうのがあったなあ。クラスの問題を話し合ったり、何かクラスのきまりごとをつくったりした覚えがある。この学活ってなんだろう。教科ではない。道徳科でもない。総合的な学習の時間でもなかったなあ」。そう、学活は特別活動なのである。「卒業式、先生たちと別れるのはどうでもよかったけれど、よく遊んだ仲間と別れるのはやっぱりつらかったなあ。ところで、卒業式ってなんだろう。教科ではない。道徳科でもない。総合的な学習の時間でもない」。そう、卒業式も特別活動なのである。「給食。好き嫌いが激しい私にとって、給食ってけっこう悩みの種だったなあ。でも、この給食ってなんだろう。教科ではない。道徳科でもない。総合的な学習の時間でもない。そうか、給食も特別活動なのか」。

しかし、この公式があてはまらない場合もある。「学校の思い出っていえば、何といっても部活。私からバレーボールをとったら何も残らない。部活は教科ではない。道徳科でもない。総合的な学習の時間でもない。そうか、部活も特別活動なのか」。残念。クラブ活動は特別活動であるけれど、部活は特別活動ではない。このあたりのことは第13章で学習することになる。とにかく、特別活動の簡易的な見分け方はわかったと思う。後は各章でしっかりと内容を習得してもらいたい。

筆者は二〇一一（平成二三）年に『未来の教師におくる特別活動論』を著した。教職のテキストらしからぬタイトルではあるが、その意図するところは次のようなものであった。

本来、人間にはさまざまな自由がある。思想信条の自由もあり、教員として自身の力量を自ら選択した方法で高めていく自由もある。しかし、公立学校は行政機関のひとつであり、遵守しなければならない法令や、管理職からの職務命令がある。慣例、慣行もある。見解が分かれることなどについては慎重に対応したり、発言したりすることが求められてくる。こうしたなかで、考え方も柔軟性を失ったり、その結果として、思考停止に近い状態になることもある。これまでの学校教育を振り返ってみると、とくに、道徳と本書で学ぶ特別活動についていろいろな主張がなされてきた。こうしたものを自由に考え、相対化していくことができるのが、実は学生のとき、すなわち今である。本書のタイトルが『未来の教師におくる特別活動論』となっている理由はここにある。まだ教師になっていない今こそ、読み、そして考えてほしいのである。

（『未来の教師におくる特別活動論』武蔵野美術大学出版局、五頁）

前著を記したときのこの思いは、今でも全く変わらない。学校ではコミュニケーションの重要性が、以前にも増して強調されるようになった。しかし、教員の職階が細分化されて（主幹教諭や指導教諭、自治体によってはさらなる細分化が行われている）上下関係が形づくられてきたことに加え、教員評価が網の目のように張り巡らされた状況では、当然のことながら批判が鳴りを潜めてしまう。議論は活発なれど、批判がなされないのである。学生である皆さんは、まだそれほど利害を気にせず批判的な議論ができるはずである。批判は反対することではない。批判に耐えうる正しいことを見つけ出す方法である。今こそ特別活動について学び、その過去・現在・未来についてさまざまな角度から考えてもらいたい。こうした思いから、本書のタイトルを『未来の教師と考える特別活動論』とした。そして、前著同様、これまで議論になってきた争点について、あえて触れるように心がけた。

本書は、一方でもちろん教員採用試験も意識して書かれている。二〇一七（平成二九）年の小学校・中学校学習指導要領の改訂と二〇一八（平成三〇）年の高等学校学習指導要領の改訂にもしっかりと対応しており、前回からの変更箇所については解説を加えてある。また、学習の便を図るために、巻末に学習指導要領上の特別活動に関する文章を、一九四七（昭和二二）年の最初の学習指導要領から現行のものまで資料として掲載した。本書のいたるところに学習指導要領の記述が登場するが、ぜひこの資料で確認しながら学習を進めてほしい。

伊東 毅

二〇二一年一一月

目次

表紙デザイン　白尾デザイン事務所

第1章　特別活動とは何か

「はじめに」において特別活動の簡易的な識別の仕方を提示したが、これから順を追って特別活動の中身を具体的に見ていこう。第1章では「特別活動とは何か」と題して、定義、法令上の位置づけ、そして、昨今教育政策のなかで強調されるようになった新しい時代に必要となる資質・能力の三つの柱という視点から、特別活動に迫ってみたい。

第一節　特別活動の定義

「特別活動」という言葉は文部省がつくった言葉であるから、はじめに文部省の後継にあたる文部科学省による特別活動の定義を見てみよう。まずは学習指導要領にあたることになるが、端的に特別活動を言い表している箇所があるかというと実はない。もちろん特別活動の目的は記載されている。特別活動の内容も記載されている。内容の取扱いについても指示が出されている。しかし、「特別活動は……」とか「特別活動とは……」と端的に記した箇所がない。『学習指導要領解説特別活動編』はどうか。ここにようやく、定義といえる記述が数箇所出てくる。『小学校学習指導要領（平成29年告示）解説特別活動編』の「第1章　総説」や「第2章　特別活動の目標」のなかに、以下のように書かれている。

特別活動は、様々な構成の集団から学校生活を捉え、課題の発見や解決を行い、よりよい集団や学校生活を目指して様々に行われる活動の総体である。（第1章　総説）

特別活動は、「集団や社会の形成者としての見方・考え方」を働かせながら「様々な集団活動に自主的、実践的に取り組み、互いのよさや可能性を発揮しながら集団や自己の生活上の課題を解決する」ことを通して、資質・能力を育むことを目指す教育活動である。（第2章　特別活動の目標）

中学校のものも高等学校のものも全く同じである。その他のところでも出てくるが、おおよそこの二つのどちらかと似たようなものになっている。

「集団」という言葉が、短い前者で二回、少し文字数のある後者で三回も出てくる。ここに書かれた文言だけでは抽象的であり、特別活動の具体的なイメージが湧かないかもしれないが、とにかく集団ということがポイントであることが伝わってくる。教科の学習は、各自が知識やスキルを獲得したり、主体的に取り組んだりすることが中心となる、個人に力点がおかれた活動であるが（だから個別学習とか能力別学習というようなことが話題になる）、特別活動は集団に力点がおかれた活動であり、ここが学校教育のなかでの特別活動の最大の特徴といえるだろう。

今見た『学習指導要領解説特別活動編』の定義に相当するものとして掲げた文章は、同書のなかで「定義」と明示して記されているものではない。定義であると明確に意識して書かれたものも見ておきたいところであるが、「学習指導要領」や『学習指導要領解説特別活動編』のなかから見つけることが難しいようなので、ここでは一般的な辞書において特別活動がどのように記されているのか見てみよう。広辞苑を見ると、「とく-べつ【特別】」という見出しのなかに特別がつく用語の例として「―・かつどう【特別活動】」とある。そこには次のように書かれている。

小・中・高等学校で、各教科、道徳と並ぶ教育課程の一領域。教師の指導のもとに児童・生徒の自発的・自治的な活動を主とする領域で、児童会・生徒会・学活・ホームルーム・学校行事など。教科外活動。特別教育活動。〔注1〕

ここには、「児童会・生徒会・学活・ホームルーム・学校行事など」と具体例が示されているので、そういうものを特別活動というのかとイメージしやすい。「教育課程の一領域」などとあるのも、特別活動が正式な教育課程に位置づけられているということを読み手にきちんと伝えることになっている。単純に「児童・生徒の自発的・自治的な活動」とせず「教師の指導のもとに」とつけているあたりは、生徒会をめぐる事情（第10章参照）を知った上で書いたのだなと感心させられる。最後に「特別教育活動」とあるが、確かに特別活動といわれる前は特別教育活動と呼ばれていた（第4章参照）。歴史的経緯を踏まえた上で書かれていることも、ここからわかる。限られた文字数のなかで、見事にまとめたなと思う。あえて指摘するとすれば、すでに道徳は教科に格上げされたので、「各教科、道徳と並ぶ教育課程の一領域」というところを「各教科、総合的な学習（探究）の時間と並ぶ教育課程の一領域」とでもした方がよかったかなと思うことくらいである。

教育学に関係する辞典や事典がいくつも出されているが、各自でそうしたものにもあたってみてほしい。本書全体を読んだ上で、どの辞典・事典が上手に特別活動を表現しているか、比較してみるのも面白いかもしれない。

第二節　法令上の位置づけ

公立の幼稚園・小学校・中学校・高等学校・特別支援学校は、いわば行政機関の一つであり、実は、法令に相当拘束されながらその教育活動が展開されている。教科は国民の教養として一定の水準を確保する必要があるだろうから、それなりのきまりのもとで展開されているであろうが、教科書もない特別活動は教師や学校が自由にやってよいのではないだろうか。それ以前に、やらないという判断があってもよいのではないか、と考える人がいても不思議ではない。法的な拘束力について、さまざまな議論があることも確かである。しかし実際には、特別活動であっても法令を意識して実施されている。したがって、まずは法令上で特別活動がどのように定められているのか確認してみたい。

法令で特別活動を確認していく前に、「法令」という言葉について少し説明しておこう。「法律」とは、国会の議決を経て制定されたものであり、たとえば、教育に関する法律としては「教育基本法」（昭和二二年法律第二五号・全部改正により現在の法律番号は平成一八年法律第一二〇号）がある。教育基本法は、学校教育についてのみでなく、家庭教育や社会教育等、教育全般を扱う。この教育基本法に基づき、学校教育を守備範囲として定められているのが「学校教育法」（昭和二二年法律第二六号）である。

このように、法律のレベルでは、最後に「法」という文字がつく。しかし、この法律のレベルでは具体性を欠き、実際の教育行政を展開することができない。そこで、行政の中心である内閣で、より具体的なきまりごとをつくる。この内閣で制定されるきまりのことを「政令」という。具体的な行政展開ができるように、この政令のレベルで制定したきまりが「学校教育法施行令」（昭和二八年政令第三四〇号）である。このように政令のレベルでは名称のおわりに「令」とつく。

学校教育法を具体化するために、内閣で学校教育法施行令を制定したわけだが、それでも実際に学校教育を実施するには、他にも決めておかなければならないことがまだまだある。そこで、学校教育を管轄する省庁である文部科学省でさらに具体的なきまりをつくる。この省庁で制定するきまりが「省令」であり、法律の学校教育法、政令の学校教育法施行令に続いてつくられている省令が「学校教育法施行規則」（昭和二二年文部省令第一一号）である。省令のレベルでは、その名称のおわりに「規則」とついていることが多い。

「法令」とは、法律の「法」と政令や省令といった命令の「令」からつくられている法律と命令を指す概念と理解すればよい。では、政令や省令は法律ではないから破ってもいいかというとそうではなく、違反すれば処分される。政令や省令は行政上の命令なので、国民一般はそれほどかかわることがないと思われるが、公務員はこれに大きく拘束される。学習指導要領が法的拘束力をもつのかどうかということも、こうしたこととかかわっているのである。以上、少し説明が長くなったが、こうした法令により「特別活動」が定められていることも覚えておいてもらいたい。

法令上で特別活動が登場するのは学校教育法施行規則においてである。この省令において、教育課程の大まかな構造である領域を定めており、その一つが特別活動となっている。小学校の場合は、「学校教育法施行規則」（現時点での最終改正施行日は二〇二一（令和三）年二月二六日〔注2〕）第五〇条に「小学校の教育課程は、国語、社会、算数、理科、生活、音楽、図画工作、家庭、体育及び外国語の各教科（以下この節において「各教科」という。）、特別の教科である道徳、外国語活動、総合的な学習の時間並びに特別活動によつて編成するものとする」とある。中学校の場合は、第七二条に「中学校の教育課程は、国語、社会、数学、理科、音楽、美術、保健体育、技術・家庭及び外国語の各教科（以下本章及び第七章中「各教科」

という。)、特別の教科である道徳、総合的な学習の時間並びに特別活動によって編成するものとする」とある。高等学校の場合は、第八三条に「高等学校の教育課程は、別表第三に定める各教科に属する科目、総合的な探究の時間及び特別活動によって編成するものとする」とある〔注3〕。このように、どの段階の学校であっても、特別活動は学校教育法施行規則に定められた重要な教育活動ということになる。

学校教育法施行規則では別表において特別活動の時間についても指示が出されているが、これについては第2章で扱うので、そちらを参照してほしい。

第三節　三つの資質・能力と特別活動

特別活動とは何かということも、政策的な流れのなかで力点が変わってくる。通史的な考察は第3章と第4章に譲るとして、近年の文部科学省の強調するところと特別活動との関係を見ておきたい。

教育政策の流れのなかで、文部科学省は、強調したいところをキャッチフレーズのような端的な言葉で表現することが多い。たとえば「生きる力」などはその代表的なものである。一九八九(平成元)年改訂の学習指導要領には出てこないこの言葉が、一九九八-一九九九(平成一〇-一一)年改訂の学習指導要領ではじめて登場する。実はこの二つの学習指導要領の間には大きな社会的変化が生じている。バブル経済の崩壊である。終身雇用があたり前で多くの者がそのルートに乗れていた時代(「一億総中流」という言葉はこの感覚を示している）がおわり、大学や高等学校を卒業してもなかなか終身雇用を前提とした正社員としては雇ってはもらえない時代になった。それまでは、偏差値に合わせた高等学校や大学を勧める、いわゆる輪切り進路指導をしていればそれなりの企業に若者は就職できたので、学校は進学指導以外の進路指導を本気でする必要がなかった。ところが状況が一変し、若者がなかなか正規雇用されずに不安定な働き方を強いられるようになり、そうしたなかでも何とかして生きていく力を、今度は学校にいる間につけさせてやらねばならないということになった。このような流れで、学校が本気で進路指導に乗り出した。「生きる力」とは、こうした社会の動きと関係して出てきた言葉である。

その後、この「生きる力」という表現は踏襲されて現在に至るが、その中身については強調するポイントが移動しており、その都度、「生きる力」のもとで新たなフレーズがつくられアピールされてきた。「生きる力」という言葉が使われだしたのは、いわゆるゆとり教育が展開されていた時代であり、ゆとりを生み出すために教科の時間を減らすということで「基礎基本」というフレーズが繰り返された。要は、応用的な部分を減らして時間をつくるということである。生み出した時間を使って、「総合的な学習の時間」をつくり、受験で重視される知識のみではなく、体験を通して総合的な力をつけさせようとしたのである。

ところが、二〇〇三年に実施された経済協力開発機構（OECD：Organisation for Economic Co-operation and Development）の国際学力調査（PISA《ピザ》：Programme for International Student Assessment）の順位が下がったことで学力低下問題がメディアを賑わし、結果として文部科学省が方向転換をする。二〇〇八－二〇〇九（平成二〇－二一）年に改訂された一つ前の学習指導要領では、主要教科を中心にゆとり教育で削られた時間や内容を元に戻すということが行われた。そのとき頻繁に使われたフレーズが「確かな学力」である。そしてより具体的には「言語活動」ということが大きく強調された。音楽や美術といった実技中心の教科でも体験中心の特別活動でも、言葉を話したり書いたりという知的作業を位置づけて、確かな学力に結びつけていきなさいということである。

そして直近の一〇年は、スマートフォンやパソコンの普及が凄まじく、こうしたものを使いこなす能力が強く求められるようになってきた。知識基盤社会といわれる変化の激しい現代において、ペーパー試験で測ることができるような力だけでは不十分であるとして、新しい時代に必要となる資質・能力として「知識及び技能」「思考力、判断力、表現力など」「学びに向かう力、人間性など」の三つの柱を定め、バランスよく学習することが強調されるようになる。図表1-1は、こうしたことの説明に文部科学省が多用する画像である。もちろん、こうした三つの視点はこれまでもあったが、新たなフレーズを明示して今回強く押し出されたのである。

これまでの学習指導要領ではこうした三つの柱が意識してまとめられてはこなかったが、現行の

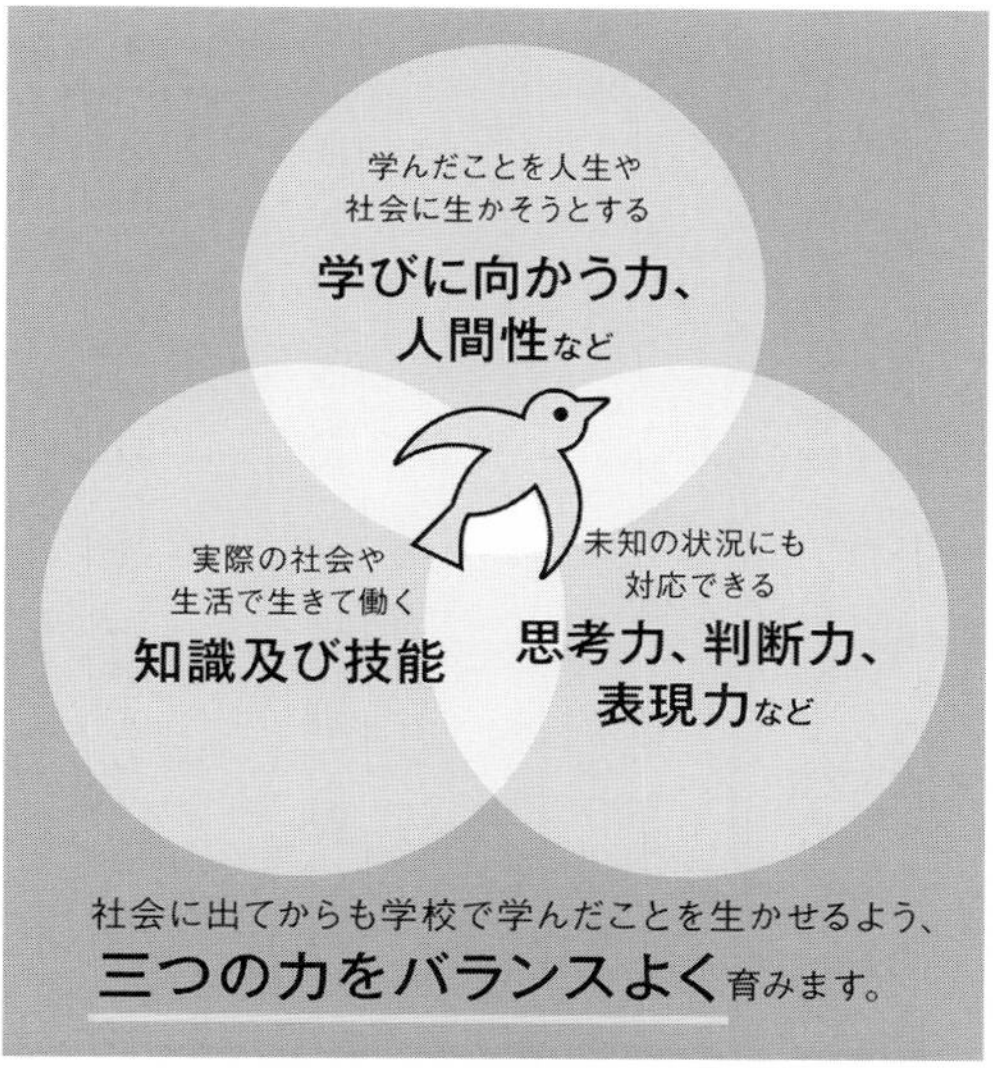

図表1-1　文部科学省による資質・能力の三つの柱の説明画像〔注4〕

学習指導要領（二〇一七―二〇一八〔平成二九―三〇〕年改訂版）では、この三つの柱が強く意識され、これに合わせて記述の形式が整えられた。「中学校学習指導要領」を例にとって具体的に示すと以下のとおりである。

たとえば、一つ前の「中学校学習指導要領」（二〇〇八〔平成二〇〕年改訂版）では特別活動の目標について次のように記されていた。

第5章　特別活動
第1　目標
　望ましい集団活動を通して、心身の調和のとれた発達と個性の伸長を図り、集団や社会の一員としてよりよい生活や人間関係を築こうとする自主的、実践的な態度を育てるとともに、人間としての生き方についての自覚を深め、自己を生かす能力を養う。

現行の「中学校学習指導要領」（二〇一七〔平成二九〕年改訂版）では同箇所が次のようになっている。

第5章　特別活動
第1　目標
集団や社会の形成者としての見方・考え方を働かせ、様々な集団活動に自主的、実践的に取り組み、互いのよさや可能性を発揮しながら集団や自己の生活上の課題を解決することを通して、次のとおり資質・能力を育成することを目指す。

(1) 多様な他者と協働する様々な集団活動の意義や活動を行う上で必要となることについて理解し、行動の仕方を身に付けるようにする。

(2) 集団や自己の生活、人間関係の課題を見いだし、解決するために話し合い、合意形成を図ったり、意思決定したりすることができるようにする。

(3) 自主的、実践的な集団活動を通して身に付けたことを生かして、集団や社会における生活及び人間関係をよりよく形成するとともに、人間としての生き方についての考えを深め、自己実現を図ろうとする態度を養う。

現行の学習指導要領の記載の形式であるが、特別活動では次の資質・能力を育成しますよという前振りをおいて、(1)で三つの柱の一つ目である「知識及び技能」について、(2)で三つの柱の二つ目である「思考力、判断力、表現力など」について、(3)で三つの柱の三つ目である「学びに向かう力、人間性など」について提示するという形式になった。これは特別活動に限ったことではない。特別の教科である道徳を除いて〔注5〕各教科や総合的な学習（探究）の時間など、すべてがこの形式に改められた。第2章で特別活動の目標については詳しく論じようと思うが、こうした資質・能力とその三つの柱という学習指導要領の記載上の形式が、今回の大きな特徴であることを頭に入れた上で学習を進めてほしい。

では、新たな形式で書かれたことにより、特別活動を展開するにあたって実質的な変更があるのだろうか。今のところよくわからないが、これまで特別活動を「知識及び技能」という視点から捉えるということはあまりなかったと思う。現在、学級経営や学級集団づくりに参考にすべき書物がたくさん出版されているが、こうしたもののなかに特別活動と関連した知識が詰まっている。よって、教師にとっての特別活動に関する知識は、それなりにイメージできる。だが、児童生徒にとっての特別活動の知識とは何を指すのであろうか。話し合いを進めるために参考になるであろうファシリテーションに関する書物などから、知識を意識的に学ばせようということか。『中学校学習指導要領解説特別活動編』の該当箇所を見ると、次のように書いてある。

①「知識及び技能（何を知っているか、何ができるか）」

学級や学校における集団活動を前提とする特別活動は、よりよい人間関係の形成や合意形成、意思決定をどのように図っていくかということを大切にしている。こうした集団活動を通して、話合いの進め方やよりよい合意形成と意思決定の仕方、チームワークの重要性や役割分担の意義等について理解することが必要である。これは、方法論的な知識や技能だけではなくよりよい人間関係とはどのようなものなのか、合意形成や意思決定とはどういうことなのか、という本質的な理解も極めて重要である。知識や技能を教授するのではなく、各教科等において学習したことも含めて、特別活動の実践活動や体験活動を通して体得させていくようにすることが必要である。—以下略—

方法論的な知識だけではなく、人間関係・合意形成・意思決定といったものの本質的な理解が重要だといっている。しかも、教授するのではなく、実践活動や体験活動を通して体得させよといっている。本質とは何ぞやという哲学的な問いを経験的に体得し、それを己の知識とせよ、ということか。何やら難しそうである。生徒がファシリテーションに関する書物を読んで知識を学ぶということでもなさそうである。

特別活動とは何かという問いに対して、三つの資質・能力から迫ろうとしても、なかなか一筋縄にはいきそうもない。この一つ目の柱の理解が最も難しいのかもしれない。二つ目の柱の「思考力、判断力、表現力など」は「(2) 集団や自己の生活、人間関係の課題を見いだし、解決するために話し合い、合意形成を図ったり、意思決定したりすることができるようにする」ということなので、学級会や生徒会の経験を重ねていけば、その力を鍛えていくことができそうである。三つ目の柱の「学びに向かう力、人間性など」は「自主的、実践的な集団活動を通して身に付けたことを生かして、集団や社会における生活及び人間関係をよりよく形成するとともに、人間としての生き方についての考えを深め、自己実現を図ろうとする態度を養う」ということなので、社会人・職業人としての自分の未来を見据えたキャリア教育へとつながる学習を積み重ねていくことで、その力が蓄えられていくことになるのであろう。

(『中学校学習指導要領（平成29年告示）解説特別活動編』第2章・第1節・(4)・①)

注

引用のために用いた注において、文献から一言一句違わず一重鍵括弧で抜き出した直接引用の場合、各注のおわりを「……頁。」と締めくくった。また、文献の内容を、趣旨を変えずに筆者の言葉に直して引いてきた間接引用［要約引用］の場合、各注のおわりを「……頁、参照。」と締めくくった。参照しながら内容を引いてきたという意味である。

また、「学習指導要領」や『学習指導要領解説特別活動編』からの引用には注をつけなかった。文部科学省や国立教育政策研究所のホームページにこれらは掲載されており、検索も容易にすることができる。また、本書末尾に巻末資料として「学習指導要領特別活動関係箇所抜粋」を掲載した。必要があればこうしたものを活用して確認してほしい。

〔注1〕新村出編『広辞苑』第七版、岩波書店、二〇一八年、二〇八九頁。

〔注2〕法令は改正されることがあるので、最新の状態のものを見る必要がある。古い教育法辞典などを見ると間違って学習してしまうことになりかねないので注意してほしい。たとえば、現在の学校教育法施行規則第五〇条では外国語が小学校の教科として列挙されているが、古い教育法辞典に掲載された学校教育法施行規則を見ると小学校の教科に外国語が出てこない。こうした古いものを用いて教員採用試験の勉強などしてしまうと、大きな失敗を招くことになりかねない。最新の法令を確認するには、総務省行政管理局が電子政府政策の一環としてウェブサイト上で提供する、日本の法令の検索・閲覧システムである「ｅ-Ｇｏｖ法令検索」を利用する

とよい。

〔注3〕法令文章の法則にも多少関心をもってほしい。学校教育法施行規則のなかで、教育課程の領域を列挙した部分であるが、小学校については「……総合的な学習の時間並びに特別活動によつて……」となっており、また、中学校についても「……総合的な学習の時間並びに特別活動によつて……」となっている。すなわち、特別活動という言葉の前の接続詞が「並びに」となっている。ところが、高等学校については、これに相当する部分が「……総合的な探究の時間及び特別活動によつて……」となっており、特別活動という言葉の前の接続詞が「及び」になっている。なぜか。「並びに」と「及び」は日常語としてはほとんど差異がないように思われる。「並びに」の方が多少かしこまった感じがする程度であろうか。

ところが、法令上はこの二つの使い方に厳密なルールがある。法令上は、甲と乙を並べていうときは「甲及び乙」という。「甲並びに乙」とはいわない。三つ以上並べるときには、「甲、乙及び丙」というように、いくつあっても「、」でつないでいき、最後のものの前にだけ「及び」をつける。ところが、同じレベルでの列挙を超えて、そうしたグループ同士を掲げるいわば上位の並びがある。甲と乙という同レベルのかたまりとは違ったAとBというかたまりがあるとする。この甲・乙グループとA・Bグループとをつなぐとき、はじめて「並びに」が登場する。「甲及び乙並びにA及びB」という具合にである。すなわち、「及び」があってはじめて「並びに」が出てくる。

さて、この法則を理解した上で、学校教育法施行規則の先の規定をもう一度見てみよう。小学校・中学校の場合は「……総合的な学習の時間並びに特別活動によつて……」というところの前に、実は、「……国語、……

体育及び外国語の各教科……」「……国語、……技術・家庭及び外国語の各教科……」というように、「及び」がすでに出てきている。「及び」でつなげてある教科という領域のなかの列挙があって、これが特別な教科である道徳や特別活動といった領域と上位のレベルで再び並べられるため、「並びに」が出てくるのである。高等学校の場合は、「及び」でつなぐこの教科の列挙のレベルがなく、領域のレベルでいきなり並べている。これが一度目のレベルの並びなので「及び」でつながれているのである。

細かいことのようであるが、こうしたこともマスターして、確実に力をつけていってほしい。こうした法令の読み方については菱村幸彦『新訂第5版　やさしい教育法規の読み方』（教育開発研究所、二〇一五年）に詳しい。

〔注4〕文部科学省が資質・能力の三つの柱を説明するときに多用する画像。文部科学省「平成29・30・31年改訂学習指導要領の趣旨・内容を分かりやすく紹介」（https://www.mext.go.jp/a_menu/shotou/new-cs/1383986.htm、二〇二一年九月一九日閲覧）より。

〔注5〕特別の教科である道徳だけが例外的にこの形式になっていないことには事情がある。現行の学習指導要領が出される少し前の二〇一五（平成二七）年に、二〇〇八（平成二〇）年改訂の義務教育段階の学習指導要領の一部改正が行われ、特別の教科である道徳が登場したのであるが、この記載内容どおりに小学校では二〇一八（平成三〇）年度から、中学校では二〇一九（平成三一）年度からこの新しい教科を行うことになっていた。よって、直前に変更を加えて混乱させることを防ごうとして、特別の教科である道徳に関してのみ、資質・能力の三つの柱でまとめることを断念したと思われる。

第2章　現行の学習指導要領と特別活動

第一節　特別活動の時間数

ここでは、学習指導要領を中心に特別活動がどのように定められているのかを見ていくが、この学習指導要領は学校教育法施行規則に基づいて作成されている。授業時数などは学校教育法施行規則の方に記されているので、まずは、学校教育法施行規則で特別活動に指示されている授業時間等を見てみよう。

特別活動は、その内容が学級活動（高等学校の場合は「ホームルーム活動」）から生徒会活動（小学校の場合は「児童会活動」）、学校行事、さらに小学校のみであるがクラブ活動と多岐にわたる。では、それらにあてる時間はどのように定められているのであろうか。

教育課程上の時間の目安については学校教育法施行規則で示されているが、本稿を執筆している二〇二一年現在、特別活動に関しては「学級活動」にのみ、配当時間に関する具体的な指示が出されている。小学校における特別活動への配当時間は、「学校教育法施行規則別表第一」(図表2−1)で、中学校における特別活動への配当時間は「学校教育法施行規則別表第二」(図表2−2)でそれぞれ確認できる。

これらの表のなかにある「特別活動の授業時数」の「35」は、備考で示されているように「学級活動(学校給食に係るものを除く。)」にあてるものとされている。クラスの問題について話し合ったりするロングホームルームが週の時間割のなかに一コマ入ったりしているのは、こうした事情による。年間の授業週は三五週設定なので、一週間に一コマ授業があれば、年間では三五単位時間をこなしたことになる。小学校の第一学年のみ「34」となっているのは、小学校に入りたての一年生に対して学校に慣れるためのオリエンテーション週が一週程度想定されているからであり、小学校の第一学年のみ授業週が一週少ない三四週設定になっている。

学級活動以外の特別活動に関係する時数については学習指導要領の方に指示が出されており、「特別活動の授業のうち、児童会活動、クラブ活動及び学校行事については、それらの内容に応じ、年間、学期ごと、月ごとなどに適切な授業時数を充てるものとする」(小学校)、「特別活動の授業のうち、生徒会活動及び学校行事については、それらの内容に応じ、年間、学期ごと、月ごとなどに適切な授業時数を充てるものとする」(中学校)のようになっており、大きく各学校に任されているといったところである。

特別活動に関する高等学校での時間の目安は「学校教育法施行規則」ではなく、「高等学校学習指導要

図表 2-1　学校教育法施行規則別表第一（第五十一条関係）

区分		第一学年	第二学年	第三学年	第四学年	第五学年	第六学年
各教科の授業時数	国語	306	315	245	245	175	175
	社会			70	90	100	105
	算数	136	175	175	175	175	175
	理科			90	105	105	105
	生活	102	105				
	音楽	68	70	60	60	50	50
	図画工作	68	70	60	60	50	50
	家庭					60	55
	体育	102	105	105	105	90	90
	外国語					70	70
特別の教科である道徳の授業時数		34	35	35	35	35	35
外国語活動の授業時数				35	35		
総合的な学習の時間の授業時数				70	70	70	70
特別活動の授業時数		34	35	35	35	35	35
総授業時数		850	910	980	1015	1015	1015

備考
一　この表の授業時数の一単位時間は、四十五分とする。
二　特別活動の授業時数は、小学校学習指導要領で定める学級活動（学校給食に係るものを除く。）に充てるものとする。
三　第五十条第二項の場合において、特別の教科である道徳のほかに宗教を加えるときは、宗教の授業時数をもつてこの表の特別の教科である道徳の授業時数の一部に代えることができる。（別表第二から別表第二の三まで及び別表第四の場合においても同様とする。）

図表 2-2　学校教育法施行規則別表第二（第七十三条関係）

区分		第一学年	第二学年	第三学年
各教科の授業時数	国語	140	140	105
	社会	105	105	140
	数学	140	105	140
	理科	105	140	140
	音楽	45	35	35
	美術	45	35	35
	保健体育	105	105	105
	技術・家庭	70	70	35
	外国語	140	140	140
特別の教科である道徳の授業時数		35	35	35
総合的な学習の時間の授業時数		50	70	70
特別活動の授業時数		35	35	35
総授業時数		1015	1015	1015

備考
一　この表の授業時数の一単位時間は、五十分とする。
二　特別活動の授業時数は、中学校学習指導要領で定める学級活動（学校給食に係るものを除く。）に充てるものとする。

領」の方に記載されている。「高等学校学習指導要領」〔二〇一八〔平成三〇〕年改訂版〕の第1章総則の第2款の3の(3)「各教科・科目等の授業時数等」のエに「ホームルーム活動の授業時数については、原則として、年間35単位時間以上とするものとする」とあることから、小学校や中学校の学級活動と同様、高等学校のホームルーム活動も年間三五コマは実施されることになる。また、ホームルーム活動以外の内容については続くオで、「生徒会活動及び学校行事については、学校の実態に応じて、それぞれ適切な授業時数を充てるものとする」とされている。

第二節　特別活動の構成（柱）

「はじめに」で特別活動の簡易的な見分け方を提示したが、ここで学習指導要領の特別活動の章を参照しながら、特別活動の構成（柱）、目標、内容といったものをきちんと確認してみよう。

学習指導要領は「幼稚園教育要領」「小学校学習指導要領」「中学校学習指導要領」「高等学校学習指導要領」「特別支援学校幼稚部教育要領」「特別支援学校小学部・中学部学習指導要領」「特別支援学校高等部学習指導要領」というように七種類ある。このうち特別活動という章が設けられているのは、「小学校学習指導要領」「中学校学習指導要領」「高等学校学習指導要領」「特別支援学校小学部・中学部学習指導要領」「特別支援学校高等部学習指導要領」の五種類である。ただし、特別支援学校の学習指導要領において、特別活動については小学部が小学校のものに、中学部が中学校のものに、高等部が高等学校のものに準ずるように指示されているので、ここでは、小学校・中学校・高等学校の三つの学習指導要領を確認していくことにする。

ちなみに、二〇一七（平成二九）年から二〇一八（平成三〇）年に改訂された「小学校学習指導要領」「中学校学習指導要領」「高等学校学習指導要領」では、いずれも特別活動は最終章におかれている。「特別支援学校小学部・中学部学習指導要領」「特別支援学校高等部学習指導要領」では、「自立活動」が最終章として設定されており、特別活動はおわりから二つ目の章になっている。

どの学校段階でも特別活動の内容構成として、用語の違いはあるが共通しているものが三つある。小学校では、学級活動・児童会活動・学校行事、中学校では、学級活動・生徒会活動・学校行事、高等学校では、ホームルーム活動・生徒会活動・学校行事の三つである。小学校にのみ、これに「クラブ活動」が児童会活動の後に加わる。これが特別活動の大まかな構成（柱）である。特別活動は小学校では四本柱、中学校・高等学校では三本柱で成り立っていると覚えておくとよい。

「学校行事」は、どの学校段階でもこの名称が使われている。ところが、他の二つは名称が若干異なってくる。ご存じのように、初等教育機関（具体的には、小学校や義務教育学校の前期課程、特別支援学校の小学部）に通う子どもたちを「児童」といい、中等教育機関（具体的には、中学校・高等学校・中等教育学校・義務教育学校の後期課程や特別支援学校の中学部・高等部）に通う子どもたちを「生徒」ということから、子どもたちの全校的な自治活動のことを小学校などの初等教育機関では「児童会活動」といい、中学校・高等学校などの中等教育機関では「生徒会活動」という。したがって、この名称の差異は簡単に理解できる。

理解しにくいところは、小学校・中学校（及びこれに相当する学校段階）が「学級活動」であるのに対して、高等学校（及びこれに相当する学校段階）では「ホームルーム活動」となっているところである。この差異を理解するためには、「学級」「クラス」「ホームルーム」といった言葉を確認することからはじめなくてはならない。これについてはきちんとした説明が必要となるので、ここでは名称が異なるということのみ、頭に入れておいてほしい。その理由などの詳細は第5章で述べる。

特別活動の大まかな構成（柱）を見てきたが、構成要素の具体的な内容については第5章以降で確認する。

第三節　学校段階別目標とその比較

学校教育において、特別活動という領域に期待されていることは何であろうか。この問いに答えるために、まずはその目標を見てみたい。小学校・中学校・高等学校それぞれの学習指導要領記載の「特別活動」の章冒頭に掲げられた「目標」を列挙する。共通するところ、異なるところを見ながら、特別活動に何が期待されているのか確認していこう。

「小学校学習指導要領」（二〇一七〔平成二九〕年改訂版）第6章　特別活動　第1　目標

集団や社会の形成者としての見方・考え方を働かせ、様々な集団活動に自主的、実践的に取り組み、互いのよさや可能性を発揮しながら集団や自己の生活上の課題を解決することを通して、次のとおり資質・能力を育成することを目指す。

(1)　多様な他者と協働する様々な集団活動の意義や活動を行う上で必要となることについて理解し、行動の仕方を身に付けるようにする。

(2)　集団や自己の生活、人間関係の課題を見いだし、解決するために話し合い、合意形成を図ったり、意思決定したりすることができるようにする。

(3)　自主的、実践的な集団活動を通して身に付けたことを生かして、集団や社会における生活及び人間関係をよりよく形成するとともに、自己の生き方についての考えを深め、自己実現を図ろうとする態度を養う。

（傍線筆者）

「中学校学習指導要領」（二〇一七〔平成二九〕年改訂版）第5章　特別活動　第1　目標

集団や社会の形成者としての見方・考え方を働かせ、様々な集団活動に自主的、実践的に取り組み、互いのよさや可能性を発揮しながら集団や自己の生活上の課題を解決することを通して、次のとおり資質・能力を育成することを目指す。
(1) 多様な他者と協働する様々な集団活動の意義や活動を行う上で必要となることについて理解し、行動の仕方を身に付けるようにする。
(2) 集団や自己の生活、人間関係の課題を見いだし、解決するために話し合い、合意形成を図ったり、意思決定したりすることができるようにする。
(3) 自主的、実践的な集団活動を通して身に付けたことを生かして、集団や社会における生活及び人間関係をよりよく形成するとともに、人間としての生き方についての考えを深め、自己実現を図ろうとする態度を養う。

(傍線筆者)

「高等学校学習指導要領」(二〇一八〔平成三〇〕年改訂版)第5章　特別活動　第1　目標

集団や社会の形成者としての見方・考え方を働かせ、様々な集団活動に自主的、実践的に取り組み、互いのよさや可能性を発揮しながら集団や自己の生活上の課題を解決することを通して、次のとおり資質・能力を育成することを目指す。
(1) 多様な他者と協働する様々な集団活動の意義や活動を行う上で必要となることについて理解し、行動の仕方を身に付けるようにする。
(2) 集団や自己の生活、人間関係の課題を見いだし、解決するために話し合い、合意形成を図ったり、意思決定したりすることができるようにする。

(3) 自主的、実践的な集団活動を通して身に付けたことを生かして、主体的に集団や社会に参画し、生活及び人間関係をよりよく形成するとともに、人間としての在り方生き方についての自覚を深め、自己実現を図ろうとする態度を養う。

(傍線筆者)

まず、小学校・中学校・高等学校の違いを見ておこう。傍線を付している部分が違いのある部分であり、後はすべて小学校・中学校・高等学校とも同じである。違いのある部分を比べてみると、学校段階が進むにつれて、より包括的に(「自己」から「人間」へ)、より深く(「考え」から「自覚」へ・「生き方」から「在り方生き方」へ)、より積極的に(高等学校での「主体的に」「参画し」といった言葉の登場)記述しようとしているところが読み取れる。

共通するところであるが、パッと見ただけで気づくところは「集団」という表現が多用されているところである。どの学校段階の記述にも「集団」が七回も出てくる(目標以外のところでもたくさん出てくる)。集団のなかでの活動を通して社会性を身につけさせようということなのであろうが、学習指導要領のなかでこれほど集団が強調されている領域は他にはない。たとえば、実際には集団的な活動がかなり見られる総合的な学習(探究)の時間についてさえも、学習指導要領上の記述では「集団」が一度しか使用されないのである。いかに特別活動において集団が強調されているかがわかる。

次に注目してもらいたいところは、この目標のなかに方法が記されていることである。目標とは通常目指すべき結果を記述したものであり、方法とは区別される。ところが、この特別活動の目標のなかには「様々な集団活動に自主的、実践的に取り組み、互いのよさや可能性を発揮しながら集団や自己の生活上の課題を解決することを通して」とはっきりとその方法が記されている。いろいろ各自で本を読んだりして社会性を身につけるというのではなく、集団で活動しながら経験的に学ぶことが指示されている。もちろん、その過程で各自が一人で本を読んで社会性を探求することがあるであろうし、そのことが否定されているわけではないが、強調されていることは明らかに集団での活動を通して学ぶことである。学級会での話し合い、生徒会活動、運動会や文化祭などの学校行事を想起すれば、確かに特別活動は集団活動を通しての学習であると納得できよう。

この節の最後に、一つ前の学習指導要領との違いとして指摘しておきたいことがある。比較のために、代表して一つ前の「中学校学習指導要領」〔二〇〇八〔平成二〇〕年改訂版〕の特別活動の目標を掲載する。

「中学校学習指導要領」〔二〇〇八〔平成二〇〕年改訂版〕第5章　特別活動　第1　目標

望ましい集団活動を通して、心身の調和のとれた発達と個性の伸長を図り、集団や社会の一員としてよりよい生活や人間関係を築こうとする自主的、実践的な態度を育てるとともに、人間としての生き方についての自覚を深め、自己を生かす能力を養う。

一つ前の学習指導要領の特別活動の目標に位置づけられていた「個性の伸長」が現行の学習指導要領では消えている。目標におけるこの「個性の伸長」がなくなると、あたかも集団や社会に順応することが一方的に推奨されているような印象を受けてしまう。もちろん、「自己実現を図ろうとする態度を養う」と結ばれているので、そこに個性の伸長を読み込むことができないわけではない。ただ、これまでは「個性の伸長」と明示して強調されていたものが削除されたことのインパクトは大きく、一方的な集団の強調になりはしないかと危惧するのははたして杞憂なのであろうか。運動会や文化祭で輝く児童生徒も出てくる。そうした児童生徒が活躍できる機会を提供するのが特別活動であるとしたならば、文言はなくなっても「個性の伸長」という側面はこれからも大切にしていってほしい。

第四節　特別活動の内容

学習指導要領に記載された特別活動の内容について、ここでは中学校のもので代表して紹介しておきたい。小学校や高等学校などの特別活動の内容については、巻末の資料「学習指導要領特別活動関係箇所抜粋」を参照してほしい。

中学校の場合は、すでに触れたように特別活動は三つの柱から構成されている（小学校はクラブ活動を加えた四つの柱）。学級活動（高等学校は「ホームルーム活動」）・生徒会活動（小学校は「児童会活動」）・

学校行事の三つである。この第一の柱「学級活動」から見ていこう。内容項目は次のようになっている。

(1) 学級や学校における生活づくりへの参画

ア 学級や学校における生活上の諸問題の解決

イ 学級内の組織づくりや役割の自覚

ウ 学校における多様な集団の生活の向上

(2) 日常の生活や学習への適応と自己の成長及び健康安全

ア 自他の個性の理解と尊重、よりよい人間関係の形成

イ 男女相互の理解と協力

ウ 思春期の不安や悩みの解決、性的な発達への対応

エ 心身ともに健康で安全な生活態度や習慣の形成

オ 食育の観点を踏まえた学校給食と望ましい食習慣の形成

(3) 一人一人のキャリア形成と自己実現

ア 社会生活、職業生活との接続を踏まえた主体的な学習態度の形成と学校図書館等の活用

イ 社会参画意識の醸成や勤労観・職業観の形成

ウ 主体的な進路の選択と将来設計

一つ前の「中学校学習指導要領」(二〇〇八〔平成二〇〕年改訂版)と比べると、各内容項目が合わさって項目数が若干少なくなったところはあるものの、大きな変更は見られない。(3)についてはこれまで「進路」という言葉で統一されていたところが「キャリア形成」という言葉でまとめてあるところに違いがある。これに伴い「社会参画意識の醸成」といった表現が出てきたところなどはポイントといえよう。

また、この部分で注目してほしいところは、(2)のオに「学校給食」が出てくるところである。これは小学校でも出てくる。学校給食は義務教育段階(小学校・中学校)の特別活動として設定されており、この段階の学校で給食が提供されるというわけである。ちなみに、高等学校の学習指導要領を見ても学校給食は出てこない。したがって、高等学校では給食がない。中学校まで給食があったのに、なぜ高等学校では給食がないのだろうと思った人もいるだろう。それは、中学校までの特別活動には給食が設定されているが、高等学校の特別活動には給食が設定されていないからなのである。

小学校・中学校では特別活動の学級活動のなかに給食が設定されているので、特別活動の配当時間を示す際に「特別活動の授業時数は、中学校学習指導要領で定める学級活動(学校給食に係るものを除く。)に充てるものとする」というように記されるのである。学校給食の時間を入れてしまえば、年間三五単位時間など簡単に消化してしまうので、給食は学級活動ではあるけれどもここでいう特別活動の授業時数には含めないでくださいね、ということである。学級活動の具体的な展開などについては第6章~第9章で扱うので参照願いたい。

次に二つ目の柱「生徒会活動」の内容の下位構成を見てみよう。

(1) 生徒会の組織づくりと生徒会活動の計画や運営
(2) 学校行事への協力
(3) ボランティア活動などの社会参画

生徒会活動に関しては、学級活動のように(1)や(2)の下にア、イ、ウなどの下位項目はない。一つ前の「中学校学習指導要領」(二〇〇八〔平成二〇〕年改訂版)と比べると、整理されて項目数が少なくなっている。異年齢集団を強調する項目がなくなっているところなどは違いとして指摘できる。生徒会活動の具体的な展開などについては、第10章で扱うので参照願いたい。

最後の三つ目の柱、「学校行事」について見てみよう。

(1) 儀式的行事
(2) 文化的行事
(3) 健康安全・体育的行事
(4) 旅行・集団宿泊的行事
(5) 勤労生産・奉仕的行事

学校行事に関するこの(1)から(5)までの内容は、一つ前の「中学校学習指導要領」〔二〇〇八〔平成二〇〕年改訂版〕から変更はない。(3)健康安全・体育的行事に加えられている説明に「事件や事故、災害等から身を守る」という文言が挿入されたが、二〇〇八〔平成二〇〕年の改訂から今回の改訂までの間に東日本大震災〔二〇一一〔平成二三〕年三月一一日〕などがあったことの影響と思われる。学校行事の具体的な展開などについては、第11章で扱うので参照願いたい。

以上が、現行の学習指導要領に記載された特別活動の概要である。

第3章　戦前の教科外活動の変遷

本章では、第二次大戦前の特別活動に相当するところについて見ていきたい。「特別活動」という言葉は戦後にできたものなので、「特別活動」という名称で戦前何かがあったわけではない。しかし、今「特別活動」といわれているものと共通する内容については、戦前にもそれなりに見ることができる。具体的には、今「儀式的行事」とされているものは、とくに重要なものとして展開されていた。現在と戦前ではどこが同じでどこが違うのかといったことを意識しながら、振り返ってみよう。

なお、現在わたくしたちが経験している近代学校は、西欧の学校制度を大きく取り入れてスタートした明治期の教育政策の影響を強く受けている。もちろん江戸時代以前の影響を全く受けていないわけではないが、その影響の大きさを考えて、ここでは話を明治期からスタートすることにしたい。

第一節　森有礼と儀式

江戸末期は欧米列強がアジア諸国を次々と植民地化していった時代である。植民地化を逃れるために、日本は早急に富国強兵策を講じる必要があった。人材養成はその核であることから、学校制度の整備が急がれた。明治政府は、一八七一（明治四）年に文部省を立ち上げ、翌一八七二（明治五）年に学校制度の骨格を記した「学制」を発表する。日本の近代学校教育制度は、この「学制」からはじまるとされている。しかし、財政が伴わないことから学費を自己負担としたことや、とくに農民にとっては重要な労働力であった子どもたちを学校にとられるということから、明治初期の教育政策に対する国民の抵抗が激しかった。そのため、明治一〇年代あたりまでは、為政者の意図どおりには学校教育が展開しなかった。

一八八五（明治一八）年、内閣制度が確立し、伊藤博文《いとうひろぶみ》が初代内閣総理大臣に就任する。この内閣制度確立まで各省のトップは「卿《きょう》」と呼ばれていたが、これ以降「大臣」と呼ばれるようになる。伊藤は、初代文部大臣に森有礼《もりありのり》を指名した。

翌一八八六（明治一九）年に、森が各種の「学校令」〔注1〕を出して学校教育の立て直しを図った頃から、ようやく学校が定着していった。その際、森の提案で公立学校に天皇・皇后の写真である御真影《ごしんえい》（図表3-1、3-2）〔注2〕が下賜されることになった。最も有名な明治天皇の御真影（図表3-1）は、実は明治天皇

図表 3-1　明治天皇御真影

図表 3-2　明治皇后御真影

を写した写真そのものではなく、イタリアの版画家・画家で明治時代に来日したお雇い外国人エドアルド・キヨッソーネ（Edoardo Chiossone、一八三三―一八九八）が描いた明治天皇の精巧な肖像画を複写したものである。実際の明治天皇より若干恰幅よく描かれているという。この御真影に、紀元節《きげんせつ》〔注3〕・天長節《てんちょうせつ》〔注4〕・一月一日の三大節に教員と児童生徒が拝礼することを奨励するなど、森は儀式による国民統合に力を注いだ〔注5〕。すなわち、国は教科以外の「教育」についても重視するようになってきたのである。

一八九〇（明治二三）年に「教育勅語」〔注6〕が発布される。これも学校に配布され、御真影とともに儀式で用いられるようになる。もっとも、こうした儀式を推奨した森は教育勅語が学校に配布されるところを見ることはできなかった。森は、教育勅語が出される前年の一八八九（明治二二）年、国粋主義者西野文太郎《にしのぶんたろう》（彼らには森が急進的な欧化主義者に見えた）に短刀で脇腹を刺され、即死はしなかったものの、翌朝亡くなってしまう〔注7〕。

森は亡くなってしまったが、教育勅語発布を機に、一八九一（明治二四）年に「小学校祝日大祭日儀式規程」が公布され、祝祭日の儀式における御真影への拝礼、天皇・皇后への万歳奉祝、勅語奉読を行うことが定められた。ただ、同規程では「日の丸」掲揚、「君が代」斉唱については言及されていない〔注8〕。日の丸については、すでに一八八〇年代末あたりから校門などに掲げられるようになっていたが、君が代が定着していくのは一八九三（明治二六）年に文部省によって「祝日大祭日唱歌」が定められ、そのなかで君が代が祝祭日に歌うべき唱歌とされてからである〔注9〕。

教育勅語は御真影とともに神格化されることになるのだが、儀式で明治天皇の親筆の署名のある教育勅語に最敬礼をしなかったために第一高等中学校（現在の東京大学教養学部に相当）の教職を追われた、いわゆる内村鑑三《うちむらかんぞう》不敬事件（一八九一（明治二四）年）が生じたり、教育勅語や御真影を火災から守ろうとして殉職する校長や焼失・盗難の責任を取って自殺する校長が出てきたりと、その存在はきわめて大きなものになっていった。

小学校祝日大祭日儀式規程

第一条　紀元節、天長節、元始祭、神嘗祭及新嘗祭ノ日ニ於テハ学校長、教員及生徒一同式場ニ参集シテ左ノ儀式ヲ行フヘシ

一　学校長教員及生徒
　天皇陛下及
　皇后陛下ノ　御影ニ対シ奉リ最敬礼ヲ行ヒ且
　両陛下ノ万歳ヲ奉祝ス
　　但未タ　御影ヲ拝戴セサル学校ニ於テハ本文前段ノ式ヲ省ク
二　学校長若クハ教員、教育ニ関スル　勅語ヲ奉読ス
三　学校長若クハ教員、恭シク教育ニ関スル　勅語ニ基キ　聖意ノ在ル所ヲ誨告シ又ハ
　歴代天皇ノ　盛徳　鴻業ヲ叙シ若クハ祝日大祭日ノ由来ヲ叙スル等其祝日大祭日　ニ相応ス
　ル演説ヲ為シ忠君愛国ノ志気ヲ涵養センコトヲ務ム
四　学校長、教員及生徒、其祝日大祭日ニ相応スル唱歌ヲ合唱ス
第二条　孝明天皇祭、春季皇霊祭、神武天皇祭及秋季皇霊祭ノ日ニ於テハ学校長、教員及生徒一同式
　場ニ参集シテ第一条第三款及第四款ノ儀式ヲ行フへシ
第三条　一月一日ニ於テハ学校長、教員及生徒一同式場ニ参集シテ第一条第一款及第四款ノ儀式ヲ行
　フへシ
第四条　第一条ニ掲クル祝日大祭日ニ於テハ便宜ニ従ヒ学校長及教員、生徒ヲ率キテ体操場ニ臨ミ若
　クハ野外ニ出テ遊戯体操ヲ行フ等生徒ノ心情ヲシテ快活ナラシメンコトヲ務ムへシ
第五条　市町村長其他学事ニ関係アル市町村吏員ハ成ルへク祝日大祭日ノ儀式ニ列スへシ

第六条　式場ノ都合ヲ計リ生徒ノ父母親戚及其他市町村住民ヲシテ祝日大祭日ノ儀式ヲ参観スルコトヲ得セシムヘシ

第七条　祝日大祭日ニ於テ生徒ニ茶菓又ハ教育上ニ裨益アル絵画等ヲ与フルハ妨ナシ

第八条　祝日大祭日ノ儀式ニ関スル次第等ハ府県知事之ヲ規定スヘシ

第二節　儀式と唱歌

唱歌も整えられ、国民統合のために儀式で重要な役割を果たすことになる。その端緒はすでに触れた「祝日大祭日唱歌」にある。はじめに提示された祝日大祭日唱歌は、「君が代」「勅語奉答《ちょくごほうとう》」「一月一日」「元始祭《げんしさい》」「紀元節」「神嘗祭《かんなめさい》」「天長節」「新嘗祭《にいなめさい》」の八曲である。儀式でどの歌を歌うかは学校に任されていたが、徐々に儀式の冒頭で「君が代」が歌われるようになっていく。儀式のおわりにもう一曲歌われることが一般的であったが、「勅語奉答」が選ばれることが多かったようである。「勅語奉答」はキリスト教の讃美歌のようなメロディをもった曲であり、それを聞くと、日本の学校が欧米の文化を取り入れてつくられたことを実感することができる。歌詞は、大きく天皇を賛美するものとなっている。なお、作詞をした勝安芳とは勝海舟のことである。

勅語奉答（勝安芳《かつやすよし》作歌・小山作之助《こやまさくのすけ》作曲）

あやに畏《かしこ》き　天皇《すめらぎ》の。
あやに尊き　天皇《すめらぎ》の。
あやに尊《たふと》く　畏《かしこ》くも。
下《くだ》し賜《たま》へり　大勅語《おほみこと》。
是《これ》ぞめでたき　日《ひ》の本《もと》の。
国《くに》の教《をしへ》の　基《もとゐ》なる。
是《これ》ぞめでたき　日《ひ》の本《もと》の。
人《ひと》の教《をしへ》の　鑑《かゞみ》なる。
あやに畏《かしこ》き　天皇《すめらぎ》の。
勅語《みこと》のまゝに　勤《いそし》みて。
あやに尊《たふと》き　天皇《すめらぎ》の。
大御心《おほみこゝろ》に　答《こた》へまつらむ。

こうした儀式用の唱歌だけでなく、その他の唱歌も整えられていく。当時は現在の「音楽」に相当するところの「唱歌」という教科があったのだが、それは単に教科の授業のなかだけでおわりというわけではなく、さまざまな学校行事や地域の行事で子どもたちが歌を披露するための練習の場という側面もあった。そして、その唱歌のなかには、富国強兵に向けた国民統合のための軍歌なども用意されていた。文部省が用意した尋常小学校の唱歌教科書『尋常小学唱歌』(一九一一―一九一四〔明治四四―大正三〕年)第一学年用から第六学年用までの全六冊に掲載された曲名を見てみよう。

【第一学年】1日の丸の旗(現在では「ひのまる」) 2鳩 3おきやがりこぼし 4人形 5ひよこ 6かたつむり 7牛若丸 8夕立 9桃太郎 10朝顔 11池の鯉 12親の恩 13烏 14菊の花 15月 16木の葉 17兎 18紙鳶の歌 19犬 20花咲爺

【第二学年】1桜 2二宮金次郎 3よく学びよく遊べ 4雲雀 5小馬 6田植 7雨 8蝉 9蛙と蜘蛛 10浦島太郎 11案山子 12富士山 13仁田四郎 14紅葉 15天皇陛下 16時計の歌 17雪 18梅に鶯 19母の心 20那須与一

【第三学年】1春が来た 2かがやく光 3茶摘 4青葉 5友だち 6汽車 7虹 8虫のこゑ 9村祭 10鵯越 11日本の国 12雁 13取入れ 14豊臣秀吉 15皇后陛下 16冬の夜 17川中島 18おもひやり 19港(新編教育唱歌集収録の「みなと」とは別の曲) 20かぞへ歌

【第四学年】1春の小川 2桜井のわかれ 3ゐなかの四季 4靖国神社 5蚕 6藤の花 7曽我兄弟 8家の紋 9雲 10漁船 11何事も精神 12広瀬中佐 13たけがり 14霜 15八幡太郎 16村の鍛冶屋 17雪合戦 18近江八景 19つとめてやまず 20橘中佐

【第五学年】 1 八岐の大蛇　2 舞へや歌へや　3 鯉のぼり　4 運動会の歌　5 加藤清正　6 海　7 納涼　8 忍耐　9 鳥と花　10 菅公　11 三才女　12 日光山　13 冬景色　14 入営を送る　15 水師営の会見　16 斎藤実盛　17 朝の歌　18 大塔宮　19 卒業生を送る歌

【第六学年】 1 明治天皇御製　2 児島高徳　3 朧月夜　4 我は海の子　5 故郷　6 出征兵士　7 蓮池　8 燈台　9 秋　10 開校記念日　11 同胞すべて六千万　12 四季の雨　13 日本海海戦　14 鎌倉　15 新年　16 国産の歌　17 夜の梅　18 天照大神　19 卒業の歌

文部省唱歌とは、戦前、文部省によって定められたものである。戦後の音楽の教科書にも文部省唱歌であるとして紹介されている歌があるが、それは戦前つくられたものである。戦前は、国の歌だということで作詞者などを公表しなかった。現在文部省唱歌を調べてみると作詞者が記されているものが多いが、それは戦後になってから公表されたものである。ここで示した曲名を見ると馴染みのあるものがたくさん含まれている。しかし、こうしたなかに、皇室を讃え、富国強兵を推進しようとするものも散見される。たとえば、第四学年の20番の唱歌「橘中佐《たちばなちゅうさ》」は文部省唱歌でもあり、また同時に軍歌でもある。次に歌詞を示すが、国のために命を投げ出すことを推奨するような内容になっている。これを小学校の四年生に歌わせていたのである。なお、橘中佐（橘周太《しゅうた》）とは、日露戦争における遼陽の戦いで戦死し、以後軍神として尊崇された人物である。

橘中佐（文部省唱歌・岡野貞一《おかのていいち》作曲）

一、かばねは積りて山を築《っ》き、
血汐は流れて川をなす、
修羅の巷か、向陽寺《しやおんずい》。
雲間をもる丶月青し。

二、「みかたは大方うたれたり、
暫く此處を。」と諌むれど、
「恥を思へや、つはものよ。
死すべき時は今なるぞ。

三、御國の爲なり、陸軍の
名譽の爲ぞ。」と諭したる
ことば半ばに散りはてし
花橘ぞかぐはしき。

第三節　その他の行事

儀式が積極的に学校教育に組み込まれていった明治二〇年代から三〇年代にかけて、同様に運動会、遠足、入学式、卒業式などの行事も広く行われるようになった。運動会は今でこそ、それぞれの学校が自校だけで行うイメージしかないが、運動会が普及しだした明治三〇年代には、いくつかの学校が共催する連合運動会がめずらしくなかった。また、遠足のはじまりは、その連合運動会に参加するために、自校から会場まで往復歩行したことにあったとされている。隊伍を組み、軍歌を斉唱しつつ颯爽と行進するというものであった〔注10〕。

修学旅行のはじまりは、一八八六（明治一九）年二月に一一日間にわたって行われた、高等教育機関である東京師範学校〔注11〕の行軍旅行としての「長途遠足」であるとされている。中等教育の諸学校では、明治三〇年代に修学旅行が定着していく。これは鉄道の発達とも関係する。列車での修学旅行に際して一八九九（明治三二）年より運賃割引の措置が図られるようになるが、これが「学割」のはじまりであるとされる。列車が頻繁に使用されるようになると、修学旅行の趣旨が身体の鍛錬を目的とする行軍から物見遊山に移ってくることになる。

小学校への修学旅行の普及はもう少し後になる。高等師範学校（東京師範学校の後身）の附属小学校が一九二五（大正一四）年に伊勢神宮への参拝旅行を行っているが、これが小学校における本格的な修学旅行のはじまりといわれている。目的地からも察することができるように、国家主義思想の影響を受けた行事として展開される側面もあった〔注12〕。

入学式・卒業式は、一八九二（明治二五）年から小学校で四月学年始期制が採用されることになり、これを契機に重要行事として定着していく〔注13〕。

学芸会、学校劇、音楽会などの文化的行事は、体育的行事に比べると、その導入は全体的にかなり遅い。学芸会という名称が普及するのは明治三〇年代のおわり頃からであり、学校劇や音楽会などが見られるようになったのは大正に入ってからである。これらは、私立学校を中心とした大正期の自由教育の隆盛ともかかわっている。児童中心主義に立つ大正自由教育のなかで、子どもたちの自主的表現活動が推奨され、学校劇、展覧会、音楽会などが企画されていった。こうしたなかで、たとえば玉川学園を創設した小《お》原《ばら》國芳《くによし》は、一九二三（大正一二）年に『学校劇論』を著したりもしている〔注14〕。

国民統合を目的として儀式や体育的行事が展開される一方、自由教育の影響のもとで文化的行事が展開されるなど、学校における教科以外の活動はさまざまな思惑のもとに登場し、発展してきた。しかし、常に正式な教育課程として位置づけられてきたとは、必ずしもいえない。こうした教科以外の活動が、学校における正式な教育課程として位置づけられるのは、戦後になってからである。現在はカリキュラム（curriculum）の訳語を「教育課程」としているが、戦前は「教科課程」ないしは「学科課程」としていた。それは各学年に課する教科のみを前提としており、教科以外の活動が正式なカリキュラムとして意識されていなかったことを表している。

なお、戦後はじめて出された「学習指導要領」でも「教育課程」ではなく、「教科課程」という言葉が引き続き使われていた。ただし、その段階で国は、国語や算数といった通常の教科だけでなく、それ以外の活動にも教育的な意味をすでに見出していたため、これを何とか教科課程に収めようとして、「自由研究」を立ち上げたのである。

注

〔注1〕森有礼は一八八六（明治一九）年に小学校令・中学校令・帝国大学令・師範学校令を出し、教育制度を整えようと努めた。

〔注2〕天皇、皇后の写真。御真影は一八八二（明治一五）年、最初に官立校に下付され、一八八六（明治一九）年府県立校、一八八九（明治二二）年市町村立高等小学校、一九一五（大正四）年私立校へと広がる。尋常小学校では一八九二（明治二五）年以降、複写された御真影が使われるようになる（佐藤秀夫『学校ことはじめ事典』小学館、一九八七年、参照）。

〔注3〕一八七二（明治五）年、日本書紀の伝える神武天皇即位の日に基づいて制定された祝日で、二月一一日。一九四八（昭和二三）年に廃止されたが、一九六六（昭和四一）年から「建国記念の日」として復活し、国民の

祝日となった。

〔注4〕天皇の誕生日を祝った祝日。一八七三（明治六）年に国の祝日とされ、第二次大戦後天皇誕生日と改称。

〔注5〕佐藤秀夫編『日本の教育課題〈第5巻　学校行事を見直す〉』東京法令出版、二〇〇二年、一三四頁、参照。

〔注6〕正式には「教育ニ関スル勅語」。井上毅《いのうえこわし》作成の原案に元田永孚《もとだながざね》らが修正を加え、明治天皇の勅語という形式で出された日本帝国の教育の基本方針。親孝行、兄弟愛、夫婦仲、友情、博愛、公益、遵法精神などの大切さが説かれている。また、戦争などの非常事態に際しては勇敢に戦うことも指示されている。いずれにしてもこうした徳目がすべて皇室の繁栄を讃えることに収斂するように構成されている。

〔注7〕文部省が一八七一（明治四）年に設置されたとき文部大輔《もんぶたいふ》（卿の次席）となり学制制定に尽力した江藤新平も処刑され、また、森と意気投合しともに教育政策を推し進めた伊藤博文も最後は暗殺される。何が正義かは各自の判断に任せるが、当時国づくりに奔走した人たちは、レトリックではなくまさに命がけで仕事をしていたのであろう。

〔注8〕佐藤秀夫編『日本の教育課題〈第1巻　「日の丸」「君が代」と学校〉』東京法令出版、一九九五年、五〇七–五〇八頁、参照。

〔注9〕同、五一一頁、及び、山口満・安井一郎編著『改訂新版　特別活動と人間形成』学文社、二〇一〇年、二六–二七頁、参照。

〔注10〕佐藤編二〇〇二年前掲書、二四五–二五四頁、及び、山口・安井編著前掲書、二七頁、参照。

〔注11〕師範学校とは、一八七二（明治五）年の学制により設置された教員養成のための学校であり、各都道府県におかれている教員養成系の国立大学の前身である。東京におかれた全国の師範学校の中心となる学校が東京師範学校である。一八八六（明治一九）年、初代文部大臣森有礼が制定した師範学校令によって東京師範学校は高等師範学校となる。高等師範学校は、端的にいうと、師範学校の教員を養成する学校である。東京師範学校は、この「高等師範学校」以降も名称変更や組織変更が何度かあり、「東京高等師範学校」「東京文理科大学」「東京教育大学」を経て、現在は筑波大学になっている。

〔注12〕佐藤編二〇〇二年前掲書、三九五-四〇三頁、及び、山口・安井編著前掲書、二八頁、参照。

〔注13〕山口・安井編著前掲書、二八頁、参照。

〔注14〕同、二八-二九頁、参照。なお、小原國芳の『学校劇論』は、小原國芳選集5『道徳教授革新論・学校劇論・理想の学校』玉川大学出版部、一九八〇年に再録されている。

第4章　戦後の特別活動の変遷

第一節　勅令主義から法律主義へ

戦前の教育体制は「勅令主義」といって、帝国議会の審議を経ずに天皇（実際には、教育を担当する文部省）が決定し指示を出すという方式がとられた。「大日本帝国憲法」（一八八九（明治二二）年二月一一日発布）を定めようとした際、教育に関する規定を憲法の条文中に設けるか否かが問題にされたが、結局設けられなかった。そこで教育に関する重要事項、とくに教育の目的・内容等に関する基本事項は勅令をもって定められることになったのである。実際に一八九〇（明治二三）年の「小学校令」制定に際し、これを法律によるか勅令とするかについての論議がなされもしたが、結局勅令をもって公布されることになる。

それ以来、教育に関する基本法令は勅令をもって定められた。

戦後はこれが改められ、帝国議会から改組され誕生した国会において教育に関することも審議され、法律を制定した上で政策が実施されるようになった。このような教育政策の在り方を「法律主義」という。学校教育に関していえば、「学校教育法」が国会で制定され、これに基づいて内閣が「学校教育法施行令」（政令）で具体化し、さらに文部（科学）省で「学校教育法施行規則」（省令）を定めて、より具体化して政策展開するようになったのである。学校教育法施行規則に基づいて教育課程の内容をさらに具体化したものが「学習指導要領」であるが、これも法的拘束力があるといわれている。この学習指導要領のなかで、特別活動についてもさまざまな指示が出されているのである。

ここでは、学習指導要領を確認しつつ、戦後の特別活動の変遷を追ってみよう。

第二節　学習指導要領と特別活動の変遷

一九四七（昭和二二）年に教育一般を対象とした教育基本法と、その教育の中心となる学校を対象とした「学校教育法」が制定された。これらを受け、同年に早速「学習指導要領」が出される。学校教育の国家統制が批判されてのスタートであったため、表紙には「試案」の文字が付されている（図表4－1）。法的拘束力のあるものではなく、あくまでも教師や学校が参考に資する冊子という位置づけであった。前章の最後で触れたとおり、この最初の学習指導要領では、現在では通常「教育課程」という言葉があてがわれるいわゆるカリキュラムが「教科課程」とされていたが、そこに「自由研究」という教科がおかれた。国語や算数といった他の教科とは異なり、児童生徒の自主的な活動が期待された分野だったので、戦後の教育課程上では、この自由研究を特別活動の前身と見なすことが一般的である。しかし、この時点では、その内容として学級活動や生徒会活動に関しては明示されていなかった〔注1〕。

学習指導要領は改訂時期が定まってはおらず、必要に応じて改訂されるわけであるが、通常一〇年程度の間隔で改訂されることが多い。ところが、最初の改訂は一九五一（昭和二六）年、すなわち四年後であった。この学習指導要領も「試案」であったが、急遽作成されたためにさまざまな不備が見られた最初の学習指導要領である一九四七（昭和二二）年版を、早めに手直ししたという感が強い。そして、それまでの「教科課程」が、この版より「教育課程」とされた。「自由研究」が廃止され、小学校では「教科」と「教科以外の活動」、中学校・高等学校では「教科」と「特別教育活動」で編成されるようになった。「特別教育活動」という用語は、連合国軍最高司令官総司令部民間情報教育局（ＣＩＥ）の中等教育担当官の示唆したSpecial Curricular Activitiesの訳語であると

図表4-1 はじめて出された学習指導要領（表紙）

される〔注2〕。「ホームルーム」「生徒会」「生徒集会」「クラブ活動」といった表現が登場し、これらが特別教育活動の中心に据えられるようになる。

配当時間に関していえば、中学校ではホームルームが「一週間あたり少なくとも一単位時間以上実施するのがよい」とされ、生徒集会が「週に一度（場合によっては隔週に）この集会を開催することが一般に望ましい」とされた。高等学校では、クラブ活動についても「週あたり少なくとも、（中略）一単位時間をとることが望ましい」と明記されていることが中学校と異なるが、ホームルーム、生徒集会に関しては中学校と同様の配当時間が指示されている。なお生徒会については、中学校・高等学校とも配当時間の指示は記されていない。

一九五五（昭和三〇）年に「高等学校学習指導要領一般編」〔注3〕が出されたが、それまで特別教育活動の内容として「ホームルーム」「生徒会」「クラブ活動」と併記されていた「生徒集会」という表現が消え、「その活動（特別教育活動）の領域は広範囲にわたるが、年間を通じて計画的、継続的に指導すべき活動としては、ホーム・ルーム活動、生徒会活動およびクラブ活動がある」（（　）内──筆者。なお、これより後の学習指導要領では「ホームルーム」という表記となる）と記されるようになる。これは、「生徒集会」を「生徒会活動」に収束させたと解することができる。

それまで一冊に統一されていた小学校・中学校・高等学校の学習指導要領一般編が、これ以降それぞれ分離発行されるようになるが、この期の一般編は高等学校のもののみが出された。すなわち、「高等学校学習指導要領一般編」は、他の学校段階のものより一回多く出されたことになる。そして、この改訂版には、分離発行以外の注目すべき特徴がある。それは、これまで出された学習指導要領一般編の表紙にあった「試案」の文字が見あたらないことである。

次の改訂は、小学校・中学校では一九五八（昭和三三）年に、高等学校では一九六〇（昭和三五）年に行われた。小学校・中学校では、この版より「試案」という文字がはずされ、また、「文部省告示」と表記され、法的拘束力をもつようになったといわれている。学習指導要領の法的拘束力の有無はしばしば議論になるが、もう一つ、「道徳」が特設されたことも教育課程上の大きな出来事であった。「道徳」の登場をめぐっては、徳育の必要性を強調しこれを支持する者と、道徳の国家統制は「修身」の復活であり好ましくないと批判する者とに反応が分かれた。

このような教育課程の変化を理解するためには、「冷戦」「逆コース」という当時の政治状況にも目を配る必要がある。冷戦とは、アメリカとソ連が、直接には戦火を交えることなく、第二次世界大戦後の国際政治の主導権を争った様子を指す。抑止効果の競い合いから核兵器の量産も行われた。こうしたなか、日米安全保障条約の締結、沖縄などへのアメリカ軍の駐留、そして日本の「再軍備」がアメリカから求められた。これらは、日本国憲法の平和主義や民主主義に逆行していると国内で激しい批判が起き、このような政治状況が「逆コース」と呼ばれた。当時の日本政府の関係者のなかには、再軍備を必要とする立場から、教育内容を通じ「愛国心」を養成すべき、と発言する者もいた。

たとえば、一九五二（昭和二七）年の自由党議員総会で吉田《よしだ》茂《しげる》首相（当時）は「日本の再軍備は一日にして成らない」ため、「日本の歴史が万国に冠たり日本の国土が世界で最も美しいということを青年に徹

過半数制し政局安定 総裁あいさつ

愛国心の養成に努めよ

議員総会における吉田首相のあいさつ次の通り。

私は国がさらに安定するため任期一ぱい政局担当を考慮していたが前国会の状況並に最近の状況と世論の動向から早期解散が妥当であるとの結論を得、またそれがよりよく政局、財政経済の安定に役立つものと考え解散を行った。

我々の第一の目標は国の安定であるが、我々が前回の選挙において絶対多数をもった結果、戦後七年にして明治維新にも比すべき史上まれなる復興をとげた。深刻な国際競争の中にあって日本がかく復興したことは自由国家の信頼をいよいよ深めている。

私は最近ある人に日本の経済は貧弱で再軍備は出来ないといったところ、その人は日本は貧乏とはいわせぬ。英国でさえ現在十六ないし十七億ドル程度の外貨資金しか持っておらずそれも減りつつある。しかるに日本は十二億ドル以上の資金を持ちますます増えようとしているといわれた。かく日本は世界に向っても誇り得る復興をなしとげたことは政界、財界が安定したからである。その基礎をいよいよ固めるために任期一ぱいを考えていたが、さきの理由により早期解散を行ったわけで諸君の中には不満足に思うものがあるかも知れないが、選挙後一層の安定と日本再建の基礎を固めるため絶対過半数獲得に努力してほしい。政策について私の希望するところは現在の復興をさらに強固な基盤の上に築き上げること

日本の国連加入

ケーシー外相

【シドニー三十一日発＝AFP特約】ケーシー・オーストラリヤ外相は三十一日メルボルンで『オー

図表4-2　毎日新聞1952年9月1日付夕刊第一面（吉田総裁挨拶）

底的に教育してこそ初めて愛国心が養われる」〔注4〕と述べている。それを伝えた新聞記事の見出しにも「愛国心の養成」の文字が見られる（図表4-2）。一九五三（昭和二八）年の「池田・ロバートソン会談」でも日本政府は、アメリカ軍が国内に駐在することを認め、また教育と広報を通じ日本に防衛意識と愛国心とを助長する責任があると確認し合ったと報道されている〔注5〕。

一九五八（昭和三三）年に改訂された小学校・中学校の学習指導要領から、愛国心養成に通じる表現が散見されるようになる。この改訂で登場した小学校の「道徳」に、「日本人としての自覚を持って国を愛し、国際社会の一環としての国家の発展に尽す」との記述が現れる。中学校の「道徳」では「われわれが、国民として国土や同胞に親しみを感じ、文化的伝統を敬愛するのは自然の情である。この心情を正しく育成し、よりよい国家の建設に努めよう」と記された。また、学校行事に「国旗を掲揚し、君が代をせい唱させることが望ましい」と書かれた。ここではじめて、学校での「日の丸・君が代」の扱いが学習指導要領に登場する。

この改訂（高等学校は一九六〇年）では、すべての学校段階において「特別教育活動」（小学校でもこ

の版から「教科以外の活動」が「特別教育活動」に変更）から、分離、強調されるような形で「学校行事等」という領域が登場する。なお、特別教育活動の内容は、中学校では「ホームルーム」という表現が消え「学級活動」となる。また中学校・高等学校双方の、特別教育活動に関する配当時間の規定にも若干の変更が見られる。「学級活動」「ホームルーム」に関しては週あたり一単位時間という規定は変わらないが、「生徒会活動」及び「クラブ活動」に関しては、中学校では「学校の事情に応じ適当な時間を設けて」、高等学校では「学校の実情に即してそれぞれ適当な授業時間を充てるものとする」と記されるようになる。これ以前は「生徒集会」として配当することが望ましいとされていた生徒会関係活動の週一単位時間が、その規定を解かれたことになる。実質的には、生徒会関係活動にあてる時間の削減ということになろう。

次の改訂は、一九六八（昭和四三）年の小学校を皮切りに、一九六九（昭和四四）年の中学校、一九七〇（昭和四五）年の高等学校と行われた。ここで、小学校・中学校において、現在使われている「特別活動」という名称が登場する。それまで列記されていた「特別教育活動」と「学校行事等」とを統合して小学校・中学校では「特別活動」、高等学校では「各教科以外の教育活動」という表記が使用されるようになる（高等学校で「特別活動」という表記が使用されるようになるのは一九七八（昭和五三）年の改訂からである）。これにともない、特別活動の内容構成が大きく変更されることになる。小学校・中学校では、これまでの「特別教育活動」の内容項目であった「学級会活動」「児童会（生徒会）活動」「クラブ活動」の三つを「児童（生徒）活動」という新たな内容項目名称の下位項目とし、これに「学校行事」と新たに設けられた「学級指導」を併せて「特別活動」の新三内容項目とした。

次の改訂は一九七七（昭和五二）年に小学校・中学校、一九七八（昭和五三）年に高等学校と行われた。高等学校で「各教科以外の教育活動」から「特別活動」への変更が行われたことにより、すべての学校段階での教科以外の教育活動の名称が「特別活動」で統一された。以後、この名称は変更されることなく現在に至っている。

次の改訂は、小学校・中学校・高等学校ともに一九八九（平成元）年に行われている。小学校・中学校では、「学級指導」に「学級会活動」が吸収される形で統合され「学級活動」となる。これに伴い内容項目も再編成され、「特別活動」は「学級活動」「児童会（生徒会）活動」「クラブ活動」「学校行事」の四つの項目から構成されることになった（高等学校では「ホームルーム活動」「生徒会活動」「クラブ活動」「学校行事」の四つ）。なお、中学校と高等学校ではこの改訂で、部活動への参加によりクラブ活動の履修に替えることができるとされた。特別活動の年間配当授業時数は、小学校三五（第一学年のみ三四）、中学校三五になっており、「学級活動」をこれにあてることになっている。高等学校では「ホームルーム活動」として、年間三五単位時間以上を割りあてるよう指示されている。児童会（生徒会）関係活動に関しては、小学校・中学校・高等学校ともに「適切な授業時数を充てる」ものとするという指示にとどまる。

次の改訂は、一九九八（平成一〇）年に小学校・中学校、一九九九（平成一一）年に高等学校と行われた。ここで「総合的な学習の時間」が登場する。総合的な学習の時間は領域横断的な領域として設定されたため、特別活動との関係が問われることになる。中学校・高等学校では前回の改訂で、部活動への参加によりクラブ活動の履修に替えることができるとされた。その後の動向により「クラブ活動」の存在意義が後景に退いたため、この回の学習指導要領改訂の際に中学校・高等学校では「クラブ活動」が削除されることになる。

次の改訂は、小学校・中学校では二〇〇八（平成二〇）年に、高等学校では二〇〇九（平成二一）年に行われた。この改訂を前に学力低下が社会問題化する。土日を休みにしたり（学校の週五日制）、総合的な学習の時間を導入する一方で教科のスリム化を図ってきたが、ＯＥＣＤが三年に一度実施している国際学力調査ＰＩＳＡの順位が下がりはじめたのをきっかけに、そうした教育政策が問題視されるようになる。その流れから、いわゆる「ゆとり教育」が変更を迫られることになる。このようなこともあり教科と総合的な学習の時間のバランスの再考が求められた。結果として、教科（とくに主要教科といわれるもの）の時間が増やされ、反対に、総合的な学習の時間が減らされた。小学校の学習指導要領に外国語活動が登場したのもこの改訂版からである。具体的には、五年生・六年生で英語を実施するというものであるが、教科ではないので試験をして評定をつけられるということはない。

次の学習指導要領全部改正は、二〇一七（平成二九）年から二〇一九（平成三一）年にわたって行われるが、その前に二〇〇八（平成二〇）年告示の小学校と中学校の学習指導要領が二〇一五（平成二七）年に一部改正された。それまで教科以外の一領域であった「道徳」がここで教科に格上げされたのである。とはいえ、道徳は一般の教科になったのではなく、「特別の教科である道徳」という微妙な位置づけになった。ちなみに、「特別の教科　道徳」という表記が普及したが、学校教育法施行規則に記されている正式名はい。

「特別の教科である道徳」である。教育課程の重要な変更がここであったことを押さえておかねばならない。

さて、二〇一七（平成二九）年から二〇一九（平成三一）年の学習指導要領改訂であるが、これが現時点（本書執筆時）での最新版である。教育課程上の目立った変更点といえば、小学校でこれまで五年生・六年生に設定されていた外国語活動が教科「外国語」に格上げされ、これまで外国語は教えられていなかった三年生・四年生に外国語活動の学年を引き下げて実施されることであろう。特別活動についていえば、中学校の学習指導要領を例にとると（小学校も高等学校もほぼ同じ）、これまで総則で「進路指導」に関して「生徒が自らの生き方を考え主体的に進路を選択することができるよう、学校の教育活動全体を通じ、計画的、組織的な進路指導を行うこと」と簡単に記されていたところが、次のように文字数を増やし、さらに「キャリア教育」という言葉を登場させ、その要が特別活動であると明示されたところが目立った変更点として指摘できる。

第1章　総則

第4　生徒の発達の支援

1　生徒の発達を支える指導の充実

(3)　生徒が、学ぶことと自己の将来とのつながりを見通しながら、社会的・職業的自立に向けて必要な基盤となる資質・能力を身に付けていくことができるよう、特別活動を要としつつ各教科等の特質に応じて、キャリア教育の充実を図ること。その中で、生徒が自らの生き方を考え主体的に進路を選択することができるよう、学校の教育活動全体を通じ、組織的かつ計画的な進路指導を行うこと。

学習指導要領上の一つ前から現行の版への特別活動に関する細かな変更点は、第1章及び各内容を扱う次章以降を参照いただきたいが、大きな柱の変更はなく、これまでどおり小学校の特別活動の四本柱は学級活動・児童会活動・クラブ活動・学校行事、中学校の三本柱は学級活動・生徒会活動・学校行事、高等学校の三本柱はホームルーム活動・生徒会活動・学校行事である。

特別活動は、このように複雑な過程を経て現在に至っているが、学級活動（ホームルーム活動）と児童会・生徒会活動は、「自由研究」時を別とすれば、常に中心的な内容項目として重視されてきたことがわかる。ただし、授業時数の配当時間に関する記述の変化が示すとおり、児童会・生徒会活動が教育課程上後退しつつある感は否めない。

ところで、なぜ、特別活動の推移をこれほど丁寧に追ってきたかというと、本書が特別活動の教科書であるということもその大きな理由の一つであるが、実はそれを超えた重要な意味がある。多かれ少なかれ、学校教育は国家統制の手段である。国家が民主的な方向に向かうのか、軍国主義的な方向に向かうのかは、実は学校教育に端的に現れる。そして、それが学校教育のどこに集中的に現れるかというと、戦

図表 4-3　教育課程の変遷

	小学校						
	学習指導要領改訂年	教育課程 ＊ 1947（昭和 22）年版は教科課程					備考
①	1947（昭和 22）年	その他の教科	自由研究（教科）				＊試案。 ＊小・中・高一般編は合冊として出版。 ＊自由研究は教科。
②	1951（昭和 26）年	教科	教科以外の活動				＊試案。 ＊小・中・高一般編は合冊として出版。
③	1958（昭和 33）年	教科	道徳	特別教育活動		学校行事等	
④	1968（昭和 43）年	教科	道徳	特別活動			
⑤	1977（昭和 52）年	教科	道徳	特別活動			
⑥	1989（平成元）年	教科	道徳	特別活動			
⑦	1998（平成 10）年	教科	道徳	総合的な学習の時間		特別活動	
⑧	2008（平成 20）年	教科	道徳	外国語活動	総合的な学習の時間	特別活動	
⑨	2017（平成 29）年	教科	特別の教科である道徳	外国語活動	総合的な学習の時間	特別活動	＊教科に「外国語」が登場。 ＊ 2015 年の一部改正により道徳が教科に。

	中学校					
	学習指導要領改訂年	教育課程 ＊ 1947（昭和 22）年版は教科課程				備考
①	1947（昭和 22）年	その他の教科	自由研究（教科）			＊試案。 ＊小・中・高一般編は合冊として出版。 ＊自由研究は教科。
②	1951（昭和 26）年	教科	教科以外の活動			＊試案。 ＊小・中・高一般編は合冊として出版。
③	1958（昭和 33）年	教科	道徳	特別教育活動	学校行事等	
④	1969（昭和 44）年	教科	道徳	特別活動		
⑤	1977（昭和 52）年	教科	道徳	特別活動		
⑥	1989（平成元）年	教科	道徳	特別活動		
⑦	1998（平成 10）年	教科	道徳	総合的な学習の時間	特別活動	
⑧	2008（平成 20）年	教科	道徳	総合的な学習の時間	特別活動	
⑨	2017（平成 29）年	教科	特別の教科である道徳	総合的な学習の時間	特別活動	＊ 2015 年の一部改正により道徳が教科に。

	高等学校				
	学習指導要領改訂年	教育課程 ＊ 1947（昭和 22）年版は教科課程			備考
①	1947（昭和 22）年	その他の教科	自由研究（教科）		＊試案。 ＊小・中・高一般編は合冊として出版。 ＊自由研究は教科。
②	1951（昭和 26）年	教科	特別教育活動		＊試案。 ＊小・中・高一般編は合冊として出版。
③	1955（昭和 30）年	教科	特別教育活動		＊この期に出されたのは高校だけ。 ＊「試案」の文字なし。
④	1960（昭和 35）年	教科	特別教育活動	学校行事等	
⑤	1970（昭和 45）年	教科	各教科以外の教育活動		
⑥	1978（昭和 53）年	教科	特別活動		
⑦	1989（平成元）年	教科	特別活動		
⑧	1999（平成 11）年	教科	総合的な学習の時間	特別活動	
⑨	2009（平成 21）年	教科	総合的な学習の時間	特別活動	
⑩	2018（平成 30）年	教科	総合的な探究の時間	特別活動	＊名称が総合的な探究の時間に。

前・戦中の経験を踏まえれば、道徳と特別活動に現れる。戦前、戦中には道徳や特別活動という教育課程上の領域名称は存在しなかったが、道徳や特別活動に相当するものはもちろん存在した。道徳であれば筆頭教科の修身がそれを担っていたし、特別活動であれば儀式的行事が広く展開されていた。とくに儀式的行事が、国家が軍国主義化していく際に強調されていった。詳しくは前章に記したとおりだが、戦後の国家と学校教育のゆくえを探るためにも、その推移を丁寧に追う必要がある（図表4-3）。なお、第12章で同様の視点から日の丸・君が代問題を中心に戦後の様子を記しているので、参考にしてほしい。

注

〔注1〕自由研究については文部省『学習指導要領一般編（試案）』（一九四七（昭和二二）年）の第三章教科課程のなかで説明されているが、学級活動や生徒会活動に多少かかわる文言としては「児童が学校や学級の全体に対して負うている責任を果たす―たとえば、当番の仕事をするとか、学級の委員としての仕事をするとか―ために、この時間をあてることも、その用い方の一つといえる」（一四頁）とあるのみである。

〔注2〕山口満・安井一郎編著『改訂新版　特別活動と人間形成』学文社、二〇一〇年、三七-三八頁、参照。

〔注3〕高校進学率の急激な上昇などを受け、この期は高等学校のものだけ改訂版が出された。そのため、これまでは一般編に関しては小学校・中学校・高等学校のものは合冊で一冊であったものが、ここから学校段階ごと

に分冊されることになる。この『高等学校学習指導要領一般編』の表紙には「昭和31年度改訂版」とあるが、これは、昭和三一年度から実施することを意味している。改訂自体は昭和三〇年一二月五日である。現在では、改訂年が表紙に表記されることが一般的であるが、これは表記が定まる前の揺れだと思われる。

本書では、学習指導要領の識別表示を改訂のあった年としている。すなわち、この『高等学校学習指導要領一般編』の場合は「昭和三〇年」となる。表紙の表記とずれるが誤解のないようお願いしたい。

なお、学習指導要領の変遷について論じる際、この昭和三〇年の改訂版について言及していない文献が目立つ。たとえば、日本特別活動学会編『キーワードで拓く新しい特別活動』（東洋館出版社、二〇〇〇年）では、「特別活動の歩み (3) 第二次大戦終結後」（六六-六九頁）において、昭和二六年改訂の次は昭和三三年改訂の学習指導要領について言及しており、昭和三〇年の高等学校の改訂については触れていない。また、山口満・安井一郎『改訂新版　特別活動と人間形成』（学文社、二〇一〇年）でも、「第2章　特別活動の変遷」（二六-四八頁）において昭和三〇年の高等学校の改訂については触れていない。特別活動に関しても本文で記したようにいくつかの動きがあるにもかかわらず、触れられていないことは気になるところである。

〔注4〕「毎日新聞」一九五二年九月一日付夕刊、第一面。

〔注5〕「朝日新聞」一九五三年一〇月二五日付朝刊、第一面。

第5章　学級活動とは何か

小学校・中学校の学習指導要領と高等学校の学習指導要領の特別活動の構成を見比べてほしい。小学校・中学校では各活動の一つ目が「学級活動」であるのに対して、高等学校では「ホームルーム活動」となっている。「学級」のことを「クラス」というときもあるが、いったい「学級」と「クラス」と「ホームルーム」とはどこが違うのであろうか。まずは、学級・クラス・ホームルームという概念について検討しておこう。その後、現行の学習指導要領で学級（ホームルーム）活動を確認する。

第一節　「学級」「クラス」「ホームルーム」の違い

学校において所属する最も基本的な集団をベースにした活動を、小学校・中学校では「学級活動」といい、高等学校では「ホームルーム活動」という（前章で見たように中学校でも以前は「ホームルーム」という表現が使用されていた）。しかし、「学級（＝クラス）」と「ホームルーム」とが、実際に学校現場で意識的に区別して使用されることはまれであろう。一般には、「学級（＝クラス）」は授業のために集められた学習集団を意味し、「ホームルーム」とは学校で各自が所属する生活集団を意味する。些細なことのようではあるが、この二つの表記の違いに少しこだわってみよう。そうすると、教育課程のなかでこれらの活動が期待されている役割がより明確になる。ここではとくに、「ホームルーム」をめぐるある学校での実践例を見ることによって考察の一助としたい。

若狭高等学校のホームルーム制

「ホームルーム」は、二〇世紀のはじめ、アメリカ・マサチューセッツ州の中等学校で試みられたバーティカル（縦割り）プランに起源をもつとされている。その原型を最もよく形にとどめたのは、日本の福井県立若狭高等学校においてであるという〔注1〕。ここでは、その若狭高等学校の「総合異質編成縦割り式ホームルーム制」と呼ばれる実践を紹介する。この実践は、一九九四（平成六）年、その四五年間にわたる歴史の幕を閉じた。しかしその際、これを後世に伝えようと、『「縦割りホームルーム制」の実践』（図表5-1）〔注2〕という五八三頁にも及ぶ書物が編纂された。同書に基づき、その「ホームルーム」を概観してみたい。

一九四九（昭和二四）年、新制高等学校誕生とともにこのホームルーム制は誕生した。クラス制に慣れ

図表5-1　創立百周年記念事業として出版された『「縦割りホームルーム制」の実践』福井県立若狭高等学校、1997年

		普通	商業	理数	計
一年	男	3	3	1	7
	女	3	3	0	6
二年	男	2	2	1	5
	女	3	3	1	7
三年	男	3	2	1	6
	女	4	2	0	6
計		18	15	4	37

図表5-2　若狭高等学校のあるホームの編成表

親しんでいるわたくしたちには、想像を絶する複雑怪奇な教育システムである。その目的、形態、機能をここで不足なく伝達することは不可能であるが、具体的な紹介を試みれば次のようになる。

「縦割り式ホームルーム制」が行われていた当時の、あるホームルームを覗いてみる。そこには普通科、商業科、理数科（年代によっては、被服科、家政科、家庭科、情報処理科）の生徒が混在している。男も女もいる（現在からすれば教室に男女がいるのはあたり前であるが、若狭高等学校はそれが一般的でなかった頃、「ホームルーム」の理念のもと、男女共学化に踏み切っている）。それだけではない。三年生もいれば、二年生もいる。もちろん、一年生もいる。勉強の得意な者、苦手な者、A地区出身の者、B地区出身の者。学校で想定されるありとあらゆる種類の生徒が一つの教室のなかにいる（図表5-2）。そして、これにアドバイザーと称する相談相手としての教師が加わる。これが「総合異質編成縦割り式ホームルーム制」である。

る。「縦割り（式）ホームルーム」「ホームルーム」「ホーム」がこの略称になる。授業時間が近づくとそれぞれが授業を受ける各教室に分かれていき、授業がおわると帰ってくる場所がこの「ホームルーム」である。

阪神タイガースの名物選手だった人で、現在でもメディアで人気の川藤幸三《かわとうこうぞう》（タイガースファンのわたくしは一九八五年の日本一のときに、その存在感に圧倒された）が若狭高等学校出身であるが、このホームルーム制の複雑なシステムを回想する面白いエピソードを文章にしているので、それを見てみよう。

思い出の答案用紙

第19回卒　商業科　25ホーム
川藤幸三

「兄さんうち恥ずかしかったわあー。」三十年前のある日、家に帰るなり二年下の妹が私に言った。私のクラスの教室は妹のホームの教室でもあった。昼食の時間、机の中にばらばらにちぎられた答案用紙を妹の友人が見つけ、ごていねいに元どおりの一枚の答案用紙にしたらしい。それは、ここにも書けないような点数の、私の英語の答案用紙だった。妹はどれほど恥ずかしかった事だろうか。いまだにそれを思い出し、二人して、いや家族で笑ってしまう。

これは私の思うホーム制の「短所」であり、私のホーム制の最大の思い出でもある。正直なところ野球に明け暮れていた私には、ホーム制での行事の思い出はなく、協力も何もしなかった。でも、クラブ活動以外では先輩・後輩の接点はないものだが、ホーム制のお蔭でいろんな人と出会え、接する事ができたのはよかったと思う。

子どもの世界でも、さまざまな問題が出てきて、小学校などでも地域の中で「縦割り」で何かをするという事が少なくなり、児童会活動などで上級生と下級生が交流をもっている様だが、もう何十年も前に「縦割り」の活動がすでに導入され、実施されていたという事は、すごい事だと思う。制度として受け入れるのではなく、「縦割り」の長所をいかして積極的に活動していれば、クラブ活動だけでなく、もっと楽しく有意義な思い出が、私の心のアルバムに加えられたのではなかったかな?と、三十年たった今、ふと思ってしまった。〔注3〕

このホームルーム制の目的・機能は何か。クラスの機能領域が「学習指導」「進路指導」であるのに対し、ホームルームのそれは「生活指導」であるという。そして、目的に関していえば、当初は「楽しい家庭教室」「社会的訓練活動の場」であったが、しばらくして、ホームルーム制導入者であり後に同校の校長を務める鳥《とり》居《い》史郎《しろう》により「異質のものへの理解と寛容」として明示されることになる。これが若狭高等学校の教育理念として定着する。まさに学科、学年といろいろな特性をもつ生徒、すなわち異質なものが入り乱れる集団で活動させるという理念を体現した実践であった。

ホームルームは、毎日のショートタイムと週一回のロングタイムに分かれる。前者は主に昼食の時間に割りあてられ、後者はレクリエーションや行事に使用される。討論などもそこで活発に行われたようである。また、ホームルームは生徒会活動を行う際の基礎単位でもあり、そこですでに自主自立的姿勢や民主的解決能力を学んだという。

『「縦割りホームルーム制」の実践』は、ホームルーム制賛美の本では決してない。大半がホームルーム制の存廃論議で埋め尽くされている。この制度が教師・生徒を含む関係者全員から好意的に受け入れられたのは、はじめの一〇年に過ぎない。残りの三五年は葛藤の日々となる。奇跡的ともいえるこのシステムの継続は、関係者のなみなみならぬ試行錯誤と存続への挑戦によって支えられてきたといえる。

そして、若狭高等学校の実践の最大の特徴と意義は、同校から実践の分析を依頼された教育社会学者の苅谷《かりや》剛彦《たけひこ》が同書で指摘するように、ホームルーム制を継続するなかで繰り返し行われてきた存廃をめぐる議論にこそある〔注4〕。議論することを通して、ホームルーム制をなくそうという意見に対して、「異質のものへの理解と寛容」を培うことの大切さが再確認されるからである。注目すべきことに、存廃論議は教師のみに限定されていたわけではない。当の在校生たちも活発にこれを行っている。ホームルーム批判はすなわち学校批判となる。学校批判を生徒が行うことを学校運営システムのなかに用意してあったということになる。そして、絶えず議論の対象になることによって、ホームルーム制も「異質のものへの理解と寛容」という教育理念も、卒業生の胸に深く刻み込まれていくことになる。

また、ホームルーム制は縦のつながりを重要な特質としてもつために、卒業生や地域との有機的な結びつきを強める効果をもたらしたという。そのため、多くの者が卒業後もこのシステムに愛着をもち続けることになる。一九九四（平成六）年にホームルーム制が廃止される際、この廃止を聞きつけた卒業生らが文部省へホームルーム制廃止再考請願を提出した。そこには四〇〇〇人を超える署名があったという〔注5〕。これなども、ホームルーム制への強い愛着を示すものといえる。

では、このような評価を受け、愛されながらも、ホームルーム制はなぜ幕を閉じなければならなかったのであろうか、学力競争の激化がホームルーム制に打撃を与えたといわれる。だが、ホームルームが学習指導や進路指導に適さないことが廃止の主要因だと考えるならば、それは早計に過ぎる。若狭高等学校のホームルーム制の衰退、消滅はあくまでも生活指導上の問題に起因すると思われる。苅谷の分析にあるように、たとえば異質編成といいつつも、内実は普通科生徒が増大して大きな割合を占めるようになり、その結果ホームルーム内にマジョリティ・マイノリティ関係が生じた〔注6〕。そして、このような関係が通常そうであるように、強者と弱者の関係を帯びはじめる。異質ではあるが対等という関係が崩れたのである。このように考えると、家政科や被服科の廃止、商業科生徒数の大幅な減少などは大きな構造的危機であったことがわかる。

また後年、多くの普通科生にとってホームルームは、直接的な学習刺激を受けることのない安らぎの場所という機能のみを担うようになる。社会性や民主主義などを学習する場所ではなくなってきたのである。つまり、進学希望者の要求にそぐわないという学習指導や進路指導上の問題からこのシステムが変更を余儀なくされたというよりも、むしろ根本に存する「異質のものへの理解と寛容」や「社会的訓練活動の場」という教育目的、ないしはそれを遂行するための機能自体が、すなわち生活指導そのものが機能不全を起こしたといえるのではないだろうか（もっとも、この生活指導上の問題が、学習指導・進路指導上の問題と密接に連動していることは疑いのないことである）。

若狭高等学校で展開されたホームルーム制を概観してきたが、ホームルームとは、クラスとは異なり、人格形成に直接かかわる生活指導としての役割を、その集団的力学のなかで担う重要なシステムであったことがわかる。学年や画一的な科目履修にこだわらない単位制の高等学校等が増加してくれば、再び縦割りホームルーム制のようなホームルームが復活する可能性がある。

ところで、先に「学級（≒クラス）」という表記をし、学級とクラスとを近似的なものとして提示したが、実は、学級とクラスには違いがある。日本の「学級」という概念は「クラス」という純粋学習集団より広い、「ホームルーム」をも含んだ概念である。小学校・中学校だと、教科の授業を受けるクラスと学級活動を行ったりするホームルームとは基本的には同一集団である。これに対し、選択科目が多い高等学校では、たとえば選択の美術のクラスとホームルームは同一集団ではない。クラスとホームルームとの間にズレがあることから、高等学校では両者を含み込む「学級」という言葉を避け、クラスのメンバーとの活動ではなくホームルームのメンバーとの活動であることを誤解なく伝えるために「ホームルーム活動」といっていると解することができる。欧米の学校と比較して、ホームルームの生活集団という側面を積極的に教育の対象にしようとするところに日本の学校の特徴がある。とくに、生活集団としてのホームルームを対象に生活綴方〔注7〕や班を活用した学級集団づくり〔注8〕など、さまざまな実践が展開されてきている。

第二節　学級活動・ホームルーム活動の目標

現行の「小学校学習指導要領」（二〇一七〔平成二九〕年改訂版）、「中学校学習指導要領」（二〇一七〔平成二九〕年改訂版）、「高等学校学習指導要領」（二〇一八〔平成三〇〕年改訂版）に記載された学級活動・ホームルーム活動の目標を見てみよう。

「小学校学習指導要領」（二〇一七〔平成二九〕年改訂版）の学級活動の目標

学級や学校での生活をよりよくするための課題を見いだし、解決するために話し合い、合意形成し、役割を分担して協力して実践したり、学級での話合いを生かして自己の課題の解決及び将来の生き方を描くために意思決定して実践したりすることに、自主的、実践的に取り組むことを通して、第1の目標に掲げる資質・能力を育成することを目指す。

「中学校学習指導要領」（二〇一七〔平成二九〕年改訂版）の学級活動の目標

学級や学校での生活をよりよくするための課題を見いだし、解決するために話し合い、合意形成し、役割を分担して協力して実践したり、学級での話合いを生かして自己の課題の解決及び将来の生き方を描くために意思決定して実践したりすることに、自主的、実践的に取り組むことを通して、第1の目標に掲げる資質・能力を育成することを目指す。

「高等学校学習指導要領」（二〇一八〔平成三〇〕年改訂版）のホームルーム活動の目標

ホームルームや学校での生活をよりよくするための課題を見いだし、解決するために話し合い、合意形成し、役割を分担して協力して実践したり、ホームルームでの話合いを生かして自己の課題の解決及び将来の生き方を描くために意思決定して実践したりすることに、自主的、実践的に取り組むことを通して、第1の目標に掲げる資質・能力を育成することを目指す。

見比べていただくとわかるように、小学校と中学校のものは全く同じであり、高等学校のものは小学校・中学校のものが「学級」となっているところを「ホームルーム」にかえただけである。第1の目標に実質的な中身は譲っているので、小学校・中学校・高等学校の第1の目標の違いがそれぞれの違いとなって表れるということである。この違いは第2章で触れたとおりであり、学校段階が進むにつれて、より包括的で（「自己」から「人間」へ）、より深く（「考え」から「自覚」へ・「生き方」から「在り方生き方」へ）、より積極的な（高等学校での「主体的に」「参画し」といった言葉の登場）記述になっている。

第三節　学級活動・ホームルーム活動の内容

学習指導要領には、学級（ホームルーム）活動の目標を達成するために行うべきことが「内容」として箇条書きで端的に示されている。第2章で中学校のものを紹介したが、小学校や高等学校のものと併せて提示すれば次のとおりである。

「小学校学習指導要領」（二〇一七〔平成二九〕年改訂版）の学級活動の内容

(1)　学級や学校における生活づくりへの参画

ア　学級や学校における生活上の諸問題の解決

イ　学級内の組織づくりや役割の自覚

ウ　学校における多様な集団の生活の向上

(2)　日常の生活や学習への適応と自己の成長及び健康安全

ア　基本的な生活習慣の形成

イ　よりよい人間関係の形成

ウ　心身ともに健康で安全な生活態度の形成

エ　食育の観点を踏まえた学校給食と望ましい食習慣の形成
(3)　一人一人のキャリア形成と自己実現
ア　現在や将来に希望や目標をもって生きる意欲や態度の形成
イ　社会参画意識の醸成や働くことの意義の理解
ウ　主体的な学習態度の形成と学校図書館等の活用

「中学校学習指導要領」(二〇一七〔平成二九〕年改訂版)の学級活動の内容
(1)　学級や学校における生活づくりへの参画
ア　学級や学校における生活上の諸問題の解決
イ　学級内の組織づくりや役割の自覚
ウ　学校における多様な集団の生活の向上
(2)　日常の生活や学習への適応と自己の成長及び健康安全
ア　自他の個性の理解と尊重、よりよい人間関係の形成
イ　男女相互の理解と協力
ウ　思春期の不安や悩みの解決、性的な発達への対応
エ　心身ともに健康で安全な生活態度や習慣の形成
オ　食育の観点を踏まえた学校給食と望ましい食習慣の形成

(3) 一人一人のキャリア形成と自己実現
ア 社会生活、職業生活との接続を踏まえた主体的な学習態度の形成と学校図書館等の活用
イ 社会参画意識の醸成や勤労観・職業観の形成
ウ 主体的な進路の選択と将来設計

「高等学校学習指導要領」〔二〇一八〔平成三〇〕年改訂版〕のホームルーム活動の内容

(1) ホームルームや学校における生活づくりへの参画
ア ホームルームや学校における生活上の諸問題の解決
イ ホームルーム内の組織づくりや役割の自覚
ウ 学校における多様な集団の生活の向上

(2) 日常の生活や学習への適応と自己の成長及び健康安全
ア 自他の個性の理解と尊重、よりよい人間関係の形成
イ 男女相互の理解と協力
ウ 国際理解と国際交流の推進
エ 青年期の悩みや課題とその解決
オ 生命の尊重と心身ともに健康で安全な生活態度や規律ある習慣の確立

(3) 一人一人のキャリア形成と自己実現

ア　学校生活と社会的・職業的自立の意義の理解
イ　主体的な学習態度の確立と学校図書館等の活用
ウ　社会参画意識の醸成や勤労観・職業観の形成
エ　主体的な進路の選択決定と将来設計

これら小学校・中学校・高等学校の学級活動・ホームルーム活動の内容を見て気づく一つ前の学習指導要領との大きな違いは、何といっても小学校の内容に「(3) 一人一人のキャリア形成と自己実現」が加わったことである。これまでの「小学校学習指導要領」には「キャリア教育」や「進路指導」に関係する記述は出てこなかった。一つ前の学習指導要領の改訂の時期あたりから、文部科学省はキャリア教育という言葉を用いて進路にかかわる学習を大きく推進するようになったが、それまでもっぱら使われていた進路指導という言葉は「小学校学習指導要領」には登場しない中学校と高等学校限定のものであった。文部科学省は小学校から、さらには就学前から進路や人生について学習させたいということで、中学校と高等学校に限定された進路指導という言葉ではなくキャリア教育という言葉を用いて小学校でも展開しようとした〔注9〕。文部科学省のこの考え方が、特別活動の中の学級活動の項目としてまさにここに具体化したのである。

また、一つ前の学習指導要領との違いということでいうと、中学校の学級活動、高等学校のホームルーム活動で提示されていた「ボランティア活動」という表現が消えている。もちろん、生徒会活動や学校行事の方には引き続き「ボランティア活動」が出てくるのであるが、学級活動・ホームルーム活動としてはなくなっている。たとえば、前回から今回の改定の間に、東京都などでは高等学校で「奉仕」という教科・科目が設定されたりした。学級活動やホームルーム活動でのボランティアは、こうしたものに譲ろうということなのであろうか。どうして学級活動・ホームルーム活動からボランティア活動が消えたのか、学習指導要領解説などを見た限りでは確認できなかった。

その他の一つ前の学習指導要領との違いとしては、中学校でも高等学校でも「キャリア」という言葉が登場したことなどであろう。また、それまでの学級活動・ホームルーム活動の各内容項目がまとめられて、若干項目数が少なくなっていることなどが指摘できる。以上が学級活動・ホームルーム活動の概要である。各内容項目に関する具体例などは、第6章〜第9章に譲りたい。

注

〔注1〕ホーム制資料集編纂委員会編『「縦割りホームルーム制」の実践』福井県立若狭高等学校、一九九七年、五五八-五五九頁、参照。

〔注2〕筆者は以前、同書の書評を依頼されたことがある。その書評は「若狭高校、四五年間の奇跡」というタイトルで、全国高校生活指導研究協議会編『高校生活指導』第一三七号、青木書店、一九九八年に掲載された。

〔注3〕ホーム制資料集編纂委員会編前掲書、三三八-三三九頁。
〔注4〕同、四九七-五〇〇頁、参照。
〔注5〕同、五〇〇-五〇四頁、参照。
〔注6〕同、二五三頁掲載の福井新聞記事、参照。
〔注7〕子どもが自らの生活を通して見たり、聞いたり、感じたり、考えたりしたことを文章にし、それをクラスで読み合うことによって相互理解を深めるとともに社会の在り方を考えさせようという教育方法。実践の具体例として無着成恭編『山びこ学校』(青銅社、一九五一年)などが有名。
〔注8〕班づくりや討議づくりなどを通して、民主的集団を志向し自治能力を育てようとする教育実践。方法については、全生研常任委員会編『新版 学級集団づくり入門 小学校編』(明治図書、一九九〇年)、全生研常任委員会編『新版 学級集団づくり入門 中学校編』(明治図書、一九九一年)などに詳述されている。
〔注9〕文部科学省「高等学校キャリア教育の手引き」(平成二三年一一月)https://www.mext.go.jp/component/a_menu/education/micro_detail/__icsFiles/afieldfile/2011/11/04/1312817_07.pdf、二〇二一年八月三一日閲覧、参照。

第6章　朝の学活

朝の校門指導などがあるものの、学級としての朝のはじまりは一〇分程度の朝の学活からということになる。「朝の会」「ショート・ホームルーム（ＳＨＲ）」「短学活」などと呼ばれているが、出欠確認、連絡事項の伝達、提出物の収集、印刷物の配付といった事務的な処理の他、学習や諸活動への積極的な取り組みを促す担任からの短い話が行われることが一般的である。一日のスタートを切るための重要な教育活動である。

しかし、特別活動とは見なし得るものの、「学習指導要領」や『学習指導要領解説特別活動編』などでは、この朝の学活についてのきちんとした記述が、実は見あたらない。たとえば、『中学校学習指導要領解説特別活動編』では「朝の会」として二度登場するが、一つ目は学級活動にあてる標準授業時数とされている年間三五単位時間に朝の学活は含めるなという指示であり、二つ目は朝の学活も特別活動の全体計画のなかに示しておくことが大切だという提言であり、いずれにしても朝の学活の内容そのものについての記述がない。こうしてみると、朝の学活は教育課程上曖昧な位置づけしかもたない微妙な活動だといえる。学校現場の裁量に任されているということなのだろう。

なお、本書では「帰りの学活」についてはほとんど触れないが、これについても朝の学活と同様と考えていただければよい。

第一節　連絡事項の伝達の練習

教育実習に行ったとき、はじめに担当を命じられるのが、通常、この朝の学活である。実は、教育実習を成功させる重要なポイントが、この朝の学活をきちんと意識して教育実習に臨むかどうかというところにある。

朝の学活は、連絡事項を伝えることからはじまる。朝の教員ミーティングで、教頭（副校長）や学年主任などから学級担任に生徒への連絡事項が伝えられる。これを教室に帰って、朝の学活で受け持ちの生徒に伝える。教育実習の際には、実習生がこの学級担任の仕事を代わって行うことになる。無事に行うために、朝の教員ミーティングのときに、しっかりとメモをとる必要がある。実習生はメモ帳を携帯することを意識しておこう。そうでないと、伝達事項を忘れたり、誤って伝えたりということが生じる。

実は、教育実習においては教科の授業よりも、こうした学活などが上手くできなくてダメ出しされることが多い。教科の授業は当然もたされるものとして臨むため、学習指導案を書くなどの事前準備をしていくので、それなりに何とかなる。しかし、朝の学活などは、実習に入る前にはあまり意識しないので、盲点になってしまうことがある。それで、出ばなをくじかれ、これを引きずってしまい教育実習全体が失敗におわるということがよくあるのである。

そこで、教育実習をスムーズにはじめることができるように、ここで朝の学活の練習をしておきたい。すでに触れたように、学校では、朝、学年主任などが生徒への伝達事項を教員や教育実習生にミーティングでアナウンスする。それをメモして朝の学活でクラスの生徒に伝えるわけだが、その学年主任のセリフを掲げておくので、友人などと役割分担して練習してみてほしい。

一人が伝達事項を伝える学年主任の役を担当し、以下に記してある伝達事項を伝える。もう一人が教育実習生の役を担当し、テキストを閉じて以下の学年主任用のセリフを見ないようにしていわれたことをメモし、それを生徒たちが目の前にいるつもりになって口に出して伝えてみるのである。伝達内容にだけ気をつけるのではなく、声量や表情も教育実習さながらに演じてみるとよい。学年主任役を演じた人は、教育実習生役の人が伝達事項の内容をきちんと伝えることができたか、声は小さくなかったか、表情は生徒たちを目の前にして話をするのにふさわしいものであったか、などをチェックする。以上が練習の流れとなる。この後に、練習に使う学年主任のセリフを複数掲載するので、役割を交代しながら練習してほしい。

なお、学年主任役が話した伝達事項の説明や理由などの細かなところまですべてを伝える必要はない。

もちろん、細かなところまで伝えてもらってもいいが、必ず伝えなければならないところが押さえられていて、そこが正確に伝えられるかどうかが、より重要なポイントとなる。

〈朝の教員ミーティング練習用サンプル1〉

まずは、中学校に教育実習に行ったことを想定して練習してみよう。ここは、職員室だと思ってほしい。学年主任役の人が次のセリフを読むことで練習がはじまる。

先生方、教育実習生の皆さん、おはようございます。それでは、朝のミーティングをはじめます。各クラスに帰って生徒たちに伝えていただきたい伝達事項が今日は四点ありますので、先生方よろしくお願いいたします。

一つ目です。明日の四時間目は避難訓練です。ですが、四時間目の途中から訓練がはじまりますので、そこまでは通常の授業があります。ですから、生徒には四時間目の授業の用意もきちんとしてくるように伝えてください。昨年、わざとなんでしょうけど、教科書をもってこない生徒が各クラス何人かいて、授業やるんですかみたいな感じで、ちょっともめたと聞いています。生徒に変な言い訳をさせないためにも、四時間目の授業の用意をしっかりとしてくるように伝えてください。

二つ目です。中間試験の一週間前になりましたので、部活禁止です。昨日、文化部の一部の生徒が部室に残っていたみたいで、運動部の生徒たちから「自分たちは追い出されたのに、文化部はいいのか」

といったクレームがあったそうです。まあ、文化部の生徒たちもみんなでそこで試験勉強をしていたのかもしれませんが、本校では試験一週間前は、部活禁止で放課後部室に残らない、ということになっていますので、文化部であっても、そして、試験勉強をするためであっても部室に残るのはダメ。とにかく、放課後は部室棟から出るように伝えてください。

三つ目です。前々からいっていますように、明日、給食センターが臨時で業務を行いません。ですので、明日、弁当をもってくるように念押しして伝えてください。

最後の四つ目ですが、各クラスの保健委員は昼休みの一二時三〇分までに保健室に行くよう伝えてください。保健室からの配布物がありますので、クラス分を取りにきてほしいそうです。保健室の武田先生、所用で一二時三〇分までしか対応できないらしいので、昼休みの一二時三〇分までにということを、しっかりと保健委員に伝えてください。

以上、本日の連絡事項四点でした。それでは先生方、よろしくお願いいたします。

続いて、教育実習生役の人は、今聞いた連絡事項を目の前に生徒たちがいると想定して伝えてみてほしい。学年主任役の人にはチェックをお願いする。

〈朝の教員ミーティング練習用サンプル2〉

今度は、ここが高等学校だと思ってほしい。練習用サンプル1より、少し難しくしてみた。

先生方、教育実習生の皆さん、おはようございます。それでは、朝のミーティングをはじめます。各クラスに帰って生徒たちに伝えていただきたい伝達事項が、今日は四点ありますので、先生方よろしくお願いいいたします。

一つ目です。今週月曜日に提出だった進路調査票ですが、出していない人がまだかなりいるようです。今週中、すなわち、金曜日までには必ず提出させてください。先生方に朝の学活などでこの進路調査票を集めていただいて、先生方がクラス分をまとめて進路指導室に提出してください。よろしくお願いいいたします。

二つ目です。来週行われる球技大会についてです。各種目の出場選手が、クラスのなかですでに決まっていると思います。クラスに球技大会実行委員がいると思いますが、この球技大会実行委員に、もうすでに渡してある種目別メンバー表にきちんと各種目の出場選手の氏名を書き込ませた上で、それを今日中に体育の山田先生のところまでもっていくようにいってください。山田先生は体育館の体育準備室にいらっしゃると思いますが、不在の場合は種目別メンバー表を机の上に黙っておいてきたりしないで、間違いのないように出直して山田先生に直接手渡すように伝えてください。

三つ目です。図書委員会が今日のお昼に図書室で開催される予定でしたが、都合で、急遽、美術室に会場が変更になるそうです。各クラスの図書委員に、会場が美術室に変更になったことを伝えてください。

最後の四つ目です。たくさんの生徒が通学路として使う広尾商店街（商店街名は実習先などに合わせて適当に変えてほしい）で、昨夜から今朝にかけて当て逃げがあったそうです。幸いけが人などは出ていませんが、駐車してあった商店街のパン屋さんの車の一部が破損していて、その箇所を見ると他の車がぶつかったらしいんです。駐車してあったパン屋さんの車にぶつかって、そのまま行っちゃったということでしょうね。警察から学校に協力依頼がきました。情報がほしいということで、目撃者をさがしているそうです。情報をもっている生徒がいたら、生徒指導部まできてくれるように伝えてください。

以上、本日の連絡事項四点でした。それでは先生方、よろしくお願いいたします。

続いて、教育実習生役の人は、今聞いた連絡事項を目の前に生徒たちがいると想定して伝えてみてほしい。学年主任役の人にはチェックをお願いする。

〈朝の教員ミーティング練習用サンプル3〉

再び、ここは中学校だと思ってほしい。

先生方、教育実習生の皆さん、おはようございます。それでは、朝のミーティングをはじめます。各クラスに帰って生徒たちに伝えていただきたい伝達事項が今日は三点ありますので、先生方よろしくお願いいたします。

一つ目です。家庭訪問による三者面談の日程調整のためのアンケート調査をいたします。保護者の方に都合のいい日を聞くアンケート調査です。各クラスの人数分、ここに用意してありますので、もっていってください。クラスで配布していただいて、来週月曜日の朝の学活で回収してください。持ち帰らせたアンケートは生徒が自分で記入するのではなく、おうちの人に記入してもらうように伝えてください。

二つ目です。コロナの影響で、授業日数がかなり不足しています。ご存じのように、年間の授業週である三五週分の日数を確保する必要があります。そこで、今回は夏休みを短くすることにしました。通常、八月いっぱい夏休みなのですが、今年は八月三〇日月曜日と八月三一日火曜日は授業日とします。九月を待たずに、八月のおわりから二学期のスタートになります。このことを生徒たちに伝えてください。八月三〇日月曜日は通常の月曜日の時間割、八月三一日火曜日は通常の火曜日の時間割で授業をしますので、準備して登校するように伝えてください。クラスによっては相当不満が出るかもしれませんが、先生方、ご対応、よろしくお願いいたします。

最後の三つ目は、昨日、生徒指導部の会合が開かれて話題になったことなんですが、先週の木曜日、午後から雨が降った日に、傘の盗難が相当あったそうなんです。生徒指導部で把握しているだけでも、その日、七本盗まれているんです。こうしたことのないよう、各クラスに帰って先生方、生徒たちへの指導をよろしくお願いいたします。

以上、本日の連絡事項三点でした。それでは先生方、よろしくお願いいたします。

続いて、教育実習生役の人は、今聞いた連絡事項を目の前に生徒たちがいると想定して伝えてみてほしい。学年主任役の人にはチェックをお願いする。

現在では、サンプルのように口頭でただ伝えられることは少ないと思う。伝達事項が板書されていたり、記載された紙が貼り出されていたりして、間違いなく伝わるようにしているところの方が多い。だが、口頭でいわれるだけの場合を想定しておいた方が練習としてはよい。練習の段階で上手くいかなくとも、それほど気にすることはない。こういうことがあるかもしれないと、心の準備をしておくことが大切である。

第二節　朝の学活を利用したさまざまな取り組み

朝の学活は、連絡事項の伝達のみではなく、学校生活の一日をスタートさせるにふさわしいイベントとして利用されることも多い。代表的なものをいくつか紹介しておこう。

①朝読書

学校で毎朝、朝の学活などの時間を使って授業のはじまる前の一〇分間程度、生徒がそれぞれ自分の読みたい本を読む朝読書の時間が、多くの学校で試みられている。感想文などを要求されない、評価もされない、ただ好きな本を読むだけ、という感じで展開されることが一般的である。本を読む習慣が期待されるだけでなく、「子どもたちに落ち着きが出てきた」「遅刻が減少した」との副次的効果も報告されている。この朝読書は、一九八八（昭和六三）年に千葉県の二人の高校教師、林公《はやしひろし》、大塚笑子《おおつかえみこ》の提唱ではじめられたという。大塚は、二〇二一（令和三）年現在、朝の読書推進協議会の理事長を務めている。朝読書の実施状況は、朝の読書推進協議会の調査によると図表6－1のようになっている。

図表 6-1 「朝の読書」全国都道府県別実施校数〔注1〕
（2021 年 3 月 31 日現在、朝の読書推進協議会調べ）

都道府県	実施校数	内訳		
		小学校	中学校	高等学校
北海道	1,340	728	478	134
青森県	415	246	130	39
岩手県	462	280	131	51
宮城県	527	317	168	42
秋田県	300	166	101	33
山形県	335	206	89	40
福島県	616	389	187	40
茨城県	643	407	198	38
栃木県	527	328	149	50
群馬県	458	279	150	29
埼玉県	1,114	680	386	48
千葉県	951	569	333	49
東京都	1,568	911	548	109
神奈川県	1,011	642	328	41
新潟県	644	407	212	25
富山県	279	177	74	28
石川県	288	181	74	33
福井県	280	182	75	23
山梨県	267	163	74	30
長野県	566	343	180	43
岐阜県	524	327	142	55
静岡県	840	466	270	104
愛知県	1,173	737	345	91
三重県	486	317	143	26
滋賀県	321	203	96	22
京都府	464	289	149	26
大阪府	1,112	687	366	59
兵庫県	971	600	308	63
奈良県	302	178	92	32
和歌山県	302	176	109	17
鳥取県	187	116	53	18
島根県	302	183	90	29
岡山県	561	371	150	40
広島県	694	385	215	94
山口県	385	225	130	30
徳島県	233	147	69	17
香川県	215	133	60	22
愛媛県	384	226	106	52
高知県	319	181	109	29
福岡県	1,027	617	296	114
佐賀県	275	155	84	36
長崎県	520	286	168	66
熊本県	449	248	150	51
大分県	349	214	110	25
宮崎県	344	197	108	39
鹿児島県	696	440	198	58
沖縄県	396	233	138	25
合　計	26,422	15,938	8,319	2,165

②朝ドリル

朝の学活の時間を使って、漢字のドリルや英単語のドリル、百マス計算などの算数のドリルを実施する学校も多い。「基礎的な知識・技能の定着」「生活リズムの改善」「学習習慣の定着」などが期待されて行われる。ただ、ドリルを楽しいと感じて行う児童生徒は限られており、もくもくとプリントをこなす修行の時間のようになってしまう場合もある。児童生徒にとってはやらされている感が強く、一日のスタートから疲労感を与えてしまうことになりかねない。実施に際しては、こういったデメリットを避ける工夫が求められる。

③朝鑑賞

「朝読書」「朝ドリル」などは多くの学校で見られるが、芸術作品を鑑賞するという「朝鑑賞」はこれから知れ渡っていく新たな試みといっていいだろう。

この試みをリードした埼玉県所沢市立三ヶ島《みかじま》中学校では、週に一回、金曜日の朝一〇分間、全クラスで一斉に美術鑑賞がはじまる。ファシリテータを務めるのは学級担任等教員であるが、場合によっては生徒もその役を務めることもあるという。芸術作品（絵画が多い）を囲んで、生徒たちは作品から受ける印象や感想を言い合い、鑑賞を進めていく。問いやテーマを設けてディスカッションを行うこともある。教員が一方的に話す解説型ではなく、あくまでも対話型であるというところがポイントである。一つの作品を

図表 6-2　所沢市立三ヶ島中学校の「朝鑑賞」の様子

クラス全員が囲む場合もあれば、複数の作品を用意し、少人数でそれらの作品を囲む場合もあるという。三ヶ島中学校のこの実践は読売教育賞二〇一七「カリキュラム・学校づくり」部門の優秀賞を受賞している。

二〇二〇（令和二）年に三ヶ島中学校で「朝鑑賞は学校に何をもたらすか」と題するフォーラムが生徒・教員・研究者を交えて開催されたが、「結局、周りの意見に合わせている」とか「やっている意味がわからない、朝鑑賞は無駄な時間」という生徒発言が飛び出した。これらに対してファシリテータの教師が「言葉にしてくれてありがとう」と返しながら、その意味を丁寧に掘り下げていく様子が見られたという〔注2〕。朝鑑賞は、こうした批判的な発言を大人の前でも堂々とすることができる力を生徒につけているのかもしれないし、それを受け止めることができる力を教師につけているのかもしれない。

④タブレット学活・ノートパソコン学活

メディアリテラシーがますます求められるなか、これに応えようと朝の学活でタブレットやノートバソコンを用いた取り組みを行う学校が出はじめた。クラス全員がGoogle Classroomなどに入室し、カメラをオンにして出欠確認したり、連絡事項が伝えられたりする。文部科学省も、ＩＣＴ（情報通信技術）端末に慣れるために朝の学活等でのタブレット等の使用を推奨している〔注3〕。近いうちに、「タブレット端末は単なる文房具」という感覚になるに違いない。むしろ児童生徒よりも、機器の扱いに不慣れな教師たち（とくに年配の教師たち）が頑張らねばならない状況といえるのではないだろうか。

教科担任制を採用している中学校や高等学校では、朝の学活は、学級担任が学級の生徒と継続的に活動する数少ない機会の一つである。生徒の様子を観察する貴重な機会でもある。朝の学活を（そして帰りの学活も）上手に進めながら、よりよいクラスづくりに生かしてほしい。

注

〔注1〕朝の読書推進協議会「『朝の読書』全国都道府県別実施校数（二〇二一年三月三一日現在）」https://www.tohan.jp/csr/asadoku/asadoku_school.pdf、二〇二一年八月二一日閲覧。

〔注2〕三澤一実「２０１９年度美術科教育学会リサーチフォーラムin所沢 報告」美術科教育学会、http://www.artedu.jp/jooz3l4ff0-73/?action=common_download_main&upload_id=621、二〇二一年八月三一日閲覧、参照。

〔注3〕文部科学省「特別活動の指導におけるＩＣＴの活用について」https://www.mext.go.jp/content/20201028-mxt_jogai01-000010146_013.pdf、二〇二一年八月二二日閲覧、参照。

第7章　学級の問題を話し合う

第一節　きまりをつくって守る

学級（ホームルーム）活動の内容「(1) 学級（ホームルーム）や学校における生活づくりへの参画」の最初の下位項目は、「ア 学級（ホームルーム）や学校における生活上の諸問題の解決」である。この項目は、学級とホームルームという言葉以外には小学校・中学校と高等学校とで差異がない。本章では、高等学校のホームルームを含めて、支障がない限りは「学級」という言葉で論じていきたい。

ここでは学級や学校で生じるさまざまな問題を、学級会をひらいていろいろと議論し、克服していくことなどが求められている。話し合って決める、決めたことを守り実行する、という集団に身を投じる際の基本的スキルの育成がここでは期待されている。特別活動の第一番目の内容の第一項目であるということは、ここが特別活動の要ということである。教科での学習も、道徳での話し合いも、総合的な学習（探究）の時間の共同作業も、行事などで他のクラスと競い合うときも、学級の人間関係が落ち着いていて、学級の居心地がよくなければどれも満足なものにならない。話し合いを通じて、すべての児童生徒にとって学級が不安のない安心した空間になることが、何よりも優先されねばならない。

とはいえ、学級会をしっかりと行うことは、決して簡単なことではない。理想にとらわれ抽象的な目標や守れもしないきまりをつくって満足してしまったり、目標やきまりをつくることだけに重きをおいて、それらが達成されたか、守られているか、ということについては十分なフォローができていないことも多いだろう。こういった問題が、現実の学級会や学級活動には多く見られる。学級会や学級活動の経験は、民主的な人格形成に大きな影響を与えるに違いない。だとすれば、学級会での生産的な議論と、これに続くさまざまな具体的な努力をふんだんに経験することができたならば、健全な社会の形成者育成という観点からすれば、学級会とこれを含む学級活動の意義は計り知れないものになる。しかし、反対に、経験した学級会や学級活動が非民主的なものであったり、形骸化したものであったならば、「話し合うということ」「物事を決めるということ」「決めたことをしっかり行ったり、守ったりすること」といった、集団、そして社会のなかで人が生きていくときの最も大切な力が骨抜きにされてしまう。

このあたりのことについての理論構築と実践展開に努力をしてきた組織として、全国生活指導研究協議会（略称「全生研」）がある。全生研が提唱する理論・実践として知られる「班・核（リーダー）・討議づくり」のなかの「討議づくり」の部分が、ここでの議論を具体化するものである。担任が学級会をどのように運営するとよいとされているのか、全生研の「班・核（リーダー）・討議づくり」をリードした大西《おおにし》忠治《ちゅうじ》〔注1〕の発言に耳を傾けてみよう。

大西は、学級会の運営をはじめから子どもたちに任せてしまうのではなく、教師は司会を担うリーダーの後ろにつき添って、話し合いの際の指示の出し方などを小声で丁寧に教える、としている〔注2〕。また、話し合いの議題については、子どもたちに事前に文書で提出させておくことを求めている。

また、守ることのできないような目標やきまりをつくることを、厳しく戒めている。たとえば、遅刻が目立つ学級での指導の際、単純に「明日から遅刻をしないようにしましょう」といった、目標ないしはきまりをつくらせてはならないと大西はいう。「来週は学級全体で遅刻を五回以内におさめる」といった、達成可能な目標を時限つきで定めるとよいとしている。こうした具体的な提案を導き出すためには、子どもたちが冷静に学級の状態を分析し、どのくらいが目標として妥当かを、しっかりと判断しなくてはならない。そのために理想の掲げ合いではなく、現実的で具体的な議論が学級会で展開されることになる。時限つきであるのは、これも放置しておいて守れない状態になることをおそれるからである〔注3〕。

その他にも、人前での発言が苦手な子どもの意見も吸い上げることができるように、また、同じ班の仲間の同意を得ることによって勇気をもって発言できるように、「討議の二重方式」なる方法が適宜とられる必要があることなどが強調されている。この討議の二重方式とは、学級会などで子どもたちに発言を求める際、個人に学級全体の前でいきなり発言させるのではなく、班で意見交換をさせた上でそれを反映させた形での発言を求めるものである〔注4〕。

さらに、学級会で議論し、物事を決めた後は、これが遵守されているか確認しなくてはならない。この役割を担うのが日直である。通常、日直は指導と管理（チェック）の両方を行う役割と思われているが、大西は、指導は班長などのリーダーの仕事で日直の仕事ではない、日直の役割はしっかりと管理し報告することである、としている。指導と管理が同一人物や機関に集中するとき、権力が肥大化し、暴走しかねない。日直に指導させない、リーダーに管理させないのは、こうした理由からであるという〔注5〕。

第二節　「班」の背景

さて、これまでの記述のなかで「班」という言葉を何度も使ってきた。班は学級経営の要となる小集団であり、学校現場では欠かせないものである。班をつくっていろいろな係をその班で担当したり、掃除も割りあてられた分担箇所を班で行ったりする。ところが、「小学校学習指導要領」「中学校学習指導要領」「高等学校学習指導要領」には「班」という表現が一度も出てこない。これらの解説書である『小学校学習指導要領解説特別活動編』『高等学校学習指導要領解説特別活動編』にも出てこない。かろうじて『中学校学習指導要領解説特別活動編』に一回だけ出てくる（一つ前のものにはなく、今回はじめて出てきた）。微妙に避けられているようにさえ見える。そしてまた、「班」が使われないがゆえに、各学校段階の

『学習指導要領解説特別活動編』の解説が具体性の乏しいものになってしまっている。

これには、デリケートな事情が背後にある。先に「班・核（リーダー）・討議づくり」という実践は全生研が展開してきた旨を指摘したが、この全生研は日本教職員組合（日教組）内に設置された組織である。一九八〇年代までは、自由民主党を中心とする政権下で教育行政を担っていた文部省と日教組とは大きく対立していた。日の丸・君が代問題を筆頭に、特設「道徳」、全国一斉学力調査、勤務評定などをめぐって激しく争ってきた。

このようななかで、日教組や全生研が好んで使う「生活指導」という言葉を避け、文部省は「生徒指導」という言葉を使うようになった。そして、文部省が避けてきたこの「生活指導」という言葉の中心概念がまさに「班」なのである。そういう事情を考慮すれば、「生活指導」と同様、文部省が「班」という言葉を避けたとしても不思議ではない。一九九四（平成六）年に自由民主党、新党さきがけと日本社会党が連立を組み、日本社会党党首村山富市《むらやまとみいち》が総理大臣に指名され、日教組の中心的支持政党であった日本社会党が与党となったことから、文部省と日教組とは同一サイドになり、両者の和解が成立することになる。こうしたことがあったものの、主張のズレは解消されることなく、また、その後、社会民主党となった日本社会党も自由民主党と離れることになった。少し遠回りをしたが、学習指導要領及びその解説が「班」に言及しないのは、このような事情が背後にある。いずれにしても、実際に展開されている班活動などについても配慮しながら、学習指導要領での記述を具体的に捉えていく必要がある。

班のつくり方については全生研やその他の組織ないしは各教員が工夫してきたところであるが、とくに近年、いじめ問題との関係でクラス替えと同様、さまざまな配慮がなされるようになった。ある特定の生徒をグループでいじめているような場合には、加害者と被害者を同じ班にしないだけでなく、加害者側のメンバーを班分けの際に分散させるなどの対応がとられる。同時に、被害者の班には状況を理解し、対応が可能なしっかりとした生徒を配置し、フォローを依頼しておくといったことがなされる。

いじめとの関連でいえば、班を活用しての改善のための取り組みがある一方で、全生研の班づくりこそがいじめの元凶となっていると指摘する者もいる〔注6〕。学級やホームルームにおける組織づくりがいかにあるべきか、多面的に検討してほしい。

第三節　学級の問題を解決してみよう（シミュレーション）

学級会の議題は、あらかじめきちんと文書で提出するといった手続きが望ましい。そして、議題は教師が提出するよりも、児童生徒が自分たちの学級を見ていて改善した方がよいと思うことを、自ら見出して議題にしていくことを期待したい。本来であれば、教師である筆者が議題を提出するべきではないのであるが、ここでは、筆者が大学で教えていて学生に改善してもらいたいと常々思っていることを五つ列挙するので、その解決策を議論するということで学級会のシミュレーションを行ってもらいたい。

まず学級委員役を選び、総合司会を担当してもらう。次に六名くらいの班を構成し、班長役も選んだ上で、解決策を話し合ってほしい。具体的には、すでに紹介した討議の二重方式を採用するスタイルで行ってもらいたい。つまり、一つの同じ議題について各班で解決策を話し合い、その後、各班で出された解決策を学級全体で共有し、学級委員役がその学級に適した解決策をまとめあげていくのである。各班で話し合う時間、各班からの報告をもとに学級全体でまとめあげていく時間は、このシミュレーションをする者たちであらかじめ決めておき、その時間に合わせて班長役や学級委員役は話し合いをコントロールしていってほしい。目安としては、一つの議題を各班で話し合うのに一〇分、各班が学級全体に報告するのに一〇分、報告のあったものを学級委員役の司会のもと学級全体で練り上げていくのに一〇分、ということで一議題につき計三〇分といったところだろうか。大学の一コマ九〇～一〇〇分で三つの議題を取り扱うことができる。学級委員役や班長役を変えながら進めることで、いろいろな役割を経験してほしい。では、話し合ってもらいたい議題五つを以下に列挙する。（　）内に筆者のボヤキを入れておく。

①授業中の居眠り（いろいろな大学で教壇に立ってきたが、筆者の本務校がとくにひどい）
②授業中の私語（一〇〇名を超える大教室で授業をするとこれに悩ませられる）
③授業中の内職（皆がスマホをもつようになってから極端に多くなった。視線が手元に行くので教壇から見るとすぐわかるのだが）
④授業への遅刻（一限の授業を担当すると最悪）
⑤テキスト不持参（その日だけ忘れたのではなく、購入していないのだと思う）

これらの問題をどうすれば改善できるのか、本気で考えてほしい。小学校・中学校・高等学校で使える解決策であればなおよい（しかし、あまりこのことにこだわる必要はない）。ポイントは、自分たち自身に実施されてもよいと思える対策を考えることである。

このシミュレーションを大学で実際に行うと、かなり懲罰的な案が出てくる。「では、それをこのクラスで実施してもいいですか」と尋ねると、「次年度からお願いします」という後輩いじめのような答えが返ってくることもある。自分たちも納得して従えるような提案をしてほしい。また、案が現実的であるということも重要なポイントである。居眠り対策として「昼休みにきちんと仮眠がとれるように大学がカプセルホテルのような休憩所を用意する」というようなアイデアが出されることが実はよくある。奇抜なアイデアを否定しているわけではない。そういったもののみに偏らないようにしてほしいということである。

先に筆者がシミュレーションの対象として列挙した問題などは、気楽に話し合えるものだといってよい。いじめ等の深刻な問題があったときには、学級会でどうしようか教師は悩むことになるだろう。こういうときのヒントは、『これからの生活指導と進路指導』（高橋陽一・伊東毅編、武蔵野美術大学出版局、二〇二〇年）の第10章「いじめへの対応と学級活動・生徒会活動」に記しておいた。参照願いたい。

注

〔注1〕一九三〇-一九九二。香川大学学芸学部卒業。北海道、香川県、茨城県で中学校・高等学校の教員を務める。後に、都留文科大学教授。全国生活指導研究協議会常任委員を務める。

〔注2〕大西忠治『生活指導入門』青木書店、一九九〇年、二〇六-二〇八頁、参照。

〔注3〕同、二四三-二四六頁、参照。

〔注4〕同、二四七頁、参照。

〔注5〕同、二三四-二三八頁、参照。

〔注6〕班を活用していじめ問題に取り組んだ実践を紹介するものとしては、小林剛『いじめを克服する』（有斐閣新書、一九八五年）などがある。また、全生研の班づくりをいじめ問題と関連づけて批判するものとしては、今村城太郎『〝いじめ〟の根源を問う―集団主義教育の「犯罪」』（展転社、一九九五年）などがある。

第8章　学級活動とアクティブラーニング

特別活動の多くはそれ自体がアクティブラーニングである。よってアクティブラーニングを強調するような章を設けても意味をなさないようにも思われるが、ここでのアクティブラーニングは、構成的グループエンカウンターやディベートのような、型の決まったアクティビティを通しての学習という意味で使っていると思っていただきたい。ここでは「自己紹介・友人発見ビンゴゲーム」と「ディベート」の二つを紹介したい。

第一節　自己紹介・友人発見ビンゴゲーム

中学校の学級活動の項目である⑵のア「自他の個性の理解と尊重、よりよい人間関係の形成」（小学校や高等学校にも同様の項目がある）について、『中学校学習指導要領解説特別活動編』の解説のなかで「入学直後や学級編成替えなどにより新たな人間関係を築くことが求められる時期には、自分の長所・短所、友人への期待と励まし、自他の個性を知りそれを生かす方法」などを工夫して展開することが推奨されている。これにぴったりの構成的グループエンカウンター〔注1〕がある。それが「自己紹介・友人発見ビンゴゲーム」である。

繊細であるがゆえに、友だちと話をする機会をもてずにいる者もいる。こうした者に対して、友だちづくりをサポートできるような仕かけはできないだろうか。教師や教育学研究者の有志（筆者もその一人）が集まってアイデアを出し合い、『いじめ・孤立から参加・自治・友情へ』〔注2〕及び『いじめ・孤立から参加・自治・友情へ（第二集）』〔注3〕という小冊子を作成した。

このなかから、当時中京大学教授であった浅野誠《あさのまこと》が作成した「自己紹介・友人発見ビンゴゲーム」〔注4〕と称するゲームを紹介したい。このゲームは、学級開きのときや新しい仲間が集まったときに、他者とはじめて言葉を交わし、友人になるきっかけを提供するものである。筆者も何度か実際に行ったことがあるが、必ず盛り上がる優れたゲームである。以下に紹介するので、四月はじめの学級会ないしはロングホームルームなどで試してほしい。

まず、「皆さん、ビンゴゲームって知っていますか。知っている人、手をあげてください」と生徒に尋ねる。中学一年生くらいであれば、通常、七、八割が手をあげる。高校一年生であれば九割近く知っている。次のせりふに移る。「さて、今日皆さんと楽しもうと思っているビンゴゲームは、通常のビンゴゲームではありません。『自己紹介・友人発見ビンゴゲーム』といいますが、やり方をこれから説明しますので、まずは、これから配るシート（図表8－1）を一人一枚ずつ受け取ってください」とシートを配布する。

「ちょっと協力お願いします」といって、一番近くにいる人に配付したシートと鉛筆だけをもって前に出てきてもらう。「これから、マスの埋め方の説明をします。このゲームはみんなで一斉にはじめるわけですが、とにもかくにも、はじまったら、一人だけ相手を捕まえてください。捕まえてくださいといっても、物理的に捕まえるわけではありません。一緒にやりましょうと合意すればいいだけです。これは、知らない人と話をすることがポイントのゲームなので、なるべく知らない人を捕まえてください。三人で行ってはいけません。必ず二人で行ってください」といって、説明に協力してもらうために前に出てきてもらった人に近づく。

「さて、それでは、お互いに双方を捕まえたことにします。どのマスを二人で埋めてもいいのですが、そうですね、一番上の段の一番左の列のマスを見てください。『同じきょうだい数』と書いてあります。ここを埋めることができるかやってみましょう」。相手に「ご自身も含めて何人きょうだいですか？」と尋ねる。たとえば、相手が「二人きょうだいです」と答えたとする。筆者は実際に二人兄弟なので、「私も二人きょうだいです。お互いに一致すれば、このマスを埋めることができますので、実際に埋めてみましょう。何人、というところは、私のシートのマスにも、相手の方のシートのマスにも『2』と書きます。そして、『相手の名前』という欄に一緒にそのマスを埋めた相手の名前をお聞きして書いてくださ

図表 8-1 「自己紹介・友人発見ビンゴゲーム」用シート

自己紹介・友人発見ビンゴゲーム

私の名前[　　　　　　　　　　　　　　　　] （愛称でも可）

同じきょうだい数 ＿＿＿＿＿＿人 相手の名前 ＿＿＿＿＿＿	異なる性 私 ＿＿＿＿＿ あなた＿＿＿＿＿ 相手の名前 ＿＿＿＿＿＿	同じ将来の夢 ＿＿＿＿＿＿ 相手の名前 ＿＿＿＿＿＿	同じ好きなスポーツ ＿＿＿＿＿＿ 相手の名前 ＿＿＿＿＿＿	異なる自信のあること 私 ＿＿＿＿＿ あなた＿＿＿＿＿ 相手の名前 ＿＿＿＿＿＿
同じ趣味 ＿＿＿＿＿＿ 相手の名前 ＿＿＿＿＿＿	異なるハンカチの色 私 ＿＿＿＿＿ あなた＿＿＿＿＿ 相手の名前 ＿＿＿＿＿＿	同じ好きな歌手 ＿＿＿＿＿＿ 相手の名前 ＿＿＿＿＿＿	異なる得意科目 私 ＿＿＿＿＿ あなた＿＿＿＿＿ 相手の名前 ＿＿＿＿＿＿	異なる種類の家での手伝い 私 ＿＿＿＿＿ あなた＿＿＿＿＿ 相手の名前 ＿＿＿＿＿＿
同じ好きな種類のペット ＿＿＿＿＿＿ 相手の名前 ＿＿＿＿＿＿	同じ今朝の食べ物（「食べない」どうしは不可） ＿＿＿＿＿＿ 相手の名前 ＿＿＿＿＿＿	異なる昨日発見したこと 私 ＿＿＿＿＿ あなた＿＿＿＿＿ 相手の名前 ＿＿＿＿＿＿	同じ誕生月 ＿＿＿＿＿＿ 相手の名前 ＿＿＿＿＿＿	異なる出身小学校 私 ＿＿＿＿＿ あなた＿＿＿＿＿ 相手の名前 ＿＿＿＿＿＿
異なる好みの料理 私 ＿＿＿＿＿ あなた＿＿＿＿＿ 相手の名前 ＿＿＿＿＿＿	同じ悩み事 ＿＿＿＿＿＿ 相手の名前 ＿＿＿＿＿＿	異なる自慢の持ち物 私 ＿＿＿＿＿ あなた＿＿＿＿＿ 相手の名前 ＿＿＿＿＿＿	異なる好きなテレビ番組 私 ＿＿＿＿＿ あなた＿＿＿＿＿ 相手の名前 ＿＿＿＿＿＿	同じ３年後にしたいこと ＿＿＿＿＿＿ 相手の名前 ＿＿＿＿＿＿
異なるとっておきのCD 私 ＿＿＿＿＿ あなた＿＿＿＿＿ 相手の名前 ＿＿＿＿＿＿	同じ苦手科目 ＿＿＿＿＿＿ 相手の名前 ＿＿＿＿＿＿	異なるこれからの予定 私 ＿＿＿＿＿ あなた＿＿＿＿＿ 相手の名前 ＿＿＿＿＿＿	異なる今日あった楽しいこと 私 ＿＿＿＿＿ あなた＿＿＿＿＿ 相手の名前 ＿＿＿＿＿＿	同じ名前（姓でも名でも可） 私 ＿＿＿＿＿ あなた＿＿＿＿＿ 相手の名前 ＿＿＿＿＿＿

い」。「高橋です」と相手が答えたならば、「今、一緒にマスを埋めた方は高橋さんとおっしゃる方なので、私のシートの相手の名前欄に『高橋』と書きます。高橋さんのシートの同じ欄には『伊東』と書き込まれるはずです。こうして一人の相手と一つのマスを埋めることができたなら、その人とは永遠のお別れをすることになります。同じ人とはもうマスを埋めることができません。分かれて、新しい相手を探してください。どのマスからでも結構ですので、こうしてマスをどんどん埋めていってください。五マス一直線に仕上がったら、あがりです」。

もし、説明のときに協力してくれた相手ときょうだいの数が合わなかったら、「これは見本ですので、私のきょうだいも相手の方と同じ人数ということにします」といって、相手に合わせて説明をはじめれば問題ない。すなわち、相手が三人きょうだいだとしたら「私は実は二人兄弟なのですが、ここは見本ですので、相手の方と同じく三人きょうだいということにします」といえばよい。はじめる前に、もう少し説明をつけ加える。

「さて、これからはじめようと思いますが、もうちょっと説明させてください。このシートには『同じ○○』という部分もあれば、『異なる○○』といった部分もあります。たとえば、上下の真ん中の段の一番右側の列のマスを見てください。『異なる出身小学校』と書いてあります。たいていの人は異なる小学校出身でしょうから、誰を捕まえても、このマスは簡単に埋めることができると思います。でもなんでこんな『異なる○○』なんていうマスがあるのかというと、よく個性を尊重するなんていわれますけれど、なかなか他者の自分と違ったところを素直に認めることなんてできないんです。ですから、ゲームではあるけれど、異なることをお互いに提示し合うことによって、マスを埋めることができる。つまり、相手と自分が違っていてちょっと得をする、という経験をしてもらって、異なることがあってもいいじゃないかと感じてもらいたいというわけです。こんなマスがあるからといって、人の個性や違いを容易に認めることができるようになるはずはありません。ですが、このゲームをつくった人にはそういう思いがあったということだけは頭の片隅において、このゲームに参加していただければ幸いです」。

「次に注目してほしいマスは、同じく上下の真ん中の段の左から二列目のマス『同じ今朝の食べ物』です。丸括弧がついていて（「食べない」どうしは不可）と添えてあります。すなわち、朝食を食べてきた者は埋めることができるが、食べてこなかった者は埋めることができないというマスです。これも、朝食をしっかり食べてきてほしいという願いが込められています。それから、もう一つだけ。一番上の段の左から二列目のマスです。『異なる性』とあります。これは男性であれば女性を、女性であれば男性を捕まえれば、すぐに埋めることができます。なんでこんな簡単なマスがあるのかといいますと、このゲーム、放っておくと、たいてい男は男同士、女は女同士でやりだすんです。これが、小学校高学年から中学生あたりにかけての思春期ですと、見事に男女が分離してしまいます。このマスは、異性ともしっかりとコミュニケーションをとってほしいという願いが込められています。もちろん、こんなマスがあってもほとんど効き目はないのですが、今いったような願いが込められていることを意識して、ぜひ、このマス以外でも積極的に異性とゲームを進める努力をしてみてください」とゲームをはじめる。学校で賞品を出すのは問題かもしれないが、上位三名くらいに差しさわりのないものを用意したりすると、さらに盛り上がる。

この「自己紹介・友人発見ビンゴゲーム」は、単に児童生徒相互のコミュニケーションのきっかけをつくるだけのものではない。たとえば、このゲームの結果を通して、参加した児童生徒の大まかな性格や気質の特徴を把握することができる。早くあがった者のシートは、あがりに必要な最少の五マスか、そうでなくても、一〜二マス多い程度の数で仕上がっているはずである。これは、その児童生徒が、自分の都合から確実に埋められそうなマスを見極めた上で、効率よく相手を捕まえていることを意味する。これは、自己中心的であることと近いのだが、その多少強引なところはリーダーの資質として捉えることもできる。反対に、埋められたマスがバラバラの配置になり、なかなかあがれなかった者は少し心配である。その児童生徒は必要以上に他者に迎合的である可能性があり、それは対人関係が得意でないことを示している場合もあるからである。このようにこのゲームは、児童生徒だけではなく教師にとっても有意義なものといえる。

第二節　ディベート

現行の学習指導要領から学級（ホームルーム）活動と生徒会（児童会）活動の内容の各項目に短い解説が加えられるようになった。学校行事の項目にはこうした短い解説は前からつけられていたのであるが、学級（ホームルーム）活動と生徒会（児童会）活動に関してははじめてのことである。ということで学級活動の(1)のア「学級や学校における生活上の諸問題の解決」に「学級や学校における生活をよりよくするための課題を見いだし、解決するために話し合い、合意形成を図り、実践すること」という解説がついた。ここに書かれている「話し合い、合意形成を図り、実践する」は学級会で展開される議論・実践そのものが念頭におかれている。児童生徒の直接の利害がかかる真剣な話し合いである。しかし、実際には声の大きい人や口の立つ人に話し合いはリードされてしまい、その他の者は上手に発言できず、歯がゆい思いをする。学級の多くの構成員の思いや考えが反映されないときもある。こうした状況を克服することは簡単ではない。しかし、何もできないわけではない。ディベートなどは多くの者の発言力を高めるトレーニングになり得る。物事を決める学級会でのリアルな討議の前段階として、すなわち練習として、学活の時間でディベートを行ってみてはどうだろうか。

教育の一手法としてのディベートは、一九九〇年代に流行した。週一時間設定されている学級活動やロングホームルームの時間を使って、ディベートを行うクラスがたくさんあった。それは、それまで高い技術力で世界をリードしてきた日本が、加えて対話、表現、交渉などに関してもその能力を伸張しようとする、社会的な意欲の現れでもあった。また、学校においてディベートが盛んに行われることは、意見が分かれるような事象を多角的に分析し、判断する力や、相手の主張をしっかり聞き会話を発展させるコミュニケーション能力などの育成にもつながるとされ、注目された。

学校や教師は、道徳などで「価値」を扱うとき、政治的、宗教的に中立を保つことを強く要請される。

すると、誰もが同意するきわめてあたり前の価値については教えることができるけれども、見解が分かれるような事柄についてはどうしても躊躇してしまう。たとえば、脳死を人間の死とし臓器提供を認めるか否か、死刑をどう考えるか、憲法と自衛隊の関係をどう捉えるか、はたまた子どもたちの将来にかかわるような時々の重要法案に賛成か否か、といったようなことにはなかなか踏み込んで授業で取り扱うことができない。しかしながら、子どもたちがこうしたことをしっかりと考えられるようにすることが、教育基本法第一条、教育の目的で謳われている「平和で民主的な国家及び社会の形成者」を育成することなのではないだろうか。

そこで注目されるのが、このディベートという方法である。ディベートにはいくつかの形式があるが、その一つのやり方を簡単に紹介しよう。それは、一つの論題について、肯定するグループと否定するグループの二手に分かれて論戦を行った後に聴衆（先の二グループに属さない児童生徒たち）の投票により、どちらの意見が優勢か判定するというものである。まずは、グループをつくり、論題を決定しなければならない。論題は、教師が設定する場合もあれば、児童生徒たちで決める場合もある。グループそれぞれから論題候補をあげてもらい、そのなかから選ぶという形が無難である。「ディベート準備シート」（図表8–2）を掲載しておくので利用してほしい。

なお、児童生徒に論題候補をあげさせる際、気をつけなければならないことがある。それは、ディベートでは人を著しく傷つけるおそれのある論題は避けなければならないということである。たとえば、離婚の是非を問うような論題を設定すると、親がすでに離婚していたり、両親が不仲だったりする児童生徒は

図表 8-2　ディベート準備シート

ディベート準備シート

年　　月　　日(　　)

学年		クラス		名前	

グループのメンバー

	氏名	役割等	備考
1			
2			
3			
4			
5			
6			

論題候補

1	
2	
3	

決定論題［肯定側・否定側］

参考：ディベート進行表
① 肯定側立論・・・3 分
② 否定側尋問・・・2 分
③ 否定側立論・・・3 分
④ 肯定側尋問・・・2 分
⑤ 作戦タイム・・・2 分
⑥ 否定側反駁・・・2 分
⑦ 肯定側反駁・・・2 分

深く傷つく可能性がある。また、とくに広島や長崎で原子爆弾投下の是非を問うような論題は不適切である。こうした論題が設定されないよう、配慮しながら進めていかなければならない。

論題が決まったらいよいよ論戦となるが、ここでも注意してほしいことがある。論戦をはじめるためには、二グループのうちどちらが肯定側あるいは否定側を受けもつのか決めなければならないが、このとき、やりたい側を選ばせてはならない。

ディベートはゲームと割り切って行うことが重要で、各自の見解や意向と、肯定側、否定側どちらを受けもつかということとを重ねてはならない。重ねてしまうと、ゲームではなく、当事者同士が本音で攻撃し合うことになりかねない。これから行われる議論は、各自の本音や思想とは無関係であるという前提を、子どもたちにしっかりと理解させなくてはならない。したがって、肯定側、否定側の振り分けは、くじ引きかじゃんけんで行うのがよいだろう。さらに、じゃんけんで行う場合も、勝った方にやりたい側を選ばせるのではなく、勝ったら肯定側、負けたら否定側とあらかじめ決めた上でじゃんけんをさせる必要がある。

さて、それでは順を追ってディベートを説明する。まず、次のディベート進行表を見てほしい。

〔ディベート進行表〕

①肯定側立論…３分
②否定側尋問…２分

③否定側立論…3分
④肯定側尋問…2分
⑤作戦タイム…2分
⑥否定側反駁…2分
⑦肯定側反駁…2分
⑧判定

ある論題に対して、まずは、肯定側の主張が展開される。たとえば「中学校にスマホをもってきてもよい」という論題であったならば、これを肯定する主張、すなわち、学校にスマホをもってきてもよいではないかという主張をする。資料を集め、下調べをし、発言内容を考えるなど、準備をしっかりした上で臨む。グループのメンバーは複数人いるであろうが、通常立論は、そのなかの一人が代表して行う。これが、まず最初の「①肯定側立論」である。

肯定側の立論がおわったら、すかさず否定側は、今なされた肯定側の立論に対して疑問点を尋ねたり、相手側の立論でのいい分を批判し、そのような考え方は本当に正しいのかと問い詰めていく。これが「②否定側尋問」である。相手の立論を予想して、質問内容を考えておくこともできるが、相手がどのような立論を用意するか事前にわかるわけではないので、基本的にはアドリブということになる。こうしたところが、児童生徒の発話能力を鍛えることになる。尋問はアドリブ的な要素が強い箇所なので、尋問する役割を一人に限定するよりも、グループ内で気づいた者がどんどん肯定側に対して発言をしていく、という形式がよい。尋問役を一人に固定するのか、固定しないでグループメンバー全員で発言していくのかは、全体のルールとしてあらかじめクラスで決めておけばよいことであるが、筆者がディベートを企画するときには、全員で行うやり方を採用している。

尋問のコツは、複数内容を一度に尋ねるのではなく、一つの内容だけを尋ね、相手が答えおわったら、次の質問を行う形の方がよい。一度に複数内容の質問を行ったりすると、聴衆、すなわちディベートの勝ち負けを決める判定者にとって、問いと答えの整合性などがわかりづらくなってしまうからである。

尋問時の応答は、尋問する側が主導権を握っているので、もし、答える側が話をそらして時間稼ぎをしようとしたら、「そんなことは聞いていません。質問したことにのみ答えてください。時間がないので次の質問に移ります」と、即座に突っ込みを入れるよう指導をしておくとよい。こうすると、ディベートが締まったものになる。

尋問中、否定側の質問に対して肯定側はそれに即座に答える。これも、答える担当者を一人に限定することもできるが、グループメンバー全員で対応する方が無難であるように思われる。否定側の尋問がおわったら、次は「③否定側立論」である。今度は否定側が「中学校にスマホをもってきてもよい」という論題を否定していく。すなわち、「中学校にスマホをもってくるなんて言語道断だ！」と、理由とともに強烈に主張していく。肯定側の立論と同様、この立論もしっかりと準備をした上で臨ませる。

否定側の立論がおわったら、その立論に対して、今度は肯定側が尋問していく。「④肯定側尋問」である。先ほどの否定側尋問と同様、ここはアドリブとなる。

さて、双方の立論と尋問がおわったところで「⑤作戦タイム」になる。残すはお互いに反駁のみであるが、反駁とは、相手の主張を聞いた上で、それでもこちらのいい分が正しいと再主張していくことである。これも完全な準備などできない類のものである。そこで、ここで時間をとって反駁の内容を考えることになる。相手の立論、そして、これまでの尋問でのやり取り、こうしたものを踏まえた上で、自分たちの正しさをアピールしなければならない。あわただしい調整がなされるのが、この作戦タイムである。

作戦タイムがおわったら、最後の論戦となる。まずは「⑥否定側反駁」からはじまる。ここで注意してほしいことは、これまで、肯定側↓否定側ときていた順番がここで変わるということである。それは、なぜか。

ディベートでは、最初に発言する側が不利になる、という特徴がある。相手に先に手の内を知られてしまうからである。後から発言するものは、相手の発言を先に知ることになるので、自分の話を有利にするために自分の発言内容を調整することができる。したがって、作戦タイムまでの前半は先攻の肯定側が不利で、後攻の否定側が有利であったことになる。そこで、後半はこの順番を入れ替えて、有利・不利の立場を逆転させ、ディベート全体としては有利・不利がなくなるよう、調整するというわけである。

さて、この反駁であるが、原則として一人で行う。相手の理屈をしっかり潰して、自分たちの正当性を主張しなければならない。相手の発言を無視して立論を繰り返したのでは、よい得点は期待できない。最後は、「⑦肯定側反駁」である。肯定側ではじまって肯定側でおわる。

以上が、ディベートの基本的な形式であるが、ディベートはこれでおわりではない。重要な判定が残っている。なぜ、判定が重要なのか。ディベートの目的は、論戦を行うことでプレゼンテーションの力をつけることだけではない。聴衆として参加することを通して、人の発言をしっかりと聞いて判断する力を鍛えることも、これに負けないくらい重要な目的である。

実情としては、このような場合には、親しい友だちがいる方を勝ちにしてしまう、自分の意見と同じであるからそちらを勝ちにしてしまう、道徳的に正しいから勝ちにしてしまう、といった判定が頻繁になされている。「スマホを学校にもってきたいと常々思っていたので、とにかくもってきてもよいと主張した肯定側の勝ち！」「スマホを学校にもってくるなんてやっぱりよくないよ。だから否定側の勝ち！」といった感じで判定されてしまう。このレベルから児童生徒を引き上げ、ステップアップさせることが大切で、これができないと自分と異なる意見に耳を傾け、それを尊重する、という態度が育たない。

掲載した「ディベート判定表」（図表8－3）などを用いて、厳密に、そして、冷静に判断する練習もしっかりとしてほしい。ディベートはゲームである。すなわち、勝ち負けを楽しむものなので、判定後はディベート判定表を速やかに回収して集計を行い、「肯定側9、否定側22で、否定側の勝ち」といったように宣言をする。

最後に、ディベートにはいくつか短所もあるので触れておきたい。たとえば、ディベートで対戦し、やり合ったことをきっかけに不仲になることがたまにある。また、その人の人格とディベートで行われる発言内容とを峻別するために肯定側か否定側かを機械的に割り振ったわけであるが、それでも「あいつの考

図表 8-3　ディベート判定表

ディベート判定表　　　　年　　月　　日（　）

学年		クラス		名前	

【第　　試合】
論題：

		評価基準	肯定側（　）	否定側（　）
①	肯定側 立論	・筋道が通っている ・十分な声量で話している ・聴衆の関心を引いている ・姿勢／態度	1・2・3・4・5 1・2・3・4・5 1・2・3・4・5 1・2・3・4・5	
②	否定側 尋問	・質問に筋道が通っている ・十分な声量で話している ・活発である		1・2・3・4・5 1・2・3・4・5 1・2・3・4・5
	肯定側 応答	・応答に筋道が通っている ・十分な声量で話している ・活発である	1・2・3・4・5 1・2・3・4・5 1・2・3・4・5	
③	否定側 立論	・筋道が通っている ・十分な声量で話している ・聴衆の関心を引いている ・姿勢／態度		1・2・3・4・5 1・2・3・4・5 1・2・3・4・5 1・2・3・4・5
④	肯定側 尋問	・質問に筋道が通っている ・十分な声量で話している ・活発である	1・2・3・4・5 1・2・3・4・5 1・2・3・4・5	
	否定側 応答	・応答に筋道が通っている ・十分な声量で話している ・活発である		1・2・3・4・5 1・2・3・4・5 1・2・3・4・5
⑤	作戦タイム			
⑥	否定側 反駁	・筋道が通っている ・十分な声量で話している ・聴衆の関心を引いている ・姿勢／態度		1・2・3・4・5 1・2・3・4・5 1・2・3・4・5 1・2・3・4・5
⑦	肯定側 反駁	・筋道が通っている ・十分な声量で話している ・聴衆の関心を引いている ・姿勢／態度	1・2・3・4・5 1・2・3・4・5 1・2・3・4・5 1・2・3・4・5	
	事前準備	・必要な資料集めがなされている ・資料の分析ができている ・発表に適したまとめができている	1・2・3・4・5 1・2・3・4・5 1・2・3・4・5	1・2・3・4・5 1・2・3・4・5 1・2・3・4・5
	総合印象	・総じて論理が相手より勝っている ・聴衆を惹きつける工夫をしている ・礼儀をわきまえた態度であった	1・2・3・4・5 1・2・3・4・5 1・2・3・4・5	1・2・3・4・5 1・2・3・4・5 1・2・3・4・5
	合計得点		／100 点	／100 点
	総評			
	勝敗	**〈 肯定側 ・ 否定側 〉の勝ち**		

えってそうなんだ」と思われてしまうこともある。例にあげた論題でいえば「あいつ、学校にスマホもってきちゃだめだと思ってるんだ。なんかまじめすぎていやだな」と思ってしまう者も出てきてしまうのである。

さらには、自分が担当したサイドに自分の思想が向かってしまう場合もある。ディベート前には学校にスマホをもってくるべきではないと強く思っていたのに、スマホをもってきてもよいというサイドについたがために、ディベート後にはスマホをもってきて楽しくやった方がむしろよいと強く思うようになったりする者もいる。もちろん、ディベートで正確な情報を蓄えるなかで冷静に判断してそう思うようになったのであれば、それはそれでよい。ここで取り上げたような短所は、年齢が低いほど現れやすい現象であるので留意してほしい。

注

〔注1〕構成的グループエンカウンターとは、決まった内容を決まった手順で行うように構成されている共同作業のことである。これと対比的な位置にある非構成的グループエンカウンターとは、大きなテーマは与えられるが、決まった内容や決まった手順があるわけではなく、そのテーマについてグループのメンバー同士で自由に語り合うといった類のものである。アルコール依存症の者が集められてどうすればこの問題を克服できるか話

し合うなどといったものが非構成的グループエンカウンターに相当する。

〔注2〕代表折出健二『いじめ・孤立から参加・自治・友情へ』一九九七年度文部省科学研究費補助金「いじめの対処と指導」研究プロジェクト、一九九八年。

〔注3〕代表折出健二・編集責任者浅野誠『いじめ・孤立から参加・自治・友情へ（第2集）』「いじめの対処と指導」研究プロジェクト、一九九九年。

〔注4〕同、一三三頁。

第9章　特別活動とキャリア教育

今回の学習指導要領改訂のポイントの一つは「キャリア教育」である。これまで「小学校学習指導要領」には入っていなかった進路に関することが、「キャリア形成」という言葉とともに入ってきた。中学校・高等学校の学習指導要領でも、「キャリア形成」という言葉がはじめて使われた（「進路」という言葉がなくなったわけではない）。勤労観や職業観に加え「社会参画意識」という言葉も登場した。キャリア教育については、ちょうど一つ前の学習指導要領改訂の頃から強調されだしたのだが、そのときの学習指導要領には反映できなかったので、今回の改訂で反映させ、強調したといったところだろう。今回、たとえば「中学校学習指導要領」には総則の「第4　生徒の発達の支援」のなかで次のように記述された。

(3)　生徒が、学ぶことと自己の将来とのつながりを見通しながら、社会的・職業的自立に向けて必要な基盤となる資質・能力を身に付けていくことができるよう、特別活動を要としつつ各教科等の特質に応じて、キャリア教育の充実を図ること。その中で、生徒が自らの生き方を考え主体的に進路を選択することができるよう、学校の教育活動全体を通じ、組織的かつ計画的な進路指導を行うこと。

すなわち、特別活動がキャリア教育の要と位置づけられたのである。「小学校学習指導要領」でも「高等学校学習指導要領」でも、多少の文章の長短や文言の違いはあるものの、特別活動がキャリア教育の要と位置づけられている点は同じである。また、このキャリア教育は、特別活動のなかの「学級活動」に結びつけられている。そこで、ここではキャリア教育について押さえておこう。

第一節　進路指導からキャリア教育へ

まずは、「キャリア教育」というものが強調されだした経緯を見てみよう。「キャリア教育」という言葉が文部（科学）省関連の政策文書にはじめて登場したのが、一九九九（平成一一）年の中央教育審議会答申「初等中等教育と高等教育との接続の改善について」〔注1〕においてである。答申の記述でこのキャリア教育という言葉が示される直前に「新規学卒者のフリーター志向が広がり、高等学校卒業者では、進学も就職もしていないことが明らかな者の占める割合が約9%に達し、また、新規学卒者の就職後3年以内の離職も、労働省の調査によれば、新規高卒者で約47%、新規大卒者で約32%に達している」という時代認識が示されている。今ではここでいうフリーターに加え、ニートという表現も多用されるようになったが、職業と若者たちの関係に見過ごすことのできない大きな変化が現れ、その対策としてキャリア教育が登場するという図式である。

キャリア教育が「望ましい職業観・勤労観及び職業に関する知識や技能を身に付けさせるとともに、自己の個性を理解し、主体的に進路を選択する能力・態度を育てる教育」と定義されたこの答申を契機に、文部（科学）省は精力的にキャリア教育政策を推進する（その後、二〇一一〔平成二三〕年の中央教育審議会「今後の学校におけるキャリア教育・職業教育の在り方について（答申）」〔注2〕で「一人一人の社会的・職業的自立に向け、必要な基盤となる能力や態度を育てることを通して、キャリア発達を促す教育」と定義し直されている）。二〇〇〇（平成一二）年に「キャリア体験等進路指導改善事業」開始。二〇〇一（平成一三）年に「キャリア教育実践モデル地域指定事業」開始。二〇〇三（平成一五）年に「キャリア教育総合計画」策定。そして、二〇〇四（平成一六）年に、それまでのキャリア教育政策を総括するような形で「キャリア教育の推進に関する総合的調査研究協力者会議」が最終報告書〔注3〕を提出している。これを契機に、キャリア教育が全国展開されていったが、この様相を捉えて「二〇〇四年はキャリア教育元年」といわれるようになった。

ではなぜキャリア教育という用語をわざわざあてがい、これを際立たせるような形で精力的に政策展開していく必要があったのだろうか。文部科学省の説明では二つのことが強調される。

①小学校から、いやさらに就学前から実践しようとしたが、「進路指導」という言葉は、小学校学習指

導要領には出てこない中学校・高等学校限定の概念である。小学校や就学前までカバーしたいということでキャリア教育という言葉を新たに使いたい。

②「進路指導」という言葉は手垢にまみれており、目先の進学・就職をどうするかという「出口指導」を想起させてしまう。このイメージを払拭するためにキャリア教育という言葉を新たに使いたい〔注4〕。

ここに、既存の進路指導から区別するところの、キャリア教育の理念が端的に示されている。就学前からはじまり小学校・中学校・高等学校・大学と貫いて展開される教育であること、そして、目先の進学や就職に矮小化されない人生全般を視野に入れた包括的な概念であることが強調されている。

第二節　キャリア教育の具体的展開

キャリア教育の具体的な実践は限りなくあるだろうが、ここでは代表的なものをいくつかあげておこう。総合的な学習の時間を使ったり、ロングホームルームの時間を使ったりしながら展開されることが多い。

①職場体験とインターンシップ

キャリア教育元年の二〇〇四（平成一六）年の翌年二〇〇五（平成一七）年度から、文部科学省では、中学生を中心に五日間以上の職場体験とその支援体制を整備するための「キャリア・スタート・ウィーク」を全国一三八地域で実施した。それまでも職場体験は多くの中学校で行われていたが、多くは一〜三日であり、この文部科学省のリードで実施校及び実施日数が大きく増えることになった。二〇一七（平成二九）年度現在では公立中学校の実施率が九八・六％となっており、特殊な事情がない限りは公立中学校に通う生徒はこの職場体験を経験することになる。ただ、実施日数ということでいえば、五日の実施期間を確保することは難しいらしく、五日の実施を行えている公立中学校は一二・〇％にとどまっている。多くは総合的な学習の時間を活用して展開されるが、これを特別活動と見なすこともできる。それは、学習指導要領の総則のなかで示された次の規定（高等学校のものは「総合的な探究の時間」）による。

総合的な学習の時間における学習活動により、特別活動の学校行事に掲げる各行事の実施と同様の成果が期待できる場合においては、総合的な学習の時間における学習活動をもって相当する特別活動の学校行事に掲げる各行事の実施に替えることができる。

一方、高等学校や大学では、同種の活動をインターンシップと呼ぶことが一般的である。中学校の職場体験と高等学校や大学でのインターンシップとの大きな違いは、義務教育段階である中学校では総合的な学習の時間を活用して正式な教育課程にのせて実施することが圧倒的に多く、原則として全員参加となっているのに対して、高等学校や大学でのインターンシップは教育課程に位置づけられないで実施されることが半数以上を占め、しかも全員参加ではなく希望者参加である場合が圧倒的に多い。このことは、内容にも影響してくる。中学校のように全員参加であれば、生徒の希望職種に合わせるなどという悠長なことはいっていられなくなる。学校が用意できたところへ、生徒たちを半ば強制的に送り込まざるを得ない。ところが、高等学校や大学のように希望者のみということで限られた人数の参加者であれば、本人とその希望職種とをつなぐことは何とか可能になる。希望職種であればモチベーションも高まることから、高等学校や大学のインターンシップの方が本人により多くの肯定的な影響を与えることになるだろう。ただ、このインターンシップはやる気のある積極的な生徒・学生にとっては大きなメリットをもたらすが、そうではなく、参加を希望しない者をおいてきぼりにしてしまうことにもなる。かといって、全員参加にしてしまうと、希望職種を用意することがきわめて難しくなる。悩ましいところでもある。

② 「ようこそ先輩」「夢先生」

その学校の出身者で社会で活躍している人物を招き、児童生徒の前で自分の過去を振り返りながら人生についての話をしてもらう「ようこそ先輩」という取り組みはキャリア教育の定番といってもよい。文部科学省は、文部科学大臣表彰などを設け、キャリア教育を推進しているが、表彰を受ける学校（毎年一〇〇校前後が受賞している）の大半が、そのキャリア教育のなかに先輩を招く取り組みを導入している。過去の苦労話や現在の活躍の様子を語ってもらい、児童生徒のモチベーションをあげようというものである。

また、その学校の出身者ではないけれども、メディアでも頻繁に取り上げられるような有名人を招いて話をしてもらったり、場合によっては実技指導してもらったりといったイベント性の高い「夢先生」(「ユメセン」と呼ばれたりする)という取り組みを行っている学校もある。企業などが、学校に派遣するスポーツ界のスター選手を手配して、学校に利用を呼びかけたりする例もある。象印マホービン株式会社が協賛しスポンサーとなっている「ZOJIRUSHIユメセンサーキット」(主催:公益財団法人日本サッカー協会、後援:朝日小学生新聞)〔注5〕などが、その代表的なものである。

③起業家教育(アントレプレナーシップ教育)

毎年行われる「キャリア教育優良教育委員会、学校及びPTA団体等文部科学大臣表彰」〔注6〕の受賞取り組みを眺めると、起業家教育(アントレプレナーシップ教育)が目につく。地域研究とリンクしたものが多く、地域の特産物で商品開発、販売促進のためのポスターやサイトづくり、消費者などに商品のよさを伝えるための話し方の研究などが中心となっている。

第三節　キャリア教育の課題

キャリア教育は「出口指導」を批判しながら学校に入ってきた。出口指導の典型は偏差値による輪切り進路指導である。しかし、この偏差値による輪切り進路指導は重要な機能を担っていた。この様子を理解するために、竹内洋《たけうちよう》の議論〔注7〕に耳を傾けてみよう。

高校受験を経て、それぞれの生徒がそれぞれの高等学校でどうなるかを竹内は論じる。偏差値による輪切り進路指導の結果、高等学校では学力の近い者が集まり、そのなかで競えば上位に行けそうな状況になる。これが、ある程度勉学の放棄に対するブレーキにもなり、切り下げられた目標をめぐって競争が再びはじまる。また下位校でも、学校が斡旋する就職先をめぐって競争が再開される。

このように、どのランクの高等学校でもそれなりに業績主義的な競争が展開されやすいようになっている。偏差値で輪切りにされた日本の高等学校は、「縮小」（目標を切り下げ、再びそれに向けてやる気を出すこと）の機能が上手く働いているのであり、それぞれの学校内部で加熱（やる気を出すこと）がレベルに合わせて行われる。こうして分相応の社会的ポジションに生徒は軟着陸していく（著しい不満を生み出し暴動などを引き起こさない）。偏差値による輪切り進路指導によって、学校は、人材配分機関としての役割を平和裏に果たしているというわけである。竹内がこうした議論をしたのは、キャリア教育が登場する前のことであった。

偏差値による輪切り進路指導を批判して入ってきたキャリア教育は、はたして、いかなる影響をもたらすのだろうか。竹内の議論をベースに、荒川葉《あらかわよう》が興味深い議論を展開している。荒川が『「夢追い」型進路形成の功罪―高校改革の社会学』（東信堂、二〇〇九年）で描くキャリア教育の危険性を紹介しよう。

キャリア教育が導入されたことで、児童生徒は将来の目標を早い段階から考えることを求められるようになった。実際には、職業や社会についての認識が心もとない段階から何になりたいのか問われることになる。現実を考慮せずに、単に憧れている職業を答えることになりやすい。こうしたことが「夢追い」型の進路指導につながっていく。

では一体この「夢追い」型の進路指導は、どのような結果をもたらすのか。荒川は、高等学校を対象に、この問いに答えを出そうとする。

「夢追い」型の進路指導は高等学校全体に現れるのではなく、中位校・下位校に集中して現れるという。中位校・下位校といっても、高等学校の個性化・多様化政策との関連で登場した総合選択制高校や総合学科などの新しいタイプの学校や学科・コースにとくに現れやすい。具体的には大学進学にあまり関係しない自由選択科目を、生徒の興味・関心に任せて自由に選ばせるといった形で現れる。上位校ではこうした傾向が見られず、たとえ自由選択科目が形式的に設定されていたとしても、学校が指定する進学に関係する科目をきちんと履修させるという進路指導が行われる。

荒川の調査によると、中位校・下位校の新しいタイプの学校・学科では生徒の満足度が高いという。伝統的普通科や伝統的職業系専門学科の生徒よりも授業を面白いと思っているし、進路に関しても、夢を抱きながら高校生活を送っている。中位校・下位校で問題にされてきた生徒の無気力状態を、克服することができているのである。

しかし、こうしたなかで育まれている将来の夢、すなわち就きたい職業は、人気（Attractive）で希少（Scare）で学歴不問（Un Credentialized）の職業（荒川はこれを頭文字をとって「ＡＳＵＣ職業」と呼ぶ）に大きく傾いてしまっている。図表９-１は、荒川が調査対象とした総合選択制高等学校や総合学科で行った、就きたい職業に関する調査の結果を集計したものである。調査対象は新しいタイプの学校・学科であるが、図表中のA高校は入学難易度でいう上位校、B高校は中位校、C高校は下位校である。上位四位にあがる職業とそれを希望する割合が記されている。ファッションデザイナー、メイクアップアーティスト、俳優、ミュージシャンといった、華やかな職種が目白押しといった感じである。

これは、入学して間もなく行われた調査の結果なのであるが、上位校のA高校では、新しいタイプの学校・学科とはいえ、大学進学に向けた進路指導が強く展開されるため、三年時にはＡＳＵＣ職業志望者は半減する。中位校のB高校では、A高校ほどではないにしろ、大学進学を大きく意識した進路指導が展開されるため、ＡＳＵＣ職業志望者はある程度減少する。下位校のC高校では、進路に関する教師の口出しはほとんどなされないということであり、ＡＳＵＣ職業志望者は増加し、三年時にはその割合が三七・五％にもなるという。

ＡＳＵＣ職業の怖いところは、その希少性から実際にはそれに就けないことである。「夢追い」型の進

図表 9-1　三校で上位四位にあがる職業〔注8〕

A高校			B高校			C高校		
1位	薬剤師	4.5	1位	通訳	3.4	1位	ファッションデザイナー	4.0
2位	デザイナー	3.5	2位	ファッションデザイナー	2.8	2位	パソコンを使った事務	3.4
〃	保育士	3.5	〃	ヘアメイク・メイクアップアーティスト	2.8	3位	ヘアメイク・メイクアップアーティスト	2.7
3位	プロサッカー選手、Jリーガー	2.5	〃	俳優、役者	2.8	〃	俳優、役者	2.7
4位	ヘアメイク・メイクアップアーティスト	2.0	〃	保育士	2.8	〃	保育士	2.7
〃	俳優、役者	2.0	3位	先生・教員・教師	2.2	4位	栄養士	2.0
〃	イラストレーター	2.0	〃	イラストレーター	2.2	〃	イラストレーター	2.0
〃	クラシック音楽奏者	2.0	4位	看護師	1.7	〃	デザイナー	2.0
〃	先生・教員・教師	2.0	〃	小説家・作家・エッセイスト	1.7	〃	動物園の飼育係	2.0
〃	ミュージシャン	2.0	〃	デザイナー	1.7	〃	ミュージシャン	2.0
〃	看護師	2.0	〃	ミュージシャン	1.7	〃	ゲームプログラマー	2.0
〃	警察官	2.0	〃	映画監督・演出家	1.7	〃	パティシエ	2.0
合計		30.0	合計		27.5	合計		29.5

※アミ掛けはASUC職業

路指導が行われていなければ、竹内が示したとおり、下位校であっても切り下げられた目標をめぐって競争が再びはじまるのであり、進学志望ではなくても学校が斡旋するそれなりの就職先をめぐって競争が再開される。ところが、「夢追い」型の進路指導でASUC職業を志望するようになると、学歴不問であることから業績主義的な競争から完全に降りてしまうことになる。結果として、志望職に就けなかったときに（実際に就けないのであるが）、何の学歴も資格もなく、他の職業に就くこともできない。行き着く先は、最底辺の不安定な職業か、フリーター、ニートということになる。

こうした状況を避けるために、キャリア教育を導入したのではなかったか。以前は、輪切り進路指導によって各層の高等学校に分かれながらも、そのトラック（能力に見合った進路先を共有し、能力の近い者同士が競い合うところの競争路）のなかで業績主義的な競争をしていた。そうした競争の末には、地位や報酬のそれなりの格差が待ってはいた。しかし、「夢追い」型の進路指導はさらに激しくその格差を広げてしまうというのが、荒川の結論である。

昭和という時代にあっては安定していると思われ、あたり前であった終身雇用制度の維持が、今は難しくなってきており、高い学歴も以前ほどは重要視されなくなった。正社員として雇用される割合は当然のごとく減り、それとともに雇用形態が複雑化している。一方で、フリーターやニートなどといわれ、定職に就くことを若者が意図的に回避しているかのような報道がしばしばなされる。もちろん、そういう若者もいるだろう。しかし、こういった現象は、若者たちの定職をもつ意識が薄れてきたから生じたのであろうか。

判断の難しいところではあるが、一番の要因は正規採用の道が狭められたからである。何十社もの採用試験に挑戦している若者の姿も報道されている。こうして苦労をしても受け入れられなければ、敗北を認めて惨めに思うよりも、フリーターというライフスタイルを自ら選択したと受け止めた方が、よほど気持ちが楽になるということではないか。そうだとすれば、それは心理が状況に適応した結果であり、「会社の人間関係に縛られて生きるのは嫌いだから」といった若者の物言いを額面どおりに受け止めて憤慨するのは軽率ということになる。

文部科学省が多用する「生きる力」というフレーズは、聞こえはいいが聞きようによっては、企業その他が正規雇用の数を抑えた結果、多くの者はその他の不安定な形態で雇われるしかないという現状を前提とした、無責任な励ましの言葉のようにも聞こえる。就職が希望どおりにできたとしても、リストラや倒産などに遭遇し、さらに進路の選択ないしは開拓を迫られる場合が出てくる。以前にも増して臨機応変な人生設計が要求されている。キャリア教育とは、夢をもたせてそれに向かわせるものというよりは、むしろ上手くいかなかったときや危機に直面したときに、冷静に対応できる力を与えるものであるべきではないのか。

注

〔注1〕中央教育審議会「初等中等教育と高等教育との接続の改善について（答申）」（平成一一年一二月一六日）https://www.mext.go.jp/b_menu/shingi/chuuou/toushin/991201.htm、二〇二一年八月三一日閲覧。

〔注2〕中央教育審議会「今後の学校におけるキャリア教育・職業教育の在り方について（答申）」（平成二三年一月三一日）https://warp.ndl.go.jp/info:ndljp/pid/11402417/www.mext.go.jp/b_menu/shingi/chukyo/chukyo0/toushin/1301877.htm、二〇二一年八月三一日閲覧。

〔注3〕キャリア教育の推進に関する総合的調査研究協力者会議「キャリア教育の推進に関する総合的調査研究協力者会議報告書～児童生徒一人一人の勤労観、職業観を育てるために～の骨子」（平成一六年一月二八日）https://www.mext.go.jp/b_menu/shingi/chousa/shotou/023/toushin/04012801.htm、二〇二一年八月三一日閲覧。

〔注4〕文部科学省「高等学校キャリア教育の手引き」（平成二三年一一月）https://www.mext.go.jp/a_menu/shotou/

career/1312816.htm、二〇二一年八月三一日閲覧、参照。

〔注5〕PR TIMES「みなさんの小学校に、夢先生として日本が誇るアスリートがやって来ます！」https://prtimes.jp/main/html/rd/p/000000017.000006490.html」、二〇二一年八月二四日閲覧。

〔注6〕文部科学省「キャリア教育優良教育委員会、学校及びＰＴＡ団体等文部科学大臣表彰」https://www.mext.go.jp/a_menu/shotou/career/detail/1342366.htm、二〇二一年八月三一日閲覧。

〔注7〕竹内洋『日本のメリトクラシー：構造と心性』東京大学出版会、一九九五年。二〇一六年に増補版が刊行された。

〔注8〕荒川葉『「夢追い」型進路形成の功罪―高校改革の社会学』東信堂、二〇〇九年、一五七頁掲載の表をもとに作成。

第10章　生徒会活動とは何か

第一節　生徒会活動の目標

「学級（ホームルーム）活動」に続く特別活動の柱は、小学校の場合は「児童会活動」、中学校・高等学校の場合は「生徒会活動」である。児童会活動・生徒会活動の目標を学習指導要領で確認してみると、中学校と高等学校のものは全く同じであり、小学校のものは「生徒」が「児童」となっているだけで後は中学校・高等学校と全く同じである。中学校・高等学校の生徒会活動の目標は次のとおりである。

異年齢の生徒同士で協力し、学校生活の充実と向上を図るための諸問題の解決に向けて、計画を立て役割を分担し、協力して運営することに自主的、実践的に取り組むことを通して、第1の目標に掲げる資質・能力を育成することを目指す。

目指すところは特別活動全体の目標であり第2章に詳述（三四―三九頁参照）した「第1の目標」なので、児童会活動・生徒会活動と学級（ホームルーム）活動の目指すところと結局は同じということになるが、大きな違いは「異年齢の生徒（児童）同士で協力し」とあるように、異年齢の子どもたちが交わる活動であることが強調されている点である。一九七〇年代くらいまでは、近所に住む子どもたちが放課後校庭や公園、空き地などで、学年を超えて一緒に日暮れまで遊びまわる姿は普通の光景であった。ところが、そういった自然発生的な異年齢間の交流は衰退し、人間関係が次第に同一学年、さらには同一クラスに限定されていくことになる。こうした傾向が強まるなかで、いじめなどの対人関係問題が社会問題化してくる。

大人と子どもといった縦の関係及び同一年齢同士の横の関係だけではなく、人間が発達していくためには、少し年齢が上の者や下の者との関係も重要である。しかし今の世の中では、少し上のお兄さんやお姉さんたちから、遊びを含む子ども文化が伝えられなくなってしまった。遊びを伝え合い、状況に応じて工夫するという経験は、知育、徳育、体育、いずれにおいても、発達を促す重要な契機であったに違いない。地域でこうした関係が再生されればよいのだが、これは簡単には期待できない。そうであるとするならば、学校がその機能を引き受けるしかないのではないか。

家庭や地域が担ってきた教育を、すべて学校でというわけにはいかない。しかし、学校に期待せざるを得ないのも事実といえる。したがって、児童会活動・生徒会活動は、異年齢集団を経験するきわめて重要な活動であるといえる。児童会・生徒会での委員会活動などは、それ自体が重要な異年齢集団での活動であるが、新入生を迎える会や卒業生を送る会、校内球技大会、各種のレクリエーションなどを児童会・生徒会が積極的に企画、運営することにより、さまざまな人間関係を学習する機会を増やしてほしい。

ところで、全校生徒を会員として組織される生徒会は、民主主義社会のトレーニングの場として期待されていたことに留意してほしい。戦後まもなく教育基本法と学校教育法が制定されたが、同じ一九四七（昭和二二）年に最初の学習指導要領が試案として提示された（六二–六三頁参照）。このときは一九五一（昭和二六）年にすぐさま改訂される。この改訂で、「学習指導要領一般編」の「Ⅱ　教育課程」に「児童会」「生徒会」が初登場する。

小学校の「児童会」は、「民主的組織のもとに、学校全体の児童が学校の経営や活動に協力参加する活動」という見出しのもとに掲げられ、「全校の児童によって選挙された代表児童をもって組織されるものであって、代表児童はこの組織を通じて、全児童に代って発言し、行動し、学校生活のよい建設に協力参加することを目的とする」とある。

中学校では「生徒会」について、次のように説明されている。

生徒会は、生徒を学校活動に参加させ、りっぱな公民となるための経験を生徒に与えるためにつくられるものである。生徒は、生徒会の活動によって、民主主義の原理を理解することができ、奉仕の精神や協同の精神を養い、さらに団体生活に必要な道徳を向上させることができるのである。生徒会は、全校の生徒が会員となるのであって、学校に籍をおくものは、そのまま皆会員となって、会員の権利と義務および責任をもつことになるのである。

なお、高等学校では「ホームルーム・生徒会・生徒集会・クラブ活動のそれぞれについては中学校の項を参照されたい」として、中学校に準ずるように指示されている。とにかく、一九五一（昭和二六）年改訂「学習指導要領一般編」では、現在の特別活動に相当する「教科以外の活動の時間」（小学校）や「特別教育活動」（中学校・高等学校）に関する記述が「民主的組織」「民主社会のよい市民」「民主生活のしかた」「民主的生活の方法」「民主主義の原理」といったように「民主(的)」という言葉であふれかえっており、とくに児童会や生徒会について集中的に使われていたのである。

すでに現行の学習指導要領に書かれた児童会・生徒会の目標は本章冒頭で見たが、いずれの文にも「民主(的)」という言葉は出てこない。児童会・生徒会に関する記述のみではなく、小学校・中学校・高等学校のどの学習指導要領の特別活動の章を見ても、「民主(的)」という言葉は一度も登場していない。学習指導要領全体を眺めても「民主(的)」という言葉は、社会科関係の科目での記述を除けば、各学習指導要領の総則で一度登場するだけである。

こうして学習指導要領を時代を通して比較してみると、かつては児童会・生徒会が「りっぱな公民となるための経験」を積む場として位置づけられ「民主主義の原理」をそこで学ぶことが明示されていたが、現行の学習指導要領の児童会・生徒会の記述には、かつて多用されていた「民主（的）」という言葉が一切使われなくなっていることがわかる。特別活動に期待される機能に、変化が見られるということであろうか。このあたりは気になるところである。

第二節　生徒会活動の内容

①学習指導要領における生徒会活動の内容

現行の学習指導要領に掲載された児童会活動・生徒会活動の内容について、中学校のものを示すと次のとおりである。小学校や高等学校のものについては、巻末の資料「学習指導要領特別活動関係箇所抜粋」を参照してほしい。

（1）　生徒会の組織づくりと生徒会活動の計画や運営

生徒が主体的に組織をつくり、役割を分担し、計画を立て、学校生活の課題を見いだし解決するために話し合い、合意形成を図り実践すること。

（2）　学校行事への協力

学校行事の特質に応じて、生徒会の組織を活用して、計画の一部を担当したり、運営に主体的に協力したりすること。

(3)　ボランティア活動などの社会参画

地域や社会の課題を見いだし、具体的な対策を考え、実践し、地域や社会に参画できるようにすること。

「生徒会活動」の内容項目として、(1)から(3)までの三つが列挙されている。先に見てきたとおり「学級活動」では、それぞれの内容項目に対してア、イ、ウ……といった下位項目が設けられていたが、生徒会活動にはそうした下位項目は設けられていない。

学習指導要領における生徒会活動の内容は以上のとおりであるが、その内容をめぐって気になるところをいくつか取り上げて論じてみたい。

②政治的スキルの育成

学校は、子どもたちが社会に参加するための力を培うところである。社会参加の重要な一側面といえば、やはりそれは、選挙を通しての政治への参加である。また、同時に政治的判断力の育成も必要とされるはずである。ところが、教育基本法第一四条第二項に「法律に定める学校は、特定の政党を支持し、又はこれに反対するための政治教育その他政治的活動をしてはならない」とあるように、学校は政治的中立性を厳守しなくてはいけない。これは、私立学校であっても同じである。政治に関する一般的な知識は、社会科で学習する。しかし、政治的行為の基本である選挙についてはどうだろう。

たとえば、実際に執り行われている衆議院議員総選挙や参議院議員通常選挙について、各政党などに触れながら具体的に取り扱うことは、政治的中立性という観点からいうと非常に難しく、なかなかリアリティをもった学習ができないのが実情である。昨今、「シティズンシップ教育」という名のもとで、こうしたことの克服が試みられている〔注1〕。しかし、神奈川県の高等学校の試みなどは見られるものの、こうしたことが実践されている学校や地域はまだまだ限定的である。

そこで重要になってくるのが、生徒会を通じてのシミュレーションである。生徒会長選挙、生徒総会、生徒会運営、生徒会執行部に対する生徒の評価などは、体験的に政治を学ぶ絶好の機会である。通常、生徒会活動を指導する上で生徒会担当教員の目が、活動の中心である生徒会長や生徒会執行部に向くことは当然であり、その限られた生徒たちに対する指導はそれなりに行われる。しかし、より重要なのは、実は大多数であるその他の生徒たちへの指導である。適切な人物を選ぶ目、総会などでの発言や議論を判断する力、決定事項が適切に実行されているかどうかをチェックする力、そして、生徒会長や執行部を総合的に評価する力など、有権者として政治を見つめる力をしっかりと育成したい。

③生徒会自治をめぐって

生徒会活動の目標に「自主的、実践的に取り組むことを通して」という文言がある。生徒自身が主体的に生徒会を切り盛りし、自ら計画、運営することが期待されている。しかし、それが、完全な自治活動であるかというと、文部省時代も含め文部科学省はそうは捉えていない。

たとえば、「生徒会」が学習指導要領に登場した一九五一〔昭和二六〕年の改訂では、「生徒会は、生徒自治会と呼ばれることがあるが、生徒自治会というときは学校長の権限から離れて独自の権限があるかのように誤解されるから、このことばを避けて生徒会と呼ぶほうがよいと思われる」と記されていたことからもわかるように、あくまでも学校の管理下の活動なのである。生徒会が学校の指導を超えて独自の行動をとることに当時の文部省はかなり敏感であり、次の改訂の「中学校学習指導要領」〔一九五八〔昭和三三〕年改訂版〕や「高等学校学習指導要領」〔一九六〇〔昭和三五〕年改訂版〕でも、「指導計画作成及び指導上の留意事項」の第一番目において「生徒の自発的な活動を助長することがたてまえであるが、常に教師の適切な指導が必要である」という指示を出している。「たてまえ」という表現を躊躇なく使用しているところに、文部省の気持ちが端的に現れていて興味深い。

また、この「高等学校学習指導要領」を出した一九六〇〔昭和三五〕年には、「高等学校生徒に対する指導体制の確立について」「高等学校生徒会の連合的な組織について」などの通達を通して、別途生徒会の在り方について指示を出している〔注2〕。その後も、学習指導要領で「自治」という言葉を使う際、「教師の適切な指導の下に、生徒〔小学校では「児童」〕の自発的、自治的な活動が効果的に展開されるようにする」というように「教師の適切な指導の下に」ないしはこれに相当する文言を添えている。

こうしたことの理由として、戦後の早い段階のものとしては、一九五四〔昭和二九〕年の京都の旭丘中学校事件などの影響が考えられる。旭丘中学校では、一九四九〔昭和二四〕年の生徒会発足以来、図書館の運営や運動会などの学校行事の企画実行等、自治的な活動が盛んであった。これが学校のなかだけに納まらず、地域社会や政治的なことにまで範囲が拡大していく。生徒数名が校外で警察官ともめたことが生徒会で問題にされ、警察署長に謝罪させるというようなことが起こった。また、生徒の一部ではあるが、メーデーや市民団体主催の平和運動に参加する者も現れた。こうした事態を受けて、生徒会とその学校側の指導をめぐり、教育委員会と教職員組合が保護者を巻き込んで対立することになる。双方譲らず、九日間の分裂授業に至ったのが旭丘中学校事件である〔注3〕。

また、一九六〇年代おわりに学園紛争が起こり、大学のみならず高等学校にも波及したことも無関係ではないだろう。学園紛争への対応として、一九六九（昭和四四）年に文部省初等中等教育局長通知「高等学校における政治的教養と政治的活動について」（文初高第四八三号）〔注4〕が出された。「生徒は未成年者であり、民事上、刑事上などにおいて成年者と異なつた扱いをされるとともに選挙権等の参政権が与えられていないことなどからも明らかであるように、国家・社会としては未成年者が政治的活動を行なうことを期待していないし、むしろ行なわないよう要請しているともいえること」などといい、生徒会を含む生徒の活動全般に対して政治的活動を実質的に行わないよう要請している。

政治的教養に関しても、「現実の具体的な政治的事象は、取り扱い上慎重を期さなければならない性格のものであるので、必要がある場合には、校長を中心に学校としての指導方針を確立すること」といったハードルを設け、教員が具体的な政治問題を簡単には扱うことができないようにもしているのである。

④生徒会と教師の指導

生徒会の在り方についてはいろいろな意見があるが、実際には教師による指導とコントロールが必要となる。ただ、その指導とコントロールが過ぎると傀儡生徒会長ないしは傀儡生徒会の様相を呈し、生徒会長や執行部の力量形成にもならないし、他の生徒たちからも生徒会長や生徒会が疑問視されることになりかねない。しかし、生徒会が自主的に活動するようになり、学習環境や生活環境の改善に熱心に取り組めば、場合によっては教師側と対立するような場面も出てくる。

たとえば、実際に校則をめぐって、生徒会が学校に強い要求を出してくることがある。こうしたとき、学校側にとっては、頭からはねつけるか、理屈が通れば生徒会の要求を認めるのか、こうしたところの対応が実際には非常に難しい。しかし、こういった局面でのやり取りが教師と生徒との関係、生徒会執行部とその他の生徒との関係の形やバランスを規定するということは覚えておいてほしい。子どもたちの要求が不当にエスカレートしないよう配慮しながら、教師たちは適切な生徒会活動指導を行わなくてはならない。

ちなみに、一九九〇年前後に校則をめぐる問題が注目されるようになると、当時の文部省が、全日本中学校長会及び全国高等学校長協会に委託して「日常の生徒指導の在り方に関する調査研究」を行った。この調査によると、校則の見直しにあたり生徒会などを通じて生徒に主体的に考えさせた場合、生徒が自主的に校則を守るようになる割合が高いと報告されている〔注5〕。

⑤生徒会による課題克服の具体例

生徒会が自主的に活動して顕著な成果が見られた実践として、新潟県長岡市立越路中学校での傘の盗難を防ぐ試みなどは参考になる。同中学校では、二〇〇四（平成一六）年に発生した新潟県中越地震以降、お金を含む各種盗難が増えたという。また、傘についての盗難も目立ち、入学後九本もの傘を紛失した人もいるような状態であった。

このような状態を何とかしようと、生徒会が解決に向けて立ち上がる。まずは通学委員会の呼びかけで全校一斉に自分の傘に名前を書いた。それだけではなく、同委員会は天気予報を見て、翌日の傘の必要度を知らせる活動をもはじめた。整美委員会は傘の修復サービスを行い、傘があるのに使えないといった事態を未然に防いだ。そして、奉仕委員会が放置傘を集めて貸し出し用の傘を準備し、急に雨が降ったときなどに校内放送で貸し出しをアナウンスするなどした。

こうしたアイデア満載の各委員会の連携作業によって、越路中学校は傘の盗難を見事に克服したという。この越路中学校の生徒会の取り組みを紹介した小野塚捺美の作文「目指せ傘盗難ゼロ！　越路中の挑戦」は、二〇〇五（平成一七）年、第五五回〝社会を明るくする運動〟作文コンテスト最優秀賞（法務大臣賞）に輝いた〔注6〕。

⑥生徒会と学校行事

運動会、音楽会、文化祭等の行事は、そもそも生徒の主体的な参加なくしては成立しない。生徒会も企画から大いに参加、協力して、盛大に開催したいところである。企画は教師が行い生徒会を下請けのようにして行事を展開するところもあるが、教師にいわれたとおりにするだけでは自主性は育ちにくい。生徒会に任せるということも重要である。しかし、入学式や卒業式となると、必ずしも生徒主体とはいえない行事なのかもしれない。とくに日の丸掲揚、君が代斉唱が強調されるようになってからは、式の在り方をめぐって生徒会と学校の管理職が対立するような場面もあった。第12章に実例を示す（一九八―二〇二頁参照）ので、参考にして生徒会の在り方を考えてほしい。

⑦生徒会とボランティア活動

ボランティア活動への参加は、一つ前の学習指導要領（二〇〇八―二〇〇九〔平成二〇―二一〕年改訂版）では学級（ホームルーム）活動としても推奨されていた。しかし、現行の学習指導要領では、学級（ホームルーム）活動の項目ではボランティア活動に関する記述が見られない。もっぱら、生徒会活動と学校行事に託されたということだろうか。

生徒会でボランティア活動に取り組むメリットは、どのようなところにあるのであろうか。一つの学級（ホームルーム）では人数も時間も限られている。したがって、ある福祉施設でボランティア活動を行ったとしても、それが単発的な訪問でおわってしまうことが多い。単発的なボランティアである場合、ボランティアというよりも生徒の体験学習の場を提供するというニュアンスが強くなり、かえって訪問先の施設職員が苦労するといったことも起こる。

もちろん、どのような場合であっても、生徒を受け入れることに伴い訪問先の方々はそれなりの苦労はするに違いない。しかし、全生徒を会員とする生徒会で上手に人数や訪問日を割りあてながら活動を行えば、恒常的な取り組みも可能になる。場合によっては、意欲のある者を選抜し、優先的に取り組んでもらうこともあり得る。生徒会執行部が、情報提供や人選などをしっかりと行えば、本来のボランティア活動と近い形での展開が可能になるかもしれない。

先に体験した生徒がこれに続く生徒に上手に仕事の内容を伝達するなどすれば、ハウツーなどが蓄積され、有用性が高まることもあり得る。訪問先の施設も恒常的に意欲のある生徒のボランティアに期待ができれば、それを計算に入れて福祉活動を企画、展開できるようになる。一方で、学外に出ていくボランティアには、教員のフォローも必要である。教員は、問題が生じた際の速やかな対応などについて、常時考えておかなくてはならない。

また、学校でボランティア活動や福祉活動に関連する企画をコーディネートするとき、相談をする対象として「社会福祉協議会」を忘れてはならない。社会福祉協議会には三つのレベルがある。それは、地域で活動している「市区町村社会福祉協議会（市区町村社協）」、県域での地域福祉の充実をめざした活動をする「都道府県社会福祉協議会（都道府県社協）」、都道府県社会福祉協議会の連合体としての全国組織である「全国社会福祉協議会（全社協）」である。いずれも福祉的な活動のサポートをしているので、大勢の生徒が参加する企画を計画するときには頼りになる存在である〔注7〕。

かつては、生徒集会が「週に一度（場合によっては隔週に）この集会を開催することが一般に望ましい」（『学習指導要領一般編』一九五一〔昭和二六〕年改訂版）とされるなど、生徒会関係活動に週一単位時間をあてることが推奨されていた。現在では「特別活動の授業のうち、生徒会活動及び学校行事については、それらの内容に応じ、年間、学期ごと、月ごとなどに適切な授業時数を充てるものとする」（『中学校学習指導要領』二〇一七〔平成二九〕年改訂版）などとなっている。配当時間の目安が指示されていなければ、実質的には、生徒会にあてる時間が削減される。児童会活動・生徒会活動の意義を教師の側がしっかりと認識し、積極的な働きかけがなければ、こうした活動はますます衰退していってしまうに違いない。

注

〔注1〕小玉重夫『教育政治学を拓く――18歳選挙権の時代を見すえて』勁草書房、二〇一六年、参照。

〔注2〕藤田昌士編『日本の教育課題〈第4巻　生活の指導と懲戒・体罰〉』東京法令出版、一九九六年、二九二―二九三頁、参照。

〔注3〕事件の経緯は、勝田守一「旭ヶ丘中学校の歩み（歴史的検討）」（『東京大学教育学部紀要』第2巻、東京大学教育学部、一九五七年、所収）、小玉前掲書などを参照。

〔注4〕文部科学省「高等学校における政治的教養と政治的活動について」（昭和四四年一〇月三一日文部省初等中等

教育局長通知）https://www.mext.go.jp/b_menu/shingi/chousa/shotou/118/shiryo/attach/1363604.htm、二〇二一年八月三一日閲覧。

〔注5〕藤田編前掲書、四九‐五一頁、参照。

〔注6〕柴田義松・宇田川宏・福島脩美監修『中学生　みんなで生き方を考える道徳1』日本標準、二〇〇八年、一三一‐一三四頁、参照。

〔注7〕その他に社会福祉協議会と連携して、市区町村単位で設置されていることの多いボランティアセンターに相談するのもよいだろう。社会福祉協議会について詳しくは、全国社会福祉協議会のウェブサイト（https://www.shakyo.or.jp/）などを参照のこと。

第11章　学校行事とは何か

第一節　学校行事の目標

「学級（ホームルーム）活動」「生徒会活動」に続く特別活動の柱は、中学校・高等学校の場合「学校行事」であり、合計三本柱となっている。小学校の場合は、「学級活動」「児童会活動」の次に「クラブ活動」がきて、その後「学校行事」となり、合計四本柱である。いずれにしても、特別活動の最後の柱が「学校行事」となっている。

まずは、学校行事の目標を確認してみよう。ここでは、代表して中学校のものを掲げる。なお、小学校のものは中学校と全く同じ、高等学校のものは出だしが「全校若しくは学年又はそれらに準ずる集団で協力し」となっており、その他の部分はすべて同じである。小学校や高等学校のものについては、巻末の資料「学習指導要領特別活動関係箇所抜粋」で確認してほしい。

全校又は学年の生徒で協力し、よりよい学校生活を築くための体験的な活動を通して、集団への所属感や連帯感を深め、公共の精神を養いながら、第1の目標に掲げる資質・能力を育成することを目指す。

学級活動や生徒会活動の目標と比べて「集団への所属感や連帯感を深め、公共の精神を養いながら」とあるところが特徴である。集団における仲間意識の醸成が強調された形になっている。また、学校教育との関係でしばしば言及される公共の精神の育成もこの学校行事というところで強調されている。戦前の学校教育で何かと問題にされる儀式的行事もこの学校行事の筆頭に出てくることもあり、その目標にも注目しておく必要がある。

第二節　儀式的行事

「学校行事」の内容項目は「(1)儀式的行事」「(2)文化的行事」「(3)健康安全・体育的行事」「(4)旅行・集

団宿泊的行事」「(5)勤労生産・奉仕的行事」の五つである。なお、学校行事では、学級（ホームルーム）活動同様、それぞれの内容項目に短い解説が加えられている。一つずつ取り上げてみよう。まずは一つ目の「儀式的行事」である。加えられている短い解説は小学校・中学校・高等学校、すべて同じである。

学校生活に有意義な変化や折り目を付け、厳粛で清新な気分を味わい、新しい生活の展開への動機付けとなるようにすること。

儀式的行事の代表格は入学式と卒業式であるが、執り行う際の、参列者が受けるべき印象、すなわちその場の雰囲気についてまで指定してある。学習指導要領の法的拘束力がよく議論になるが、もし、学習指導要領がそうした法的文書であるとしたならば、「雰囲気」にまで指定が及ぶことは特殊であるといえる。

学習指導要領の過去を振り返ってみると、一九五八（昭和三三）年改訂版（小学校・中学校）、一九六〇（昭和三五）年改訂版（高等学校）では、学校行事などのなかで「儀式」が内容の一つにあげられているが、雰囲気を指定するような文言は見あたらない。一九六九（昭和四四）年改訂版（中学校）、一九七〇（昭和四五）年改訂版（高等学校）で「儀式的行事」という表現に改められ、このとき配慮事項として次のような文章が登場する。「儀式的行事においては、生活に有意義な変化や折り目をつけ、清新な気分を味わい、新しい生活の展開への動機づけとなるような活動にすること」。すなわち、この改訂で雰囲気を指定するような文言が出てきたわけである（小学校では一九七七（昭和五二）年改訂版から）。

ただし、「厳粛」という言葉はまだ使われていない。次の一九七七（昭和五二）年改訂版（中学校）、一九七八（昭和五三）年改訂版（高等学校）にも登場せず、一九八九（平成元）年改訂版（小学校・中学校・高等学校）より「厳粛」が使われるようになり、現在に至っている。

「厳粛」という言葉が追加されるなど、その儀式的行事がもつべき雰囲気にまで指定がしっかりなされているのは、これまでに入学式や卒業式をめぐるさまざまな問題が生じてきた結果でもあろう。第12章で取り上げる埼玉県立所沢高等学校の事例もそうであるが（一九八-二〇二頁参照）、その大きな焦点の一つとなるのが日の丸・君が代問題である。こうしたことをめぐって、儀式的行事ではデリケートな問題がしばしば生じてきた。儀式的行事には、入学式、卒業式、始業式、終業式、修了式、立志式（元服にちなんで数え年の一五歳を祝う行事。参加者は、将来の決意や目標などを明らかにすることで、大人になる自覚を深める）、開校記念に関する儀式、新任式、離任式などがあるが、実施にあたってはいろいろと気を使うことも多い。丁寧な運営が期待されるところである。

卒業式の式次第の典型を示すと次のとおりである。

式次第

一、開式のことば
二、国歌斉唱

三、卒業証書授与
四、学校長式辞
五、来賓祝辞
六、来賓紹介
七、祝電披露
八、在校生送辞
九、卒業生答辞
十、式歌斉唱
十一、校歌斉唱
十二、閉式のことば

卒業生を拍手で会場に迎え入れた後、司会者による「只今より、令和○年度、卒業証書授与式を挙行いたします」という開式のことばがあり、すぐさま続けて「国歌斉唱。皆さま、ご起立ください」となる。歌いおわって着席すると、卒業証書授与ということになり、校長が卒業証書に記された文章を読み上げ、卒業生にその卒業証書を手渡す。人数の関係で名前のところまで読み上げられて「以下同文」となることもあれば、クラス代表が受け取り、後は担任が教室に帰ってから手渡すという場合もある。卒業証書を渡しおわったところで学校長式辞となる。だいたいが「只今、滞りなく卒業証書が授与されました。卒業生の皆さん、ご卒業、おめでとうございます！」という挨拶から話がはじまる。

続いて来賓祝辞になるわけだが、校長の次に壇上に上がるのは誰だかおわかりだろうか。公立学校の場合は、その学校の設置者である各地方公共団体の教育委員会からきた人が校長の次に壇上に立つ。私立学校の場合は、これまたその学校を設置した学校法人の代表である理事長が壇上に立つ。現場の責任者である校長がまず話をし、直後に続いてその学校の管理責任者（校長の人事権をもっている）が話をするというわけである。これに加えてＰＴＡ会長が話をしたり、その他の来賓が話をしたりする場合もあるが、時間も限られているため、数名の来賓が挨拶をした後、参列しているその他の来賓を司会者が簡単に紹介して済ませる場合が多い。祝電も二つか三つ紹介した後、名前のみを読み上げることで許してもらうことになる。

続いて生徒会長などが送辞を述べ、卒業生代表の答辞で締めくくられる。後は式歌斉唱ということで「仰げば尊し」などを歌い、最後に校歌を斉唱して式はおわる。式後には、拍手で見送られながら卒業生が退場する。

以上のような流れが一般的なのだが、担当する教師は事前準備や後片づけの計画を立て、在校生や卒業生を動かしながら式をつくっていくので、儀式的行事の運営もなかなか大変である。体育館いっぱいに並べられたパイプ椅子を思い浮かべるだけでも、その苦労が容易に想像できよう。

第三節　文化的行事

「学校行事」の二つ目の内容は、「文化的行事」である。一九九八（平成一〇）年改訂版（小学校・中学校）、一九九九（平成一一）年改訂版（高等学校）の学習指導要領では「学芸的行事」という表記になっていたが、二〇〇八（平成二〇）年改訂版（小学校・中学校）、二〇〇九（平成二一）年改訂版（高等学校）で「文化的行事」に改められた。

現行の学習指導要領では、次の短い解説が加えられている。この文章は、小学校・中学校・高等学校、すべて同じである。

　平素の学習活動の成果を発表し、自己の向上の意欲を一層高めたり、文化や芸術に親しんだりするようにすること。

『中学校学習指導要領（平成29年告示）解説特別活動編』によれば、「文化的行事」の具体的なものとして、文化祭、学習発表会、音楽会（合唱祭）、作品発表会、音楽鑑賞会、映画や演劇の鑑賞会、伝統芸能等の鑑賞会、講演会などがある。このうち、文化祭、学習発表会、音楽会（合唱祭）、作品発表会などでは、催し物の準備をしたり、発表の資料を用意したり、歌や演奏の練習をしたり、作品をつくったりと、多くの生徒は主体的に取り組む。また、そういった活動に対する教師の指導にも熱が入ることだろう。確かに、行事の準備や運営には生徒、教師双方の関心が集まりやすく、そのなかでの学習も行われてきている。しかし、それらを鑑賞したり、楽しんだり、さらには評価したりすることについては、これまで指導の対象として強く意識されることが少なかったのではないだろうか。

生徒たちが鑑賞や評価を行う力をつけるために、ぜひいろいろと試みてほしいと思う。たとえば、作品展であれば美術大学の教授や学生たちを招き、作品を制作した生徒自らが制作意図、制作方法、自己評価などをプレゼンテーションした上で、専門家である大学教授に講評してもらったり、専門家を目指す美大生とその作品をめぐっていろいろな話をしたり、また、美術科教師と大学教授とが対談し「うちの美術の先生、大学教授と対等に渡り合っている。けっこうすごいんだ」と生徒に感じさせたりするなど、できることはたくさんあるのではないだろうか。筆者の本務校である武蔵野美術大学で同僚の三澤一実《みさわかずみ》がコーディネートする「旅するムサビ」はこうした実践例として有名であり、グッドデザイン賞も受賞している。「旅するムサビ」とネットで検索すると、その様子が画像で確認できたりもするので、時間のあるときに見ていただきたい。

文化祭のクラスの催しを考えたりするのも楽しいことだが、事故など起こらないように指導しておくことも大切である。文化祭といえば、定番の「お化け屋敷」をクラスで企画することもあるだろう。だが、お化け屋敷はトラブルも多い。客が暗闇のなかでつまずいてけがをする。高齢者が驚いてしりもちをつき、立てなくなってしまう。お化け役が驚いた客に殴られる。客の男女が暗いことをいいことに不埒なことをはじめてしまう。また、二〇一一（平成二三）年には、神奈川県相模原市の県立高等学校の文化祭で催されたお化け屋敷において、生徒による強制わいせつ事件が発生し、加害者3名が少年院送致となった例もある。生徒と話し合って、こうしたトラブルを回避する工夫をあらかじめしておきたい。

高等学校段階になると、文化祭で食べ物を有料で提供する場合もあるだろう。農林高等学校などでは、生徒たちが育てた作物でつくった料理の販売が大人気で、客が長蛇の列をつくることもあると聞く。いずれにしても、学校で生徒たちがお金を扱ったり、刃物を使ったりするようなとき、これまたトラブルが起こらないように十分気を配る必要がある。衛生管理上の問題が生じたり、火災〔注1〕が発生したりすると、楽しいはずの行事が台なしになってしまう。生徒、教師とも、責任者を決めて二重、三重にチェックするなど、管理を徹底したい。また、保健所への届け出は義務ではないが、届け出をした方が無難である。調理を伴う場合には、調理者の検便の提出を保健所から要請されることもある。そうしたことを通して、楽しいイベントの裏には努力が必要であることを、生徒も教師も体験的に学ぶことができる。

文化祭などでは、開催中に学外から不特定多数の人が来場することになる。それに伴いトラブルが生じていないか、教師は生徒たちの背後でしっかりと監視する必要もある。これも、教師側の大切な仕事である。

文化的行事で、児童生徒にとっても教師にとっても、最もエネルギーを必要とするのが合唱祭である。教師になったら「音楽なんて全然ダメ！　とても指導なんて……」とはいっていられない。場合によっては「もっと大きな声で！」といって、自ら歌ってみせる必要も出てくる。誰にピアノを弾かせるかを決めるのも一苦労で、ピアノ演奏に自信のある生徒が複数いたりすれば、当人に加え、その保護者も誰が奏者に選ばれるか注目している。下手をすると、あの担任はひいきが激しいなどと陰口をいわれる。場合によっては、クレームが管理職に寄せられることだってある。さらに厄介なことに、合唱祭では順位がつけられることもしばしばある。歌うのは児童生徒だが、順位が低いと担任の指導力が問われることになりかねない。全然ダメだとクラスの児童生徒からの評価も下がるし、同僚の先生方からも心配されてしまう。

文化的行事には喜びも多いが、苦しみや悲しみもつきものである。教職課程で学ぶ大学生にとっては、在学中にこうしたことに対応する力量を身につけるのは容易なことではない。教師になってから、経験的に身につけていく部分が多いだろう。だが、どんな苦労があるのか知っておくだけでも、軽率な失敗を避けることにつながる。学生のときも教師になってからも、頑張ってほしい。

第四節　健康安全・体育的行事

「学校行事」の三つ目の内容は、「健康安全・体育的行事」である。これに付されている短い解説は以下のとおりであり、現行の学習指導要領でのこの文章は、小学校・中学校・高等学校、すべて同じである。

心身の健全な発達や健康の保持増進、事件や事故、災害等から身を守る安全な行動や規律ある集団行動の体得、運動に親しむ態度の育成、責任感や連帯感の涵《かん》養、体力の向上などに資するようにすること。

一つ前の学習指導要領との違いで注目すべきところは、「事件や事故、災害等から身を守る」という文言が挿入された点である。二〇一一（平成二三）年の東日本大震災の影響も大きいのではないだろうか。現行の学習指導要領が出された以降のことであるが、二〇一九（令和元）年末から流行がはじまった新型コロナウイルスの世界規模での感染拡大は、まさにここでいう「災害」であり、この内容項目と密接にかかわるものといえよう。その困難な状況のなかでも、新型コロナウイルス感染対策のための講習等のイベントが多くの学校で開催された。この世の中ではときとして、世界が一変するような予期できないことや適切な備えなどできないことが起こることもある。そうしたときにも、学校や社会が立ち直るためのきっかけとなり得る行事を用意して、より適切な行動を児童生徒がとれるように励ましていく必要がある。

健康安全・体育的行事の代表格といえば、何といっても運動会である。徒競走（かけっこ）、玉入れ、綱引き、組み体操、棒倒し、騎馬戦、そしてリレー。ほのぼのとした種目もあれば、かなり戦闘的要素の強い種目もある。いずれにしても、運動会といえば多くの者にとっては、小学校での思い出として心に残っているのではないだろうか。ところが、歴史をたどってみると、一八七四（明治七）年、海軍兵学寮でひらかれたレクリエーション的色彩の濃い競闘遊戯会がはじまりであり、その後、一八八三（明治一六）年に、東京大学とその予備門による合同陸上競技会が開催されるなど、もともと運動会は高等教育機関において展開された行事であった。

では、小学校の運動会はいつ頃普及したのであろうか。初代文部大臣森有礼（四六–四八頁参照）が、国民の気質鍛錬のために兵式体操を学校に導入したが、それと同じ意図で運動会が奨励されるようになる。そして日露戦争（一九〇四–一九〇五〔明治三七–三八〕年）前後には、運動会は代表的な学校行事として、ほとんどすべての学校に普及したといわれている〔注2〕。楽しい催し物というイメージがあるが、軍事訓練的な意味合いをもちながら運動会が広まっていったことを確認しておきたい。現在でも騎馬戦や棒倒しなど、戦闘的要素の強い種目が残存しており、時折それらをめぐって問題になることがあるが、運動会の歴史を考えるならば、こうした種目が存在することはそれほど不思議ではないのである。

さて、こうして普及した運動会ではあるが、かつては娯楽の少ない農村などでは地域住民にとっての楽しい行事であったことも確かである。子どもたちだけではなく、地域住民も参加する地区対抗種目などではかなりの盛り上がりを見せた。かつては地域の行事としての色彩を色濃くもっていた運動会も、近年ではそうした地域住民としての意識を高め団結を促す機能を期待することが難しくなってしまった。最近では、忙しくて親が参加できない家庭の子どもたちのことを考慮して、あえて平日に運動会を開催する例も見られる。平日開催であれば、ほとんどの親や地域住民は参加できないため、誰もこないことがあたり前、だから親がこなくてもさみしくないという理屈である。現在、地域再生の必要性が強調されていることから考えても、運動会の意義と実施形態とを再考する時期にきているのではなかろうか。

体育的行事では、しばしばけがや事故が問題になることもある。競技内容の激しさゆえに騎馬戦や棒倒

図表 11-1　2015年度体育的行事における事故（学校種別／種目別集計表）〔注4〕

	徒競走等	騎馬戦等対戦型種目	組体操	むかで競走	二人三脚等	縄跳び	ダンス等	球技等	玉入れ玉送り等	その他	計	割合
小学校	809	539	286	9	34	18	46	2	78	792	2,613	19.2%
中学校	2,672	1,131	297	486	272	303	69	77	34	1,266	6,607	48.7%
高等学校	1,478	997	119	110	164	149	91	499	26	688	4,321	31.8%
高等専門学校	2	8	0	0	0	0	0	25	1	5	41	0.3%
計	4,961	2,675	702	605	470	470	206	603	139	2,751	13,582	100.0%
割合	36.5%	19.7%	5.2%	4.5%	3.5%	3.5%	1.5%	4.4%	1.0%	20.3%	100.0%	

※本データは体育的行事中の災害の発生件数。なお、体育の授業中などの平成27年度体操（組体操）での災害の発生件数は8,071件

しなどでけが人が出ることもあるが、近年の運動会で危険な種目としてしばしばメディアで取り上げられるのが、「タワー」とか「ピラミッド」といわれる組体操である。練習時も含めると、死亡例や傷害を負った例が相当数出てくる。なかには、裁判に発展した例もある。たとえば、愛知県で公立小学校の組体操の練習中に、四段ピラミッドの最上位から落下し児童が傷害を負ったという事故があった。名古屋地方裁判所では教員に過失ありとされ、学校設置者である地方公共団体への請求の一部が認められた〔注3〕。

こうした事故を回避するために、学校側はあらかじめ対策を講じておかねばならない。確かに、四段、五段にもなるピラミッドを本番の運動会で完成させれば、保護者をはじめ見学者による拍手喝采が期待できよう。だが、華やかさを優先して安全対策を怠ってはならない。ちなみに、運動会や体育祭などの体育的行事で最も事故が多い種目は、実は徒競走である（図表11－1）。トラックのカーブなどで、内側の走者が外に膨らんで外側の走者と接触してもつれて転倒、などということが起こる。全力で走っているためコントロールが効かず、大けがになることもある。このようなことについても、教師はいざというとき対応できるよ

図表 11-2　覚せい剤の入手可能率の推移（年代別：1999年−2017年、単位：%）〔注6〕

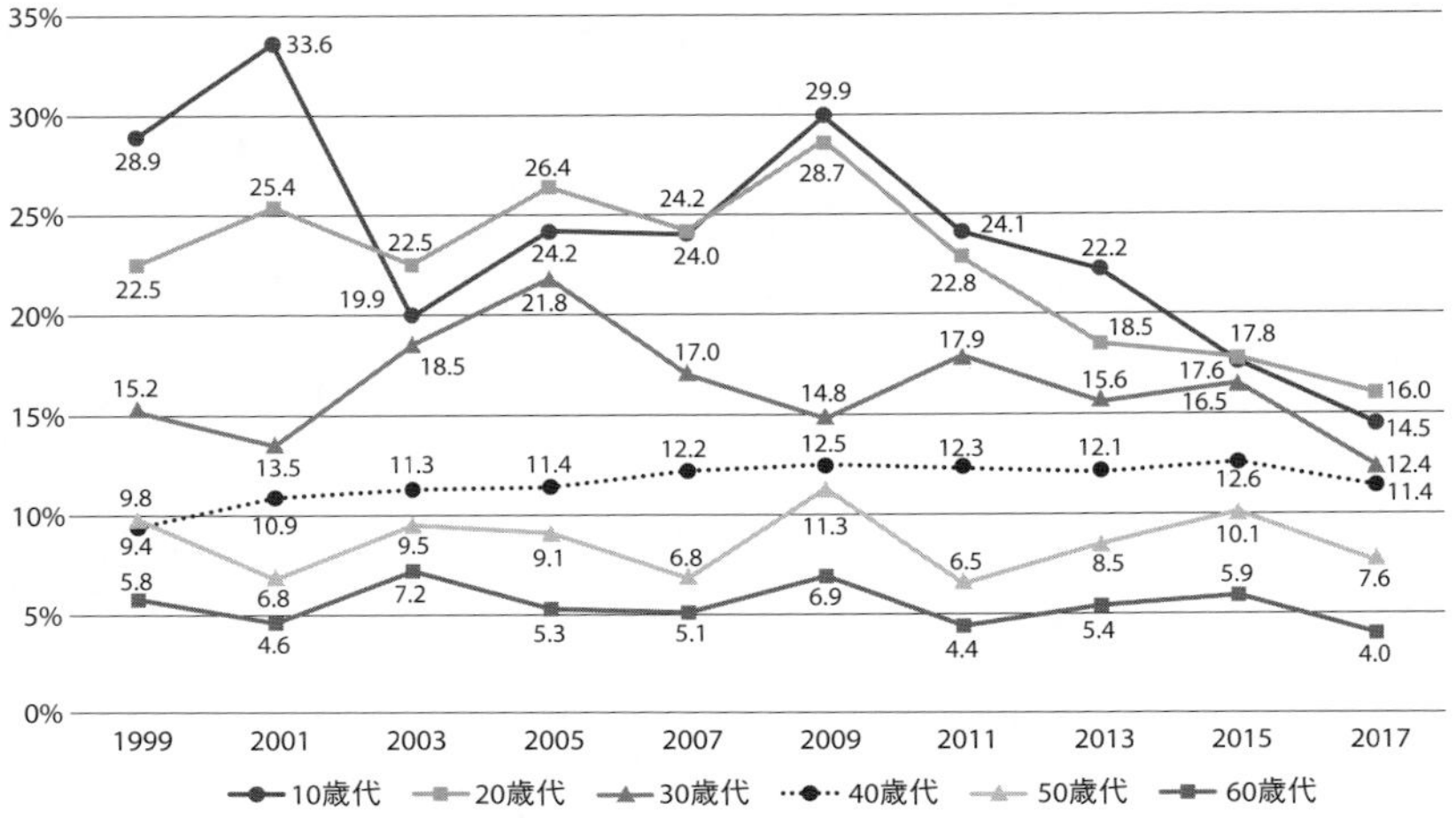

うに備えておかなくてはならない。

健康安全的行事ということでいえば、「交通安全教室」「暴走族加入阻止教室」「性被害防止教室」「出会い系サイト被害防止教室」「薬物乱用防止教室」など、発達段階を考慮して適切な時期に学校行事として企画してほしい。警察署や保健所の協力を仰げば、実例に基づいた臨場感のある話を聞くことができる。

覚せい剤などの薬物はいったん手を出してしまうとなかなか克服できないので、「薬物乱用防止教室」などはそういった問題が生じる前に設定することがポイントである。寝た子を起こすなといった意見もあろうが、薬物入手可能率などを見ると、そうもいっていられない。二〇一七（平成二九）年に行われた薬物使用に関する全国住民調査（統計的処理を施されたサンプル五〇〇〇人の調査）によると、薬物入手可能率（「次の薬物を手に入れようとした場合、それはどのくらい難しいですか？」という問に対して「なんとか手に入る」と「簡単に手に入る」と答えた者の合計）は、有機溶剤（四九・三％）、大麻（一三・七％）、覚せい剤（一一・一％）、MDMA（一〇・五％）、コカイン（九・四％）、ヘロイン（八・七％）、危険ドラッグ（一六・二％）、いずれかの薬物（四九・七％）となっている〔注5〕。

シンナーなどの有機溶剤はホームセンターなどで売られており、誰でも手に入るので五割でも驚くにあたらない。驚くべきは、大麻や覚せい剤の入手可能率が一〇％を超えていることである。大麻や覚せい剤を使用したいと思えば、一〇人に一人以上がそれを調達できる状態にある。これは、大人の世界の話ではない。図表11-2を見てほしい。これは年代別に覚せい剤入手可能率を示したグラフであるが、一〇代の入手可能率がきわめて高い。この実態に見合った対策を講じることは急務である。

第五節　旅行・集団宿泊的行事

「学校行事」の四つ目の内容は、中学校・高等学校ともに「旅行・集団宿泊的行事」（小学校は「遠足・集団宿泊的行事」）である。これに付されている短い解説は次のとおりであり、中学校・高等学校とも全く同じ文言になっている。

平素と異なる生活環境にあって、見聞を広め、自然や文化などに親しむとともに、よりよい人間関係を築くなどの集団生活の在り方や公衆道徳などについての体験を積むことができるようにすること。

『中学校学習指導要領解説特別活動編』によれば、具体的な旅行・集団宿泊的行事として、遠足、修学旅行、移動教室、集団宿泊、野外活動などがある。なかでも修学旅行は、多くの者が学校生活の思い出として真っ先に思い浮かべるものの一つだろう。どこに行ってどんな学習をしたかということよりも、仲間と一緒に体験したさまざまなエピソードが心に残るのだろう。そう考えると、生徒たちが修学旅行で培うのは、教師が選りすぐった各訪問先で得る社会学的な知識ではなく、ともに旅する友だちとの人間関係が主なのかもしれない。外向的で対人関係能力に長けた生徒ならば、楽しい思い出をたくさんつくり、友だちとの絆をさらに深めて帰ってくるに違いない。しかし、反対に内向的で対人関係能力に不安を抱える生徒が旅行先で孤立し、つらい思いをしたならば、修学旅行自体がマイナスの教育効果をもたらすことになる。事前に、内向的で孤立しがちな生徒のフォローをリーダーに依頼しておくなど、参加した生徒全員にとってよい体験、思い出となるように、教師は生活指導上の力をしっかりと発揮しなくてはならない。

また、男子に多いようだが、友だちの前で全裸になることに抵抗を感じ、風呂に入ろうとしなかったり、水着を着用して入ろうとしたりする生徒がいると聞く。思春期の微妙な心理なのであろう。いずれにしても、性の問題においては受ける心理的ダメージが、他者の想像を超えて大きい場合があるので、何がしかの理由で入浴を控えたいなどと申し出てきたら、ある程度認めるような柔軟な対応をする必要がある。また、性同一性障害などで悩む生徒の存在を察知している場合には、むしろ「体調が優れないので風呂は遠慮させてほしい」とみんなの前でさりげなく教師に伝えるよう、事前に指導しておくことも考えられる。こうしたことについては、子どもたちに対する細やかな配慮が求められる。

近年、児童生徒本人というよりも、保護者から修学旅行の写真についてクレームが寄せられることもあるという。「うちの子の写真が少ない」というクレームである。こんなことに気を使わねばならないのかとため息が出そうであるが、それでも用心するに越したことはない。写真を撮るとき、たくさん写っている生徒がいたり、反対にほとんど写っていない生徒がいたりということがないように、上手にやってほしい。

修学旅行は、歴史や文化の学習に有用であるが、とくに平和教育という点から大切な役割を果たしてきた。東アジア情勢の不安定な今こそ、もう一度、平和教育という視点から、修学旅行を捉え直してほしい。訪れる先が広島、長崎、沖縄でなくても、また、平和教育がメインテーマの修学旅行でなくても、ちょっとした試みでもよいので、子どもたちに平和を考える機会を提供してほしい。たとえば、一九九七（平成九）年に長野県上田市に開館した無言館《むごんかん》なども訪問先の候補として考えられる。無言館は、第二次世界大戦で没した全国の画学生の慰霊を掲げてつくられた美術館で、遺族を訪問して収集された彼らの遺作が展示してある〔注7〕。自然に触れることをメインテーマに冬季にスキー場に出かける修学旅行であっても、往復の移動ルートを工夫してこうしたところに立ち寄ることがあってもよいのではなかろうか。第3章で触れたように、修学旅行は戦時に備える体力強化を目的とする行軍旅行としてはじまった。現在の平和教育としての修学旅行とは、一八〇度目的が異なっていたわけである。歴史とは面白いものである。

修学旅行で海外に出かける学校も増えてきた。以前にも増して、安全への配慮が求められる。少し古い話であるが、一九八八（昭和六三）年、中国上海郊外で発生した急行列車同士による衝突脱線転覆事故で修学旅行のため乗車していた日本の高校生に多数の死傷者が出た。事故後補償をめぐり日中間で政治問題化した他、学校側の対応をめぐり日本国内では訴訟が起こされた。しっかりと教訓にせねばならない。当然、事故が起こらないように注意しなければならないが、事故が起こってしまったときの対応などもしっかりと考えておくことが必要である。

第六節　勤労生産・奉仕的行事

「学校行事」の最後、五つ目の内容は、「勤労生産・奉仕的行事」である。小学校と中学校のものには、それぞれ次のような解説が加えられている。

勤労の尊さや生産の喜びを体得するとともに、ボランティア活動などの社会奉仕の精神を養う体験が得られるようにすること。

勤労の尊さや生産の喜びを体得し、職場体験活動などの勤労観・職業観に関わる啓発的な体験が得られるようにするとともに、共に助け合って生きることの喜びを体得し、ボランティア活動などの社会奉仕の精神を養う体験が得られるようにすること。

高等学校のものは、次に掲げるようにキャリア教育的な面がより強調された形になっている。小学校・中学校のものとの違いを確認しておいてほしい。

勤労の尊さや創造することの喜びを体得し、就業体験活動などの勤労観・職業観の形成や進路の選択決定などに資する体験が得られるようにするとともに、共に助け合って生きることの喜びを体得し、ボランティア活動などの社会奉仕の精神を養う体験が得られるようにすること。

『中学校学習指導要領解説特別活動編』によれば、具体的な勤労生産・奉仕的行事として、職場体験、各種の生産活動、上級学校や職場の訪問・見学、全校美化の行事、地域社会への協力や学校内外のボランティア活動などがある。

一九九八（平成一〇）年改訂版（小学校・中学校）、一九九九（平成一一）年改訂版（高等学校）の学習指導要領から、「ボランティア活動」という文言が登場し、これが強く推奨されるようになった。「学級活動」や「生徒会活動」としてのみでなく「学校行事」としてもボランティア活動が取り上げられている。学校行事としてボランティア活動を行うのであれば、身近なところで小規模な体験をするというわけにもいかなくなる。教師や学校も、世のなかで現在展開されているボランティア活動とそれを支える組織について、広く情報を集め把握しておく必要がある。

戦後から高度成長期を経るなかで産業形態の大きな変化や交通の発達などが、都市部への人口の集中を加速させた。地域からの人口の流出は、経済活動の減退などの他にも、それまで保たれていた地域機能の衰退を招いた。子育てや防犯などの面で、地域住民が自然に互いを支え合ってきた伝統は失われ、身寄りなく孤独に暮らす者の数が増大する傾向は年々強まった。こうした状況に対応するためのコミュニティ政策は、一九七〇年代半ば頃から推進されるようになり、そのなかでもイギリスから導入された地域住民参加型のボランティア活動は早くから注目を集めた。厚生省なども積極的に支援策を講じ、社会福祉協議会などが中心になって、ボランティアセンターが全国に整備されることになる。

日本におけるボランティアセンターのはじまりは、一九六二（昭和三七）年の徳島の善意銀行（寄附金品や労働力を預かり、必要なところに金品を配分したりボランティアを派遣したりする活動を行っていた組織）であるとされている。ボランティアセンターは、ボランティアを求めるニーズの把握、ボランティアの確保と普及、社会資源の開発など、ボランティア活動の活性化を図る推進機関である。ボランティア活動の需給調整を中心とし、相談、教育、援助、調査研究、情報提供、連絡調整などを業務としている〔注8〕。

学校行事などでボランティア活動を計画するときには、こうしたボランティアセンターか、前章で触れたボランティア活動を含む社会福祉事業全般を調整している社会福祉協議会（一五九頁参照）に相談してみるとよい。とくに、一番身近な市区町村社会福祉協議会は、小学校・中学校・高等学校における福祉教育の支援なども行っているので、積極的に活用してみてはどうだろうか〔注9〕。

上級学校の訪問・見学ということでいえば、昨今、高等学校や大学のオープンスクール、オープンキャンパスに大勢の生徒が参加するようになった。キャリア教育の一環として、総合的な学習の時間を用いてオープンスクール、オープンキャンパスに参加し、学校に帰って体験したことを報告する、というパターンが大きく浸透したように思われる。また、「高大連携」の合言葉のもと、高等学校で出前授業を行う大学もたくさん出てきた。さらには新型コロナウイルス対策として、オンラインで大学を体験するバーチャルオープンキャンパスのようなものを行う大学も少なからずあり、大学のある都市部に出にくい地方在住の高校生が参加する機会の拡大にもつながっている。

ともかく、こうしたことが年々活発になってきている。それは少子化の影響で上級学校が、生徒募集・学生募集に力を入れざるを得なくなったことも大きく関係しているに違いない。あふれる情報を整理して、より適した上級学校の訪問・見学を生徒にしてもらうために、その在り方を見直す時期にきている。生徒募集・学生募集のための華やかなお祭り騒ぎに惑わされないで、その学校の本当の長所や短所を見抜く力を児童生徒に身につけさせなければならないし、それを指導するための進路指導の力を教師も培っていかなければならない。

学校行事は学校を活性化させるが、そのための準備が大変であることから、教師に大きな負担もかける。一部の教師の過重負担にならないよう管理職などがしっかりと差配し、教師と生徒がそれぞれの力を発揮しながら魅力ある学校行事をつくり上げていってほしい。それが、その学校の魅力にもつながっていくことになるだろう。

注

〔注1〕文化祭で調理をするためにプロパンガスを使用したりするので火災や爆発に気をつけなければならないが、火災といえば、こうしたプロパンガスの他、作品展示に使われる投光器に関しても注意しておく必要がある。二〇一六年、東京の明治神宮外苑で開催されたアートイベント「東京デザインウィーク」で、投光器の熱で木くずが発火し展示物の木製ジャングルジムが燃え、なかで遊んでいた五歳の男の子が亡くなった。こうした惨事は二度と起こしてはならない。

〔注2〕山口満・安井一郎編著『改訂新版　特別活動と人間形成』学文社、二〇一〇年、二七頁、参照。

〔注3〕判例タイムズ社編『判例タイムズ』（１３３３号）判例タイムズ社、二〇一〇年一二月一五日、一四一頁、参照。

〔注4〕独立行政法人日本スポーツ振興センター「体育的行事における事故防止事例集」（平成28年度スポーツ庁委託事業スポーツ事故防止対策推進事業）https://www.jpnsport.go.jp/anzen/Portals/0/anzen/anzen_school/28jiireisyu.

pdf、二〇二一年九月六日閲覧。
〔注5〕研究代表者嶋根卓也「薬物乱用・依存状況等のモニタリング調査と薬物依存症者・家族に対する回復支援に関する研究」（厚生労働科学研究費補助金 H29－医薬－一般－001研究報告書、二〇一八年三月）、一三頁、https://www.ncnp.go.jp/nimh/yakubutsu/report/pdf/J_NGPS_2017.pdf、二〇二一年九月六日閲覧。
〔注6〕同、一二五頁。
〔注7〕無言館については、窪島誠一郎『無言館　戦没画学生「祈りの絵」』講談社、一九九七年などがある。
〔注8〕庄司洋子・木下康仁・武川正吾・藤村正之編『福祉社会事典』弘文堂、一九九九年、九四五頁、参照。
〔注9〕詳しくは、全国社会福祉協議会のウェブサイト（https://www.shakyo.or.jp/）などを参照のこと。

第12章　日の丸・君が代をめぐって

本章では、儀式的行事との関係でしばしば問題になってきた日の丸・君が代について取り上げたい。まずは、日の丸・君が代自体について解説を加えた後、教育の歴史のなかでどのように問題になってきたかを見ていく。

第一節　日の丸・君が代について

まずは「国旗及び国歌に関する法律」を確認し、その後若干の補足をする。

①国旗及び国歌に関する法律について

国旗は日章旗であり、国歌は君が代であるが、これを定める「国旗及び国歌に関する法律」をまずは確認しておこう。法律番号からわかるように一九九九（平成一一）年成立の比較的若い法律である。いろいろな事情があり、慣習法のままにしておけなかったということだろうか。このあたりのことは、本章全体を読んだ上で考えてほしい。

国旗及び国歌に関する法律（平成十一年法律第百二十七号）

（国旗）

第一条　国旗は、日章旗とする。

2　日章旗の制式は、別記第一のとおりとする。

（国歌）

第二条　国歌は、君が代とする。

2　君が代の歌詞及び楽曲は、別記第二のとおりとする。

附　則

（施行期日）

1　この法律は、公布の日から施行する。

（商船規則の廃止）

2　商船規則（明治三年太政官布告第五十七号）は、廃止する。

（日章旗の制式の特例）

3　日章旗の制式については、当分の間、別記第一の規定にかかわらず、寸法の割合について縦を横の十分の七とし、かつ、日章の中心の位置について旗の中心から旗竿《ざお》側に横の長さの百分の一偏した位置とすることができる。

別記第一（第一条関係）

日章旗の制式

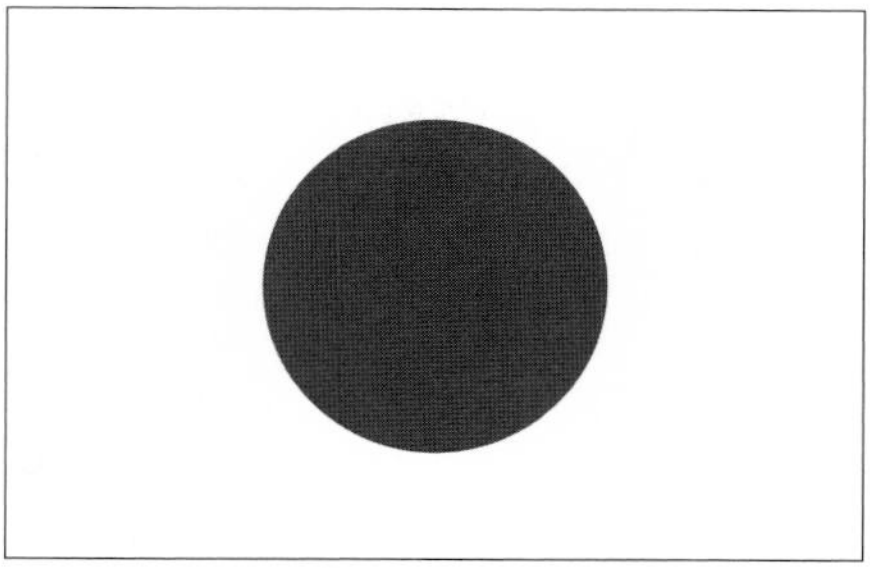

一　寸法の割合及び日章の位置

縦　横の三分の二

日章

直径　縦の五分の三

中心　旗の中心

二　彩色

地　白色

日章　紅色

別記第二（第二条関係）

君が代の歌詞及び楽曲

一　歌詞

君が代は
千代に八千代に
さざれ石の
いわおとなりて
こけのむすまで

二　楽曲

古歌
林 広守 作曲

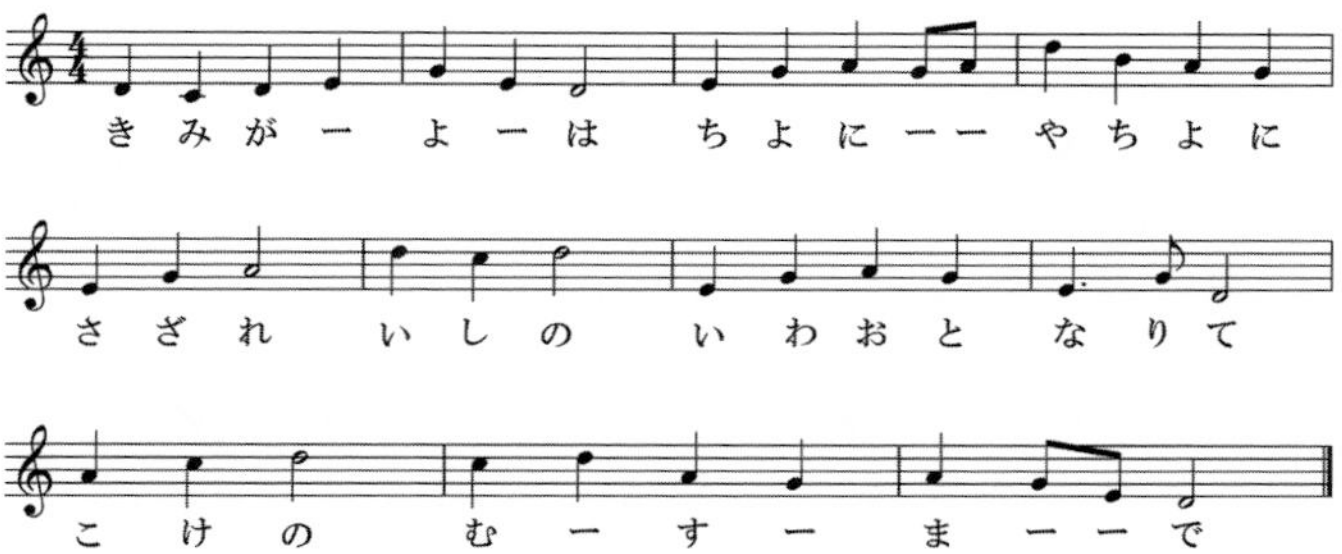
きみがー よーは ちよにーー やちよに
さざれ いしの いわおと なりて
こけの むーすー まーーで

②日の丸について

開国に際して外国船と日本船を識別する必要が生じたことから、徳川幕府によって「日章旗《にっしょうき》（日の丸）」

が日本船舶の国籍標示旗と定められ（一八五四〔嘉永七〕年）、それが明治政府に受け継がれた（一八七〇〔明治三〕年「郵船商船規則」後に「商船規則」と改称）。もともとは江戸幕府による選定であったことからもわかるように、はじめは天皇や皇室と直接結びつく象徴ではなかった。また、明治に入っても、白地に紅日章だけの日章旗よりも上位の公式旗として、軍旗である「旭日旗《きょくじつき》」があった（旭日旗にとくに敏感に反応する人たちがいるのはこうした事情と関係している）。軍艦に立てられ、たなびく旭日旗の映像を見たことのある者は多いと思う。旭日旗は、紅日章から一六条の紅光線が放射しているデザインの旗であるが、この光線一六条は皇室の紋章菊花一六弁に由来すると考えられている。旭日旗という上位旗があったものの、民衆一般の使用が認められていた日の丸が国を表す旗として普及していくことになる〔注1〕。日本もさまざまな戦争にかかわり、最終的には第二次世界大戦に突入していくわけであるが、軍国主義化を進める際に日の丸は、教育勅語、御真影〔注2〕とともに国民統合の象徴としての機能を果たしていった。

③君が代について

第二次世界大戦までの歴史的流れのなかで君が代も儀式などで斉唱され、天皇を神格化する機能を果たすことになるが、もともとは、天皇を賛美することを意図してつくられた歌詞ではない。『古今和歌集』（九〇五年）に収められた和歌が原歌である。もともとは「わが君は千代に八千代にさざれ石の巌となりて苔のむすまで」という歌であった。「わが君は千年にも、八千年にも命長くましませ。小さな石が大きな岩となり、さらにそれにこけがはえるまでもいらっしゃいませ」〔注3〕という意味である。「わが君は」であった出だしが、『和漢朗詠集』（一〇一八年頃）に収められたときには「君が代は」になっている。現在の君が代はこの変更後の歌を採用している。

いずれにしても、原歌の「君」はこの歌をおくる相手のことであり、天皇を指すわけではなかった。それが明治期になり、この原歌に曲をつけた儀礼用の歌が事実上の国歌として扱われるようになるわけだが、ここでは「君」は明確に「天皇」を指すものと解されている。そもそも、国家元首を言祝《ことほ》ぐ歌の歌詞としてこの原歌が選ばれた時点で、政策的な意味からも「君」＝「天皇」とする意図があったものと理解できる。

曲についても、実は作曲者をめぐって大きな問題を抱えている。先に紹介した「国旗及び国歌に関する法律」の「別記第二」に示されている楽譜（一九一頁参照）の作曲者に注目してほしい。「林広守《はやしひろもり》　作曲」となっている。しかし、教育史の専門家の多くは君が代の作曲者は奥好義《おくよしいさ》であるとする。たとえば、教育史学会で理事を務める高橋陽一《たかはしよういち》は、著書『くわしすぎる教育勅語』のなかで「宮内省雅楽課伶人の奥好義の原曲に、海軍軍楽隊の御雇外国人教師であるドイツ人フランツ・エッケルトが洋楽の和声をつけて、一八八〇（明治一三）年の天長節に初演したものが、今日の国家『君が代』の原曲です」〔注4〕と解説している。要は、奥に作曲させ、エッケルト（Franz Eckert、一八五二―一九一六）に編曲させたものを、奥の上司であった林が自分がつくったことにして発表したということらしい。もちろん、林が作曲したという説もあるが、そうした説にしても複雑な記述をするのが常で、単純に林が作曲者であるとするものはあまり見ない。政府の組織であり、「君が代」を最も丁寧に扱うであろう自衛隊にしても、「作曲者は、宮内省楽部伶人の林廣守とされていました。しかし、現在では多くの研究書があり、諸説あることから、ここでは言及をさけておきます」〔注5〕として、言葉を濁すのである。

法律成立時のみならず、現在でも「国旗及び国歌に関する法律」では、林の作曲となっている。音楽の教科書は政府見解と矛盾するわけにもいかないから、当然のことながら、そこにも「林広守　作曲」と記される。学校教育では真実が教えられるべきであるが、微妙なことになっているというわけである。戦前、教育の名のもとに真実が歪められ、悲惨な結果を招いた。『学習指導要領解説特別活動編』に「国旗及び国歌に対して一層正しい認識をもたせ、それらを尊重する態度を育てることは重要なことである」と記されている。作曲者に関しても、「一層正しい認識」をもたせるための丁寧な教育が求められるのではないだろうか。

第二節　日の丸・君が代と教員と学習指導要領

戦前の教育が大きく否定されつつ戦後の教育がスタートした。高知県の池川中学校教諭竹本源治《たけもとげんじ》がつくった有名な詩「戦死せる教え児よ」（一九五二〔昭和二七〕年）が、端的にその様子を示している。

戦死せる教え児よ

竹本源治

逝《ゆ》いて還《かえ》らぬ教え児よ
私の手は血まみれだ！
君を縊《くび》つたその綱の端《はし》を私も持つていた
しかも人の子の師の名において
嗚呼《ああ》！「お互いにだまされていた」の言訳がなんでできよう
慚愧《ざんき》　悔恨《かいこん》　懺悔《ざんげ》を重ねてもそれが何の償《つぐな》いになろう
逝った君はもう還らない
今ぞ私は汚濁の手をすすぎ
涙をはらって君の墓標に誓う
「繰り返さぬぞ絶対に！」

第一回世界教員会議（一九五三〔昭和二八〕年七月、ウィーン）において日本代表団よりこの詩が紹介されると、会場に盛大な拍手が湧き起こったという。またウィーンの放送局がこの詩を放送したときには、その場にいた局員たちは皆ハンカチで顔を覆っていたと伝えられている。現在、高知市の城西公園にこの詩の詩碑が立っている。

戦後の教育は、修身を筆頭教科とする戦前の軍国主義教育への反省から、そこには再び戻らないという強い決意のもとにスタートした。ところが、世界情勢の変化に伴い、再び教育にさまざまな力が加わり、一九五八（昭和三三）年に改訂された小学校・中学校の学習指導要領に「道徳」が登場し、学校行事に「国旗を掲揚し、君が代をせい唱させることが望ましい」と記載されたのは、第4章で見たとおりである（六六頁参照）。

戦後日本の教員、とくに日本教職員組合に属する教員たちは戦前の教育を想起させるものに敏感に反応し、反発した。道徳や日の丸・君が代を学校に入れることに反対し、さまざまなアクションを起こしていく。その後の様子は「文部省VS日教組」という図式で事あるごとにメディアに取り上げられた。校長の指示どおりに国旗を掲揚しない、君が代斉唱時に起立しない、歌わない、といった形で抵抗する教員がいて、処分をめぐっていろいろなことが起こったのである。

文部科学省から公表される懲戒処分等に関する分類項目に「国旗掲揚、国歌斉唱に係る職務命令違反」とある。懲戒処分の種類は「免職」「停職」「減給」「戒告」の四つであるが、その他にこうした正式な処分に入らない「訓告」「厳重注意」等がある。二〇一九（令和元）年度の懲戒処分は戒告が一人、訓告等が二人で処分総計が三人となっている〔注6〕。少ないと思われる人も多いだろう。確かに少ない。より正確には、少なくなったといった方がいいだろう。分類項目に「国旗掲揚、国歌斉唱に係る職務命令違反」という項目があること自体が、この問題がいかに大きな問題であったかということを物語っている。

ちなみに、文部科学省のホームページで筆者が確認できた最も過去のデータは、二〇〇六（平成一八）年のものであるが、この項目での懲戒処分者数（「免職」「停職」「減給」「戒告」のいずれか）は五八人、訓告等を含めた処分総数は九八人であった〔注7〕。かつては、こうした問題はよく見られたのである。何が正しくて何が間違っているかという価値判断は読者に委ねるので、いろいろと勉強して各自で判断してほしい。

文部省は、日の丸・君が代の学校行事での定着を目指して、徐々に学習指導要領での指示を強めていった。この様子を簡単に振り返ってみよう。

一九五八（昭和三三）年改訂版（小学校・中学校）、一九六〇（昭和三五）年改訂版（高等学校）では、儀式などの際に「国旗を掲揚し、君が代をせい唱させることが望ましい」とされた。旗の方は「国旗」、歌の方は「君が代」として出てくるが、これが学習指導要領では初出ということになる。次の改訂の一九六八（昭和四三）年改訂版（小学校）、一九六九（昭和四四）年改訂版（中学校）、一九七〇（昭和四五）年改訂版（高等学校）では、「国旗を掲揚し、『君が代』を斉唱させることが望ましい」となり、君が代に括弧がつき、斉唱の「せい」がひらがなから旧字体の「齊（小学校は『齋』）」に変わった。次の改訂の一九七七（昭和五二）年改訂版（小学校・中学校）、一九七八（昭和五三）年改訂版（高等学校）では、「国旗を掲揚し、国歌を齊唱（中学校は『斉唱』）させることが望ましい」となり、それまで「君が代」とされていたものが「国歌」に変わった。これは、文部省が君が代を、公的に国歌として扱いはじめたことを示している。

一九八九（平成元）年改訂版からは、入学式や卒業式などにおいては、「国旗を掲揚するとともに、国歌を斉唱するよう指導するものとする」とされた。国旗を「掲揚し」ではなく、「掲揚するとともに」となったことは、日の丸掲揚と君が代斉唱のうち、どちらか一方を行えばよいというのではなく、両方行うべきことが強調されたことになる。そして一番のポイントが、「指導するものとする」と文章が締めくくられたことである。これは、努力目標ではなく義務的様相が強まったことを意味する。その他の変更点は、斉唱の「せい」の字が平易な漢字に改められたことである。

第三節　日の丸・君が代と生徒会

運動会、音楽会、文化祭等の行事は、そもそも生徒の主体的な参加なくしては成立しない。生徒会も企画から大いに参加、協力して、盛大に開催したいところである。しかし、入学式や卒業式となると、必ずしも生徒主体とはいえない行事なのかもしれない。とくに日の丸掲揚、君が代斉唱が強調されるようになってからは、式の在り方をめぐって生徒会と学校の管理職が対立するような場面もあった。

一九九八（平成一〇）年の所沢高校事件が有名である。この事件は、校長側と生徒会側が卒業式、入学式をめぐり対立した結果、学校側が設定する卒業式と入学式、生徒会側が主催する卒業を祝う会と入学を祝う会のそれぞれの企画が行われたというものである。いずれにしても、学校行事と生徒会との関係や在り方については議論を深めていく必要がある。この事件については、朝日新聞と読売新聞とで報道スタンスが異なるなど、世論も分かれた。参考までに二社の記事を掲載しておく。

「所沢高校」〔注8〕（朝日新聞　一九九八年四月一〇日付夕刊）

埼玉県立所沢高校の生徒たちは、元気がいい。／日の丸と君が代にこだわる校長主導の入学式に対し、九日、「入学を祝う会」を催した。／冷たい雨の中で、主張を満載したビラを配ったのは序の口だ。質問コーナーの机を設け、「疑問のある方はなんでも聞いてください」と、新入生の父母らを論戦に引き込んだ。／男子生徒の一人はこんなことを話した。「ぼくたちはみんなが日の丸、君が代に反対というわけではない。学校行事の内容を生徒と先生が話し合って決めてきた伝統を大切にしたいだけです。ところが、昨年就任した校長先生は一方的に押しつけようとする。生徒の議論をきちんと受けてくれないのです」。／生徒たちは柔軟でもある。祝う会を入学式にぶつけるようなことはせず、時間をずらした。それでも、新入生の約四〇％が入学式に出なかった。／かたくなだったのは、大人たちのほうだ。／入学式と祝う会の後、校長が強調したのは「入学式は学習指導要領に定められた重要な儀式的行事」ということだ。この日、最終的には全員の入学を認めたものの、入学式を欠席すれば入学させない可能性のあったことを否定しなかった。／同席した県教委の担当者も「学習指導要領にのっとった入学式は当然」と援護した。／そういえば、文相も「校長が適当だと判断した通りにやってもらいたい」と語っていた。／大人の権柄ずくにも、子どもたちはめげる様子はない。質問コーナーの生徒は「自由、自主、自立を校風と言ってきたが、それらがつぶされそうになって初めて、大切さが本当にわかった」と

話している。／校長らは真に教育者なのかもしれぬ。権利は自分の手で勝ち取り、守らねばならないことを教えたのだから。〈敏〉

「所沢高校の入学式騒動　学校行事と生徒会活動は別」〔注9〕（読売新聞　一九九八年四月一二日付朝刊）

「政治的動き」排除を

卒業式と入学式をめぐる埼玉県所沢市の県立所沢高校の混乱は、複雑な問題を投げかけている。（所沢支局　浅野真樹夫）／同校では、卒業式に続いて九日の入学式も分裂開催となり、新入生に困惑を与えた。今回の事態は、「日の丸」掲揚と「君が代」斉唱のある厳粛な式典を行ないたいとした内田達雄校長と、「自由・自治」を主張する生徒の間の対立から生まれた、とされている。しかし、それだけでは説明できない部分もある。／同校の六十二人の教員の約半数は、埼玉県高等学校教職員組合（埼高教）と、日教組系の埼玉高等学校教職員組合に加入している。このことと今回の事態の関係は明確ではない。だが、少なくとも、入学説明会で新入生らに生徒主催の「入学を祝う会」への協力を求めたのは、埼高教に加入する教諭だった。／県教委はこの教諭を戒告処分にした。ところが、その処分の撤回と校長に対する罷免要求に、教員の多数が賛成したという。ここからは、「校長・県教委」対「生徒」だけでなく、「校長・県教委」対「教員」という図式も浮かんでくる。

「話し合い」の伝統

同校の生徒会は九〇年一一月の生徒総会で、生徒の自由・自治をうたった「生徒会権利章典」を制定した。学校当局もこれを承認し、生徒会と職員会議の意見が異なる場合は、双方が話し合う「協議会」という場で合意点を模索するスタイルを培ってきた。前任の校長の中には、入学式などで「日の丸」掲揚、「君が代」斉唱を実施する考えを示す人もいたが、結局、同校独自のこの話し合い方式の中で断念している。／昨年四月、同校に赴任した内田校長は、生徒や教職員との協議や同意がないまま、入学式を校長ら管理職だけで挙行、この伝統にあえてぶつかった。これが生徒やＰＴＡから「話し合おうとしても聞く耳を持たない校長は資質が問われる」との反発を買った。そして、その反発が解消されないまま、この春を迎えてしまった。／話し合いの気風も、この問題では、校内合意の形成に役立たなかったわけだが、校長側の説明不足もさることながら、教員や生徒の側にも、生徒会の活動に関する認識に問題はなかったのだろうか。もとより生徒会の自由、自治を尊重するのは当然のことであり、生徒会の活発な活動は歓迎される。だが、学校行事と生徒会活動とは区別されるべきもののはずだ。／文教大学教育学部教授（教育学）は、「本来、学校が計画し実施する学校行事としての儀式的行事は、生徒会活動の一環としての生徒会主催の会と区別されるべきだ。このことが十分に理解され、指導されていないのでは」と指摘する。／一方、早大教育学部教授（教育経営学）は、「これだけ生徒が意見を言い合えるのは、ある面では健全と見ていい。これから話し合いに、ゆっくり時間をかけるべきだ」と提案している。／対立と反発の中からは何も生まれない。今後、校内に静穏な時間を取り戻すのは、校長、教職員の責務である。外部の政治的な声にとらわれず、同校に根付く話し合いの土壌を、健全な方向に向けて育ててほしい。

筆者は、この騒動の当事者である所沢高等学校の卒業生の発言を直接聞いたことがある。一九九八（平成一〇）年夏の第三七回教育科学研究会全国大会（教師や研究者が集い開催する学習会）に所沢高等学校の卒業生たちが参加し、自分たちの思いを語ったのである。一方の当事者の話だけを聞いて同騒動を安易に判断するわけにはいかないが、そこで発言する卒業生たちは、自分たちの思いをきちんとした言葉で表現していた。司会者の質問に丁寧に答える姿は印象的であった〔注10〕。その話しを聞くだけで、彼らが、社会できちんと生きていく能力を備えた若者たちであることがよくわかった。日の丸掲揚、君が代斉唱を経ずとも、社会で通用する人物はきちんと育つ、とそのときふと思った。なお、所沢高等学校の卒業生たちの言葉を収めた冊子として、ドキュメント所沢高校「学校が楽しい」編集委員会編『学校が楽しい‥ドキュメント所沢高校』（蕗薹書房・星雲社、一九九八年）がある。ここからも、真摯に学校と向き合う彼らの様子が読み取れる。

第四節　教育行政の対応

戦後しばらくの間は、入学式や卒業式での日の丸掲揚、君が代斉唱は必ずしも一般的ではなかった。学習指導要領の一九八九（平成元）年改訂版以降、本章で確認したように、入学式、卒業式は厳粛な雰囲気で行われるべきものとされ、日の丸掲揚、君が代斉唱によって日本人としての自覚をつくることが目指されることになる。抵抗する教員に対しては、徐々に厳しい処置がとられるようになってくる。各地の教育委員会は、校長自身が日の丸掲揚、君が代斉唱を決定するように命じ、校長は従わない教職員に対して職務命令を出すようになる。

「文部事務次官通知」（一九九四〔平成六〕年五月二〇日）では「学校における国旗・国歌の指導は、児童生徒等が自国の国旗・国歌の意義を理解し、それを尊重する心情と態度を育てるとともに、すべての国の国旗・国歌に対して等しく敬意を表する態度を育てるためのものであること。その指導は、児童生徒等が国民として必要とされる基礎的・基本的な内容を身につけるために行うものであり、もとより児童生徒等の思想・良心を制約しようというものではないこと。今後とも国旗・国歌に関する指導の充実を図ること」〔注11〕とされ、教職員は自分の信条がどうであれ、指導要領や上司の決定、命令に従うべきものとされた。その結果、多くの教職員が職務命令違反で懲戒処分を受けることになった。

後に、日の丸掲揚、君が代斉唱の実施率はほぼ一〇〇%になるが、東京都教育委員会などは、式で教職員や子どもたち、出席者が斉唱の際に起立しているか、大きな声で歌っているかを調べるなどの強力な指導を引き続き行い、大量の処分者を出した。その後、この処分を不服とする元教職員らによる訴えにより、人事委員会や裁判所で処分の妥当性が争われた〔注12〕。指導の際、東京都教育委員会が都内校に出した通達は以下のとおりである〔注13〕。

東京都教育委員会「入学式、卒業式等における国旗掲揚及び国歌斉唱の実施について（通達）」

（二〇〇三・一〇・二三）

1　学習指導要領に基づき、入学式、卒業式等を適正に実施すること。

2　入学式、卒業式等の実施に当たっては、別紙「入学式、卒業式等における国旗掲揚及び国歌斉唱に関する実施指針」のとおり行うものとすること。

3　国旗掲揚及び国歌斉唱の実施に当たり、教職員が本通達に基づく校長の職務命令に従わない場合は、服務上の責任を問われることを、教職員に周知すること。

入学式、卒業式等における国旗掲揚及び国歌斉唱に関する実施指針

1　国旗の掲揚について

入学式、卒業式等における国旗の取扱いは、次のとおりとする。

(1)　国旗は、式典会場の舞台壇上正面に掲揚する。

(2)　国旗とともに都旗を併せて掲揚する。この場合、国旗にあっては舞台壇上正面に向かって左、都旗にあっては右に掲揚する。

(3)　屋外における国旗の掲揚については、掲揚塔、校門、玄関等、国旗の掲揚状況が児童・生徒、保護者その他来校者が十分認知できる場所に掲揚する。

(4)　国旗を掲揚する時間は、式典当日の児童・生徒の始業時刻から終業時刻とする。

2　国歌の斉唱について

入学式、卒業式等における国歌の取扱いは、次のとおりとする。

(1)　式次第には、「国歌斉唱」と記載する。

(2)　国歌斉唱に当たっては、式典の司会者が、「国歌斉唱」と発声し、起立を促す。

(3)　式典会場において、教職員は、会場の指定された席で国旗に向かって起立し、国歌を斉唱する。

(4)　国歌斉唱は、ピアノ伴奏等により行う。

3　会場設営等について

入学式、卒業式等における会場設営等は、次のとおりとする。

(1)　卒業式を体育館で実施する場合には、舞台壇上に演台を置き、卒業証書を授与する。

(2)　卒業式をその他の会場で行う場合には、会場の正面に演台を置き、卒業証書を授与する。

(3)　入学式、卒業式等における式典会場は、児童・生徒が正面を向いて着席するように設営する。

(4)　入学式、卒業式等における教職員の服装は、厳粛かつ清新な雰囲気の中で行われる式典にふさわしいものとする。

現在では、入学式や卒業式などの儀式的行事で、開式のことばの直後に国歌斉唱が行われることが一般的である。式の司会者が「只今より、令和○年度、卒業証書授与式を挙行いたします」といった直後に、「国歌斉唱。皆さま、ご起立ください」となるわけである。そして儀式は粛々と進行する。そうしたなかでも、さまざまな思いをもった人たちがいる。わたくしたちは、こうしたことをどう考えるべきであろうか。

注

〔注1〕佐藤秀夫編『日本の教育課題〈第1巻「日の丸」「君が代」と学校〉』東京法令出版、一九九五年、三‐一二頁、九九頁、参照。

〔注2〕御真影については第3章を参照願いたい。

〔注3〕桑原博史監修『万葉集・古今集・新古今集』（新明解古典シリーズ―1）、三省堂、一九九〇年、二三九頁。

〔注4〕高橋陽一『くわしすぎる教育勅語』太郎次郎社エディタス、二〇一九年、一六〇頁。

〔注5〕海上自衛隊東京音楽隊「国歌「君が代」について」https://www.mod.go.jp/msdf/tokyoband/gallery/download/kimigayo.html、二〇二一年八月二五日閲覧。

〔注6〕文部科学省「2-6・その他の服務違反等に係る懲戒処分等の状況一覧（教育職員）（令和元年度）」https://www.mext.go.jp/content/20211220-mxt_syoto01-000011607_00206.pdf、二〇二一年八月二五日閲覧。

〔注7〕文部科学省「平成19年度　教育職員に係る懲戒処分等の状況について」https://www.mext.go.jp/a_menu/

shotou/jinji/1300360.htm、二〇二一年八月二五日閲覧。

〔注8〕「朝日新聞」、一九九八年四月一〇日付夕刊、第一面（窓―論説委員室から）。なお、引用の／は原文の改行を示す。この記事は、朝日新聞社の許諾を得て掲載している。

〔注9〕「読売新聞」、一九九八年四月一二日付朝刊、第一三面（解説と提言）。なお、引用の／は原文の改行を示す。この記事は、読売新聞社の許諾を得て掲載している。

〔注10〕このときの様子は、「〈教科研大会・基調構成劇〉第一場　所高大好き」、教育科学研究会編『教育』一九九九年一月号、No.635、一九九九年、九五―一〇三頁に収められている。

〔注11〕文部事務次官坂元弘直「『児童の権利に関する条約』について（通知）」（平成六年五月二〇日）https://www.mext.go.jp/a_menu/kokusai/jidou/main4_a9.htm、二〇二一年九月三日閲覧。

〔注12〕佐藤修司「国旗・国歌と行事」、汐見稔幸・伊東毅・高田文子・東宏行・増田修治編著『よくわかる教育原理』ミネルヴァ書房、二〇一一年、参照。

〔注13〕同通達は資料として、岩本俊郎・浪本勝年編『資料　特別活動を考える』北樹出版、二〇〇五年、七六―七七頁に収められている。

第13章　クラブ活動と部活動

第一節　教育課程外活動としての部活動

学校教育のなかで最もその位置づけが曖昧なのが「部活動」である。部活動は、「はじめに」で説明した公式があてはまらない例の一つでもある。すなわち、公式に従えば部活動は特別活動に含まれるはずだが、実際はそうではない。部活動は正規の教育課程のどこにも属さない、はっきりいえば、教育課程に存在しない活動なのである。

部活動を行ったのはどの時間帯であったか、思い出してみてほしい。それは、「放課後」である。放課後とは、教育課程から放たれた後、ということである。すなわち、放課後行われている部活動は、法規で定められている正規の教育課程がおわった後、生徒が自発的に行っている活動、少し乱暴ないい方をすれば、生徒が勝手にやっている活動ということになる。このような曖昧な位置づけであるにもかかわらず、生徒たちにとっては、学校生活のなかでかなり大きな部分を占めている。したがって、教育課程外の活動とはいえ期待できる教育効果も大きい。そして同時に、数多くの問題も抱えている。

部活動は、学校で行われている活動なので、学校が安全など、配慮しなければならない。そして、その配慮をしなければならないのは、当然教師ということになる。しかし、教師の職務は基本的には正規の教育課程を取り仕切ることである。教育課程外のことまでしなければならないという法規上のきまりはない。では、顧問を務めたり、指導を行ったりすることが正規の職務以外であるとするならば、教師が行っていることはいったい何であるのか。ここは意見が多少分かれるところだが、はっきりいってしまえば、それは「ボランティア」である。部活動指導に情熱を燃やし、勝利至上主義的発想から休日返上で厳しい指導を行う者から、顧問を割りあてられたため仕方なく試合などに同行している者まで、その温度差はかなりある。しかし、いずれの場合も、教師が自分の休日を部活動指導にあてたとしても、それに対して手当ては基本的につかないし、ついたとしてもごくわずかである。これはまさにボランティア活動であり、とても職務の一環と解することができないような状態にある。

ただし、二〇〇八（平成二〇）年改訂版（中学校）・二〇〇九（平成二一）年改訂版（高等学校）の学習指導要領総則において、部活動に関して「学校教育の一環として、教育課程との関連が図られるよう留意すること」と記された。学校教育の一環なので、部活動は教師の職務とは関係ないともいい切れないわけである。現行の「中学校学習指導要領」(二〇一七(平成二九)年改訂版)の該当箇所を示せば次のとおりである。

第1章　総則

第5　学校運営上の留意事項

1　教育課程の改善と学校評価、教育課程外の活動との連携等

ウ　教育課程外の学校教育活動と教育課程の関連が図られるように留意するものとする。特に、生徒の自主的、自発的な参加により行われる部活動については、スポーツや文化、科学等に親しませ、学習意欲の向上や責任感、連帯感の涵養等、学校教育が目指す資質・能力の育成に資するものであり、学校教育の一環として、教育課程との関連が図られるよう留意すること。その際、学校や地域の実態に応じ、地域の人々の協力、社会教育施設や社会教育関係団体等の各種団体との連携などの運営上の工夫を行い、持続可能な運営体制が整えられるようにするものとする。

この改訂で加えられたのが、おわりの「持続可能な運営体制が整えられるようにするものとする」という部分である。働き方改革が学校にも影響を与えているのだと思われるが、妥当な勤務時間を想定すれば、どうしても教師の時間を大きく奪っているこの部活動を何とかしなければならない。教師の負担を軽減するために、スポーツ競技系の部活動をヨーロッパのサッカークラブのような学校の外の民間のスポーツクラブに移行しようとした試みなどもあるが、結局、達成されなかった。学校の外への完全移行は難し

いとしても、連携を進めつつ部活動の運営体制を見直し、それを安定させることによって教師の勤務状況を改善していこうという思いが、この追加部分に込められている。今後、部活動がどのように運営されていくのか、注目しておく必要がある。

第二節　クラブ活動と部活動の変遷

ここでは、クラブ活動や部活動が、戦後の学校教育においてどのような経過をたどって現在に至っているのか、学習指導要領の記述を追いながら確認してみよう。

部活動と非常に似通った活動としてクラブ活動がある。戦後教育のなかで、まず、登場してくるのはクラブ活動である。一九四七（昭和二二）年に出された最初の学習指導要領で小学校・中学校において自由研究という教科が登場するが、このなかで、学年の区別を止め、同好の者が集い、教師の指導のもと、クラブ活動を行うことが望ましいとされた。

一九五一（昭和二六）年の学習指導要領では高等学校において、週あたり、「クラブ活動一単位時間をとることが望ましい」とされ、時間の目安が示された。一九五八（昭和三三）年改訂版（中学校）、一九六〇（昭和三五）年改訂版（高等学校）では「全校生徒が参加できることは望ましい」「全校生徒が参加することは望ましい」とされたが、高等学校について示されていた先のような時間の目安は示されず、「学校の事情に応じ、適当な時間を設けて」（中学校は読点なし）という表現に変更された。

一九六八（昭和四三）年改訂版（小学校）より、週一時間、四年生以上が全員参加する、いわゆる「必修クラブ」がスタートする。同様に、一九六九（昭和四四）年改訂版（中学校）、一九七〇（昭和四五）年改訂版（高等学校）でも、一つ前の改訂時は「全校生徒が参加できることは望ましい」「全校生徒が参加することは望ましい」とされていたところが、「全生徒が文化的、体育的または生産的な活動を行なうこと」「全生徒がいずれかのクラブに所属するものとすること」とされたことに基づき、「必修クラブ」が設定された。同時に、生徒の自主的・自発的に組織されるクラブは、放課後、すなわち、正規の教育課程の外におかれることになった。これが現在の部活動である。

一九七七（昭和五二）年改訂版（小学校・中学校）、一九七八（昭和五三）年改訂版（高等学校）では、大きな変化は見られない。一九八九（平成元）年改訂版（中学校・高等学校）では、「部活動に参加する生徒については、当該部活動への参加によりクラブ活動を履修した場合と同様の成果があると認められるときは、部活動への参加をもってクラブ活動の一部又は全部の履修に替えることができる」とされた。

一九九八（平成一〇）年改訂版（小学校）では、「学校教育法施行規則」の改正により、それまで特別活動の授業時数年間三五（第一学年については三四）を「学級活動及びクラブ活動に充てる」とされていたものが、「学級活動に充てる」とされたため、クラブ活動の時間数の規定が削除されたことになる。同年改訂版（中学校）、一九九九（平成一一）年改訂版（高等学校）では、「クラブ活動」という表記自体が姿を消した。すなわち、部活動の適切な実施を前提にして、中学校・高等学校ではクラブ活動が全面的に廃止された。これ以降、クラブ活動といえば小学校での活動ということになった。

二〇〇八（平成二〇）年改訂版（小学校）では、クラブ活動の目標と内容が明示された。同年改訂版（中学校）、二〇〇九（平成二一）年改訂版（高等学校）では、総則において、部活動に触れ、教育課程との連関を図るよう求めたことは、第一節で言及したとおりである。現在、クラブ活動が設定されているのは小学校（含特別支援学校小学部等）のみであるが、現行の二〇一七（平成二九）年改訂版（小学校）の総則におけるクラブ活動に関する記述は次のとおりである。

第1章　総則

第2　教育課程の編成

3　教育課程の編成における共通的事項

(2)　授業時数等の取扱い

イ　特別活動の授業のうち、児童会活動、クラブ活動及び学校行事については、それらの内容に応じ、年間、学期ごと、月ごとなどに適切な授業時数を充てるものとする。

いずれにしても、二〇二一（令和三）年現在、中学校・高等学校段階では教育課程上クラブ活動は存在せず、また、活発に行われている部活動にしても正規の位置づけをもっていない。小学校においては、四年生以上がクラブ活動に全員参加することになっており、正規の教育課程内活動として引き続き位置づけられている。

第三節　クラブ活動の目標及び内容

それではここで、現在正規の教育課程として唯一存続している小学校のクラブ活動について、現行の「小学校学習指導要領」で確認してみよう。目標は以下のようになっている。

1　目標

異年齢の児童同士で協力し、共通の興味・関心を追求する集団活動の計画を立てて運営することに自主的、実践的に取り組むことを通して、個性の伸長を図りながら、第1の目標に掲げる資質・能力を育成することを目指す。

「個性の伸張を図りながら」とある。昨今、個性を大切にするといったことが頻繁に聞かれるが、実は小学校学習指導要領において「個性」という表現が出てくるのはほんの数箇所でしかない。総則に二箇所（一つは「文化」にかかるので、児童の個性を意味するものは一箇所）、図画工作で二箇所、家庭で一箇所、道徳科で一箇所、特別活動で二箇所の計八箇所（総則の一つは文化にかかるので児童の個性ということでいうと七箇所）である。しかも、目標のなかに「個性」が入るのはこのクラブ活動のみである。後は内容の取扱いの留意点のなかに出てくるに過ぎない。実技教科である音楽や体育で「個性」が一度も出てこないのは不思議というか日本らしいといえば日本らしいが、とにかく、このクラブ活動は、規律訓練・平準化的な要素の強い日本の学校教育において、個性を育む注目すべき貴重な時間なのである。とはいえ、目標全体のトーンとしては、他者や集団との関係づくりや調整能力を育成することが強調されているのではあるが。

内容についての記載は次のようになっている。

2 内容

1の資質・能力を育成するため、主として第4学年以上の同好の児童をもって組織するクラブにおいて、次の各活動を通して、それぞれの活動の意義及び活動を行う上で必要となることについて理解し、主体的に考えて実践できるよう指導する。

(1) クラブの組織づくりとクラブ活動の計画や運営

児童が活動計画を立て、役割を分担し、協力して運営に当たること。

(2) クラブを楽しむ活動

異なる学年の児童と協力し、創意工夫を生かしながら共通の興味・関心を追求すること。

(3) クラブの成果の発表

活動の成果について、クラブの成員の発意・発想を生かし、協力して全校の児童や地域の人々に発表すること。

(1)～(3)までの項目に短い解説文が加えられたのは今回からである。(2)で異年齢集団のことについて触れられているが、同一学年・同一学級といったように人間関係の狭まった現代の子ども同士の関係において、クラブ活動は、学年・学級を超えた交流が期待できる重要な機会の一つである。いじめや学級崩壊に関する議論のなかでクラスの閉塞性が問題視される場合があるが、このクラスの閉塞性を打破する契機でもある。子どもたちが成長するために重要な機能を果たしていたとされる地域での異年齢集団と近似的な構成にもなる。一九九八(平成一〇)年改訂版「小学校学習指導要領」からクラブ活動の時間数の規定が削除されるなど、同活動は縮小傾向にあるが、こうした長所を意識して活動をしっかりと展開してほしい。

第四節　部活動の事件・事故と諸問題

部活動が教育課程外の活動であったとしても、責任者である顧問もつき、学校教育の一環と見なされることから、活動中に児童生徒が死傷するような事故が生じた場合は責任が問われる場合がある。このとき問われる法的責任は、民事上の責任、刑事上の責任、行政上の責任の三つである。

事故があると、医療費や逸失利益（死亡した場合などに生きていたら得たであろう生涯獲得賃金）の損害賠償や慰謝料請求などといった問題が生じる場合があるが、これが民事上の責任追及である。ただし、こうした損害賠償の責は顧問の教師が負うのではなく、「国家賠償法第一条」（国又は地方公共団体の公権力の行使に当たる公務員が、その職務を行うについて、故意又は過失によって違法に他人に損害を加えたときは、国又は公共団体が、これを賠償する責に任ずる）の規定を受け、学校の設置者、すなわち、公立小学校・中学校であればその学校を設置している市区町村が、公立高等学校であればその学校を設置している都道府県がその責を負うことになる。そうでなければ、同じ学校という公的な機関で生じた事故でも、金持ち教師のもとで起きた事故ならば賠償してもらえるが、お金をもっていない教師のもとで起きた事故では賠償してもらえないというような理不尽な事態が生じてしまう。ただし、地方公共団体が問題を起こした教師に対して損失分の金額を請求することはあり得る。

これとは異なり、刑事上の責任については、その事故について事前に予見して防ぐことができなかったかどうかが、教師個人に問われる。通常適応されるのが刑法第二一一条の業務上過失致死傷罪である。刑法二一一条とは「業務上必要な注意を怠り、よって人を死傷させた者は、五年以下の懲役若しくは禁錮又は百万円以下の罰金に処する。重大な過失により人を死傷させた者も、同様とする」という条文である。

行政上の責任というのは、公務員独自のもので、行政内部の規律保持のための措置である。地方公務員法第二九条一項二号は公務員が「職務上の義務に違反し、又は職務を怠った場合」を懲戒処分の対象としている。学校事故の原因に教師の職務違反や職務怠慢があるときには、その程度に応じて、免職・停職・

減給・戒告のどれかが課されることになる〔注1〕。

さて、それでは、具体的に部活動中にどのような事故や事件が生じ、裁判ではどのような判決が出されているのであろうか。ここでは、公立高等学校の水泳部で起きた事故、公立中学校のバレーボール部員と他の生徒との間で生じた傷害事件、そして大きく社会問題化した公立高等学校のバスケットボール部で起きた顧問の体罰とこれに連動する生徒の自殺事件の三つを紹介しておく。

一つ目の事例は、高等学校の水泳部員が市営プールに練習に出かけ、スタート台から飛び込んだところ水深が浅く、プールの底に頭を強打したという、埼玉県で起こった事故である。この事故が原因で、同生徒は重度の身体障害者になってしまった。事故後、顧問教師の指導監督義務をめぐる裁判に発展し、一九九三（平成五）年四月二三日、浦和地裁により判決が下されている。その判決では「顧問教師は、事故当時、室内プールの水深一・一メートルで満水でなく、学校のプールより浅いことに格別の注意を払わなかった」こと、また日本水泳連盟の「短水路プールの水深は一・二メートル以上」の設置基準も満たしておらず、「高校生がことさら危険な飛び込み方法をしなくても、頭部等をプールの底に打ちつける危険性があったことは否定できない」とし顧問の安全配慮義務違反・過失を認め、県と市に損害賠償を命じている〔注2〕。

二つ目の事例は、沖縄県の公立中学校で発生した事件を紹介する。一九八三（昭和五八）年二月一八日に最高裁判決が出された事例である。体育館の使用をめぐって、トランポリンで遊んでいた生徒とバレーボール部員がけんかになった。その際、バレーボール部員のパンチが相手生徒の左目にあたり、その後同生徒は左目の視力をなくしてしまった。このとき、バレーボール部の顧問教師はその場にいなかった、という事件である。これも先に紹介した水泳部員の事故同様、顧問教師の指導監督義務を問うて裁判が行われたが、その判決では、「課外のクラブ活動が本来生徒の自主性を尊重すべきものであることに鑑みれば、何らかの事故の発生する危険性を具体的に予見することが可能であるような特段の事情のある場合は格別、そうでない限り、顧問の教諭としては、個々の活動に常時立ち会い、監視指導すべき義務までを負うものでないと解するのが相当である」とされた〔注3〕。

部活動をはじめとする放課後の活動において、事故が起こるケースは少なくない。事故にはならないまでも、教育課程外であり、教師の監督が手薄になることからさまざまな問題が生じている。たとえば、いじめに関していうと、教室でのクラスメート間のいじめが目立つが、実は部活動でのいじめも決して少なくない。この傾向は高等学校に顕著に表れている〔注4〕。

また、部活動での問題は生徒間だけに生じるわけではない。教師と生徒の間でも、しばしば問題は発生する。その背景として、部活動が教育課程外の活動であることから、運動部にしても文化部にしても統一した指導に関する基準がなく、結果として顧問の教師の独壇場となり自分流の指導を行いがちな点が指摘できる。顧問の指示による、土日返上での練習や過剰なしごきなどが問題になることもよくある。教師自身が、部活動にかかわる問題の火種となることも少なくないのである。先に述べたように、部活動の顧問は基本的にはボランティアである。自ら率先して顧問を引き受け、それに見合った手当など出ないにもかかわらず熱心な指導を行っている。その教師に、たとえ校長や教頭といった管理職といえども、やたらに助言・介入はできない雰囲気がある。最後に紹介するのは、こうしたなかで生じた悲劇であり、この節の冒頭で触れた民事上の責任、刑事上の責任、行政上の責任の三つを確認できる事件である。

三つ目の事例は、二〇一二（平成二四）年一二月、大阪市立高等学校二年生のバスケットボール部主将の男子部員が、顧問教師の体罰に耐えかねて自宅で自殺したという事件である。顧問による長期にわたる体罰や罵倒が繰り返されており、自殺の前日にも当該男子部員の顔面や頭部を数十回程度殴打していたところが確認されている。顧問は暴行と傷害の罪で起訴された。大阪地裁において、生徒の自殺に至った責任を顧問は自ら認めたが、予見可能性については否定した。懲役一年、執行猶予三年の有罪判決を言い渡され、公判は即日結審した（刑事上の責任）。なお、民事では、東京地裁において、顧問の体罰と生徒の自殺の因果関係が認められるとし、大阪市に計約七五〇〇万円の賠償を命じる判決が下された（民事上の責任）。そして、顧問は大阪市教育委員会から懲戒免職処分を受けたのである（行政上の責任）〔注5〕。

この事件はメディアを通して大きな社会問題になった。判決よりも、大阪市により組織された五名の弁護士からなる外部監察チームが明らかにした、当該校の体罰の実態に注目が集まった。当該顧問は体罰を指導の一環と認識しており、そこで展開される体罰に異を唱える生徒や保護者はいなかったということである。さらに、事件が発覚してからも、顧問を擁護する生徒や保護者は少なくなかった。

また、体罰に関するアンケート調査結果も公表されているが、回答した生徒七九〇名のうち七・七％が体罰を自ら受けており、二一・四％が見聞きしている〔注6〕。まるで学校教育法第一一条の体罰禁止規定などないかのような状態であったといえる。多くの者は以前に比べれば体罰を見聞きしなくなったと感じていたと思うが、極めて深刻な状態が残存していることを思い知らされた事件である。大臣政務官をすぐさま派遣するなど文部科学省の動きも早く、この事件により体罰撲滅に向けての機運が一気に高まった。

部活動の事件・事故の紹介は以上であるが、部活動はこうしたこと以外にもさまざまな問題を抱えている。たとえば、部活動はジェンダー問題としても議論の対象になる場合がある。二〇〇〇（平成一二）年度から二〇〇五（平成一七）年度にかけて行われた教育社会学者の西島央《にしじまひろし》らの調査によれば、中学校・高等学校を通じて、部活動加入者のうち、男子は全体の八割から九割が運動部に入っているのに対し、女子は運動部員の割合が中学校で約六割、高等学校では四割弱となっている。さらにこの調査では、生徒間の意識として、男子が運動部に入ることをより高く評価しているのは女子であり、男子が文化部に入ることは男子、女子どちらからも評価されにくい、という結果になっている。茶道部、華道部、料理部などは、ほとんどが女子部員で構成されるなど、部活動は「男らしさ」「女らしさ」を少なからず反映する場であるといえる〔注7〕。教科編成上では一九八九（平成元）年改訂の学習指導要領において、小学校から高等学校まで、家庭科が男女必修教科として位置づけられるなど改善されてきたが〔注8〕、教育課程外の部活動などでは、改善があまり見られないまま現在に至っている。

また、次のような現象も起こっている。一九九〇年代後半に新学力観（関心・意欲・態度を第一基準に据えた学力観）が導入されたあたりから、部活動での活躍が重要な内申点になるのではないかと少なくとも生徒や保護者から思われるようになった。大学入試なども多様化し、ＡＯ入試などの面接重視の選抜方法では、実際に部活動での活躍がポイントとなることもある。学校もこうしたことに対応するため、部活動に部長やキャプテンなどの複数の役職をおき、さらに学期ごとに交代させ役職経験者を不自然に増やすといったことも見られた。そして、その役職就任を期待し、生徒同士の関係・生徒と教師の関係・保護者と教師の関係などがぎくしゃくするということが起こる。評価と連動して部活動が打算的に利用されていると思われるようなことが多くなった結果である。同好の生徒が集まり、楽しんだり切磋琢磨したりするといったかつての姿から部活動が離れていくような現象も起きたのである。

小学校のクラブ活動では楽しむということが全面的に表れており、見ていてほほえましい。ところが中学校・高等学校の部活動となるとだいぶ様変わりする。教育課程上の違いや発達段階上の違いもあるが、厳しさや拘束時間の長さが桁違いである。昔は部活動は非行対策だ（生徒を放課後学校に拘束し社会で非行をする時間をつくらせない）などといわれたが、その名残が今でもあるかのようである。よいこともわるいことも山ほど詰まっているのが部活動である〔注9〕。教師を目指す者は、部活動のこともしっかりと考えてほしい。

甲子園で活躍する野球部の生徒たちや、アメリカのローズパレードに出場して喝采を浴びる吹奏楽部の生徒たちのように頂点を目指し、厳しい練習に耐え全力を尽くすことを率先して望む者がいる。また一方で、気軽にスポーツや文化活動を楽しみたいと考える者もいる。こうしたさまざまなスタンスが共存できるような部活動の在り方を、もっと積極的に考えてもよいのではないだろうか。大学では、同じ種目でも体育会があり同好会がある。中学校や高等学校ではこうした多様な在り方が認められないのであろうか。

教師も同じである。部活動が生きがいの教師もいる。また、少なくとも日曜日や休日は勘弁してほしいと考える教師もいる。さらには、部活動にはかかわりたくないと考える教師もいる（本音ではかなり存在するのではないだろうか）。さまざまな教師のスタンスが認められ共存できるような職場に変わっていってほしい。文部科学省は「学校の働き方改革を踏まえた部活動改革」〔注10〕なるものを進めている。具体的には、休日の部活動の段階的な地域移行などが提唱されている。こうしたなかで教師の希望が叶えられる状況をぜひつくり出してほしい。過去にもこうした議論はあったが、うやむやにされてしまった。果たして今回はどうであろうか。

「ブラック部活」という言葉がある。顧問教師や先輩による体罰や暴言やしごき、そして長時間拘束が当たり前の恐ろしい部活動のことである。単に厳しい部活動とは異なる。「ブラック部活」のような問題が解消し、生徒そして教師も、それぞれの希望するスタンスで切磋琢磨したり、楽しんだりして、喜びを分かち合えるような部活動が広がっていってほしい。

注

〔注1〕第四節のここまでの記述は、菱村幸彦『新訂第2版　やさしい教育法規の読み方』教育開発研究所、二〇〇四年、二八二–二八七頁、参照。

〔注2〕氏家茂雄『親と教師のための子どものトラブル法律知識』海苑社、一九九三年、七〇-七一頁、参照。
〔注3〕同、六八-六九頁、参照。
〔注4〕伊東毅「高校のいじめ問題について考える」、全国高校生活指導研究協議会編『高校生活指導』第一七六号（春季号）、青木書店、二〇〇八年三月一〇日、一〇六-一一三頁、参照。
〔注5〕判例タイムズ編集委員会編『判例タイムズ』No.1432、判例タイムズ社、二〇一七年三月、二〇四-二四六頁、参照。
〔注6〕大阪市「外部監察チームより桜宮高等学校の事案にかかる報告書を受領しました」（二〇一四年一月一六日）https://www.city.osaka.lg.jp/kyoiku/page/0000217951.html、二〇二一年九月一三日閲覧、参照。
〔注7〕西島央編著『部活動―その現状とこれからのあり方』学事出版、二〇〇六年、九九-一一三頁、参照。
〔注8〕それまでは体育や技術家庭などにおいて、男女を区別したカリキュラムが学習指導要領で堂々と示されていた。これが、一九八九（平成元）年改訂版で男女の区別がなくなった。実態はともかく、表面上は大きく改善された。
〔注9〕部活動にまつわる苦悩や葛藤を具体的に表したものとして、教育科学研究会編『教育』No.856（かもがわ出版、二〇一七年五月）の特集「部活動の深い悩み」がある。ここには生徒・教師・保護者のそれぞれの部活動にまつわる苦悩・葛藤が描かれている。一読願いたい。
〔注10〕文部科学省「学校の働き方改革を踏まえた部活動改革について」https://www.mext.go.jp/sports/content/20200902-spt_sseisaku01-000009706_3.pdf、二〇二一年九月一三日閲覧。

第14章　諸外国の教科外活動

外国の教科外活動はどのような様相を呈しているのであろうか。ここではヨーロッパ諸国の状況、とくにフランス、ドイツ、イギリスの様子を概観してみたい。

これまでは、ヨーロッパ諸国の学校教育は教科教育が中心で、日本の特別活動に相当する教科外活動はあまり見られないといわれてきた。確かに、日本と同程度までは行われていないであろうが、実際にはどのようなことが試みられているのであろうか。包括的な研究書としては武藤《むとう》孝典《たかすけ》・新井《あらい》浅浩《あさひろ》編著『ヨーロッパの学校における市民的社会性教育の発展―フランス・ドイツ・イギリス―』（東信堂、二〇〇七年）があり、本章は大きくこの武藤・新井らの研究によるが、その他の情報なども加味しながら諸外国の様子を見ていきたい。

第一節　フランス

①学級活動に類する活動

法的拘束力はないといわれているが、フランスにも教育課程の国家基準を定める学習指導要領(Programmes scolaires)がある。二〇〇二年の改訂で、日本の学級活動に相当する活動が導入された。小学校低学年(一年生・二年生)では「共に生きる」という名称の活動が週〇・五時間、高学年(三年生・四年生・五年生、フランスの小学校は五年生まで)では「共同生活―定期的討論」という名称の活動が週〇・五時間、中学校では「学級生活の時間」という名称の活動が年間一〇時間行われることになった。ただし、冒頭で触れたように、これらの基準には基本的に法的拘束力がないため、この基準どおり行われていない学校も少なからずある。

フランスの学習指導要領が定める小学校低学年の「共に生きる」の到達目標は、「責任を感じはじめること」「学級の生活に関する議論に加われること」「大人を尊重し、大人がさまざまな役割を通常に果たすなかで従うこと」をできるようにすることと、「特に生活のなかの規則のなかでのいくつかの例からはじめることによって、各人の自由を保障する、みんなが受容する規則」「個人の、集団の衛生のためのいくつかの規則とその説明」「道路の安全のための簡単ないくつかの規則」「危険な状態におけるいくつかの規則（自分を守る、声をあげたりそれに次ぐ行動によって人を助ける）」「国、共和国の主な象徴」を理解し記憶すること、となっている。こうした目標のもとで話し合いが行われている。

フランスの学習指導要領が定める小学校高学年の「共同生活―定期的討論」の到達目標は、「学級、学校生活の規則を共同してつくり上げるのに参加すること」「生活の規則を尊重しながら学級、学校生活に積極的に参加すること」「学校生活における問題について考える議論に参加すること。他人のいうことを尊重し、問題の解決を協同で探索しながら」「同級生を尊重し、差異を受け入れること」「学校の日常生活において暴力の行使をすべて拒否すること」をできるようにすることと、「集団生活の拘束のなかで許される個人の自由とは何か、譲ることのできない普遍的価値とは何か（人及び市民の権利宣言を根拠として）」「われわれの社会において民主主義の理想の役割」「共和国とは何か」「国家に属する、ヨーロッパの連帯、世界の理解とは何を意味するか」「環境に対してわれわれがもっている責任」「市町村における議員の役割」を理解し記憶すること、となっている。こうした目標のもとで討論が行われている。

二〇〇二年から翌年にかけてディジョン大学区で行われた調査によると、中学校の「学級生活の時間」の実際の目的は、「クラスの問題の解決・葛藤の管理」「学級評議会の準備と反省」「進路指導（オリエンテーション）」「生徒の統合と適応」「クラス集団のコントロール」「さまざまな情報の伝達」などであるという回答が学区内の学校から得られている。なお、この活動の担当者は学級担任である場合が多いものの、生徒指導主任専門員、進路指導心理専門員、管理職などが担当する場合も少なからずある〔注1〕。

②児童会・生徒会に類する活動

武藤らによる実地調査では、「児童協議会」「生徒代表協議会」といった名称の日本の児童会に相当する活動が確認されている。すべてではないが、多くの小学校ではこうした活動を実施している。クラス代表を選挙で選出し、クラス代表は生徒代表協議会に出席する。生徒代表協議会では担当教師の司会のもと、あらかじめクラスで話し合われて出された質問・問題・要望を提示し、話し合ったり、教師に答えてもらったりしているという。

中学校の場合も、生徒代表協議会は普及しているが、これをおかない学校もあり、一様ではない。学校によって異なるが、一般的に週一回の会合がもたれている。生徒代表協議会からさらに選出された生徒は、校長、教頭、教師、職員代表、保護者代表、自治体責任者からなる学校管理評議会に出席し、学校規則や学校計画について話し合う〔注2〕。

フランスの高校生がかかわるいくつかのレベルでの代表制度に関しては大津尚志《おおつたかし》の報告が参考になる。学級代表の二名が代表者会議に参加する。この代表者会議のなかから選出された五名が生徒代表として学校管理委員会に参加し、生徒の要求をもって校長らと協議する。また、この代表者会議のなかから二名の代表が選出され、大学区単位の教育に関する会議である大学区委員会に参加し、教育予算などについて意見し、協議する。さらにその大学区委員会で選ばれた高校生代表三名が国の中央教育審議会に参加し、大臣の司会のもと国の教育計画について議論する〔注3〕。生徒代表の高校生はそれぞれの会議で大人と同様の扱いを受け、自分の属する学校を超えて、地域や国の教育政策に関与していく。このあたりがフランスの大きな特徴である。

③学校行事に類する活動

儀式的行事は、ほとんど行われていない。小学校においても、中学校においても、儀式的な入学式や卒業式は行われず、多くは新入生の保護者に対する説明会が行われる程度である。

儀式的な行事が行われないことについて、武藤らのインタビューに対してボードリクール小学校の校長は次のように答えている。「フランスでは全校生徒の前で校長が一人だけ演説をすることは文化的に行われない。全員の前で一人だけ演説することは、独裁者を想わせるため好まれない。このようなことをしたら教員や保護者から批判が出るだろう」。

学芸的行事についても、教育課程のなかで学芸会などが行われることは基本的にはなく、例外的な催しとして時折ダンス大会が開かれたり、劇が演じられたりする程度である。

健康安全・体育的行事についても、運動会やスポーツ大会に類する活動は行われていない。ただし、行事ではないが、健康や安全に関する学習は、公民などの授業のなかで行われている。

遠足・集団宿泊的行事についてであるが、これについてはかなり活発に行われているようである。遠足の特徴は、単にレクリエーションとして行われるのではなく、社会や理科などの教科の学習と絡めて行われることが多いようである。費用は、国民教育省、パリの学校であればパリ市、保護者などからの寄付、以上の三者の予算により賄われる。

修学旅行は、年間授業予定のうち一五日間が旅行期間として確保されている。費用については、パリ市の学校の場合は市が三分の二を負担し、残りの三分の一を保護者が負担することになっている。個人の意向を重視するフランスにおいては、遠足や修学旅行などの学校の外に出る活動は選択制かと思いきや、全員参加で行われるという〔注4〕。

④クラブ活動に類する活動

中学校では「社会的活動のホワイエ（家）」と称する文科系クラブ活動が行われている。具体的には、チェス、芸術、コーラス、ビデオ創作、ビデオ鑑賞、読書、議論、理科実験、新聞、手芸、ダンス、写真、寄せ木細工、刺繍、演劇などのクラブがメニューとして提供されている。スポーツ系のクラブは学校が主体となって運営するというよりも、「地域教育契約」型として、「小学校スポーツ連合」「学校スポーツ国民連合」などの社会教育組織が中心になって展開している〔注5〕。

第二節　ドイツ

①学級活動に類する活動

ドイツの学校における学級活動に相当する活動として「朝の輪」と「学級会」がある。朝の輪は、いわば、朝のショートホームルームといった活動である。学級担任にはこの活動を行う義務がないため、学校、学級によって実施頻度が異なる。毎日行うところよりも月曜日の朝とか特定の曜日の朝に行うところの方が多いようである。椅子で大きな一つの輪をつくり、お互いの顔を見ることができるように皆が内側を向いて座った状態で行われる。週末の出来事や家族のことを児童生徒に話してもらうなどして、友だちに対する理解や感受性を深めたりしているという。教師が一日を気持ちよくスタートさせるのにふさわしい話をすることもある。日本の小学校四年生までにあたる基礎学校では実施率が高く、ほとんどの学校で実施されているようであるが、小学校五年生から中学校に相当する学校段階では基礎学校と比べて実施率が大幅に下がり、五年生・六年生相当では半分、中学校相当では四分の一程度になる〔注6〕。

朝の輪については、松岡敬興《まつおかよしき》が、ヘッセン州カッセル市にあるシューレ・ヴォルマルシャウゼンという小学校の具体的な様子を紹介している。一回の朝の輪は三〇分以内で行われ、七人程度の児童が話をするという。教師は適宜相槌を打ったり、簡単な質問をするなどして児童が話を展開しやすいようにフォローしていく。松岡が見学したときには、次のような内容の話が各児童からなされたということである。

・自分がつくった作品を見せる。
・スケボーをしていて転んでできた傷を見せる。
・祖母からもらった本を見せる。
・暗いところで光るものと光らないものをたくさん持ってきた。比べて見せてまわる。

・曾おばあさんが転んで老人ホームに入った。
・映画館で見たパンフをプレゼントにもらった。
・○○さんの足を踏んでしまったごめんなさい。これから仲良くします。
・金曜日に親戚が訪ねてきます。〔注7〕

学級会は、基礎学校段階では実施率が低く、行っている学校の方が例外的である。行っている学校では、児童が興味をもっているものを発表させて意見交換をしたり、クラスで起きた問題について話し合ったり、学校行事に向けてクラスの企画の準備をしたり、学級代表の選挙を行ったりしている。実施しているところでも、実施時間については決まっておらず、必要に応じて開催されるという。

小学校五年生から中学校に相当する学校段階では実施率が多少上がるが、一般的というほどでもないようである。学校生活の改善のための意見交換、クラスで起きた問題についての話し合い、学校行事などの諸活動の企画や準備、生徒会でのクラス代表の発言内容の検討、クラスの諸取り組みへの評価、勉強の仕方、映画鑑賞などのクラスの企画などが学級会で行われる内容である。基礎学校段階と同様、小学校五年生から中学校に相当する学校段階でも、時間は決まっておらず、必要に応じて開催されるということである〔注8〕。

②児童会・生徒会に類する活動

基礎学校段階では児童会活動が行われている学校は少数であるが、行われる場合は、クラス代表がクラスの意見を報告し話し合うといった形で実施されている。

小学校五年生から中学校に相当する学校段階では、生徒会活動が広く行われている。クラス代表で構成される生徒協議会では、クラスのなかから出てきた学校に対する疑問や意見を交換し、話し合う。これを生徒協議会の代表が校長、教師代表、保護者代表、そして生徒代表で構成される学校会議に生徒代表として出席し、生徒の意見を提示し、話し合う〔注9〕。

③学校行事に類する活動

フランスとは多少様子が異なり、入学式や卒業式に類する会をもつことがドイツではある程度あるようである。州によって教育行政が異なり、義務化しているところもあれば、そうでないところもある。日本のように儀式的なものではないようだが、とくに卒業式を行うところが多いようである。しかし、こうしたことを全く行わない学校も少なからずあるようで、行事に対する取り組みはやはり日本とは大きく異なる。

ドイツでは、学校祭がある程度の学校で学校行事として開催される。数学オリンピックのような学習に関するコンテスト、演劇や人形劇、展覧会などが行われる。

修学旅行は「生徒旅行」「学校旅行」といった名称で広く行われている。たとえば、ベルリン州では、短距離旅行、林間学校、国内旅行、外国への旅行といいように、いくつか種類があり、それぞれ参加学年と標準旅行日数が定められている。短距離旅行は小学校三年生相当以上で最低三日、林間学校は、ベルリン近辺の施設で行う場合は修学前の予備学年から可能である。また、その他の国内の施設については、小学校三年生相当以上では最低七日間で通常は一四日間、国内旅行は小学校六年生相当以上が可能で七日以上一四日未満、外国への旅行は中学二年生相当以上（第八学年）が可能で二週間から四週間となっている〔注10〕。

④クラブ活動に類する活動

基礎学校で行われているクラブ活動は、スポーツ、音楽、演劇、ダンス、工芸、園芸、ゲーム、料理、自然と地域、学習などである。スポーツ関連であれば地域のスポーツクラブと、芸術関連であれば芸術家との協力のもとで行われることもある。

小学校五年生・六年生相当の段階では、それぞれの分野の種類が変化し、たとえば、スポーツでは球技と陸上が中心になってくる。音楽であればオーケストラやジャズバンド、ダンスであればディスコ、また、コンピュータなどが出てくる。

中学校相当の段階では、争いの調停、葛藤の克服と予防、健康的な生活など、社会性の高いテーマの学習を目的とするクラブなども登場する〔注11〕。

第三節　イギリス

①学級活動に類する活動

イギリスの中等学校（日本の小学校六年生から高等学校一年生に相当）における学級活動に相当する活動として「チュートリアル時間（担任の時間）」がある。毎週一時間、決められた時間にガイダンス活動を行うことが基本となる。具体的には、学習のコースや教科を選択する際のアドバイス、宿題の点検、クラスのことや生徒会の議題についての話し合いなどが行われており〔注12〕、そこでは、仲間同士の協力や関係づくりが目指されている。二〇〇二年に市民性教育を行うことが義務化されたが、この市民性教育の実践の場としてもチュートリアル時間が活用されている。民主的な人格の形成を目指した実践が行われている〔注13〕。

②児童会・生徒会に類する活動

生徒会に相当する活動としては、初等学校及び中等学校に生徒協議会と呼ばれる生徒代表による会議がある。生徒代表はクラスから選出されて生徒協議会に臨む。生徒協議会は執行上の権限はもたないが、校長はその提案に注意深く配慮することになっている。したがって、生徒協議会は間接的ではあるが、学校運営に参加する重要な機会と見なすこともできる。ただし、生徒協議会の活動にかかわっている生徒の割合は一割程度であるという〔注14〕。

スコットランドの私立中等学校ジョージ・ワトソン校では、最高学年の生徒が「ユナイテッド（United）」というユニオン組織をつくり、全生徒を対象としてさまざまな相談に応じ、学校生活の充実と向上を図る活動をしている。また、私立の名門中等学校では寄宿制をとるところも多く、ハウス・キャプテン（指導する教師はハウス・マスターと呼ばれる）と呼ばれる生徒代表や副キャプテンが異年齢集団による交流や生徒の諸活動についての連絡調整を行っており、本格的な自治活動が展開されている〔注15〕。

③学校行事に類する活動

イギリスの学校では「卒業」という言葉は大学にのみ用いることから、中等学校に進学していく初等学校の六年生（年齢的には日本の小学校五年生に相当する学年）などは、「卒業生」ではなく「去る者（leavers）」と呼ばれる。この去る者を送る会として、和やかなイベントが開催される場合が多い。このイベントは、開催される終業時期が初夏のさわやかな季節であることから、学校によっては「サマー・ショー」などと呼ばれている。日本の卒業式のような厳格な儀式というよりは、子どもたちによる音楽の演奏や演劇の披露など、学習成果の発表会ないしは学芸会のような様相を呈するときもある。地域格差や学校差が日本に比べれば顕著で、こうした催しの在り方は地域や学校により大きく異なるということである。修学旅行も一般的に行われており、文化交流としてフランスやドイツを訪問する例もある。この他にも、スポーツ大会、コンサート、劇の上演なども見られるという〔注16〕。

二〇一一年に行われた林尚示《はやしまさみ》らの視察では中等学校で週一回の朝礼が確認されている。ジョージ・ワトソン校の朝礼の様子が林によって報告されているが、全校生徒を講堂に集め、校長が壇上でパワーポイントを活用して多文化理解の講話をしている〔注17〕。

④クラブ活動に類する活動

イギリスのクラブ活動については、美術、陸上、バドミントン、音楽バンド、バスケットボール、コーラス、チェス、工芸、クリケット、ダンス、演劇、サッカー、体操、ホッケー、ネットボール、ラグビー、テニス、トランポリン、バレーボール、ヤングエンジニア、健康フィットネスといったように、その種類については報告されているが、学校の管理下で行われているのか、あるいは地域や社会教育団体で行われているのか、それとも学校とそうした組織がどのような連携をとっているのかということについては、武藤らの報告からは情報を得ることができなかった〔注18〕。なお、イートン校のような私立の伝統校ではラグビーなどのスポーツが放課後活発に行われているようである〔注19〕。

第四節　諸外国と日本との差異

これまでヨーロッパ諸国の様子を概観してきたが、これを踏まえて、日本の状況を考えてみよう。まずは、二〇一八年に実施されたＯＥＣＤの国際教員指導環境調査（TALIS：Teaching and Learning International Survey）の結果を示す図表14－1を見てほしい。日本の小・中学校教員の一週間あたりの仕事時間は調査国のなかで最長となっている。しかしそれは、授業時数が多いからではない。日本の教師の授業時数は、中学校の場合などは国際平均よりも低い。要は教科の授業以外にも日本の教師は相当の労力を費やしているということである。

ヨーロッパ諸国でも、教科外教育にある程度の時間を割きはじめていることを見てきたが、教科の授業を受けもつ教師はこれに対してかなり自重気味であることを理解しなければ

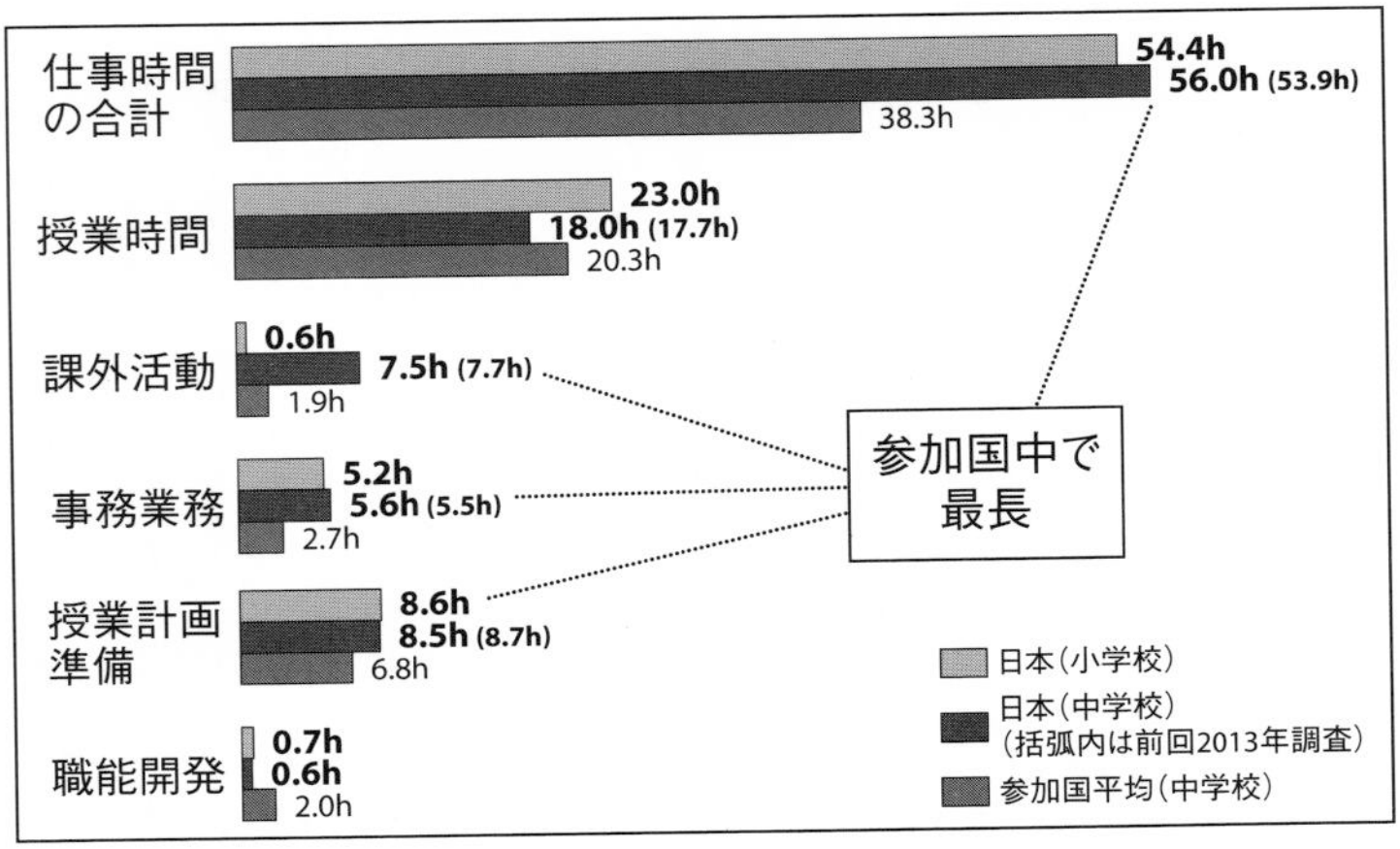

図表 14-1　教員の一週間あたりの仕事時間（2018年調査）〔注20〕

ならない。たとえば、フランスの中学校には生徒指導主任専門員というスタッフがいて先に触れた「学級生活の時間」を担当している。担任教師もこれに加わるようにはなってきたが、「もともと公的に定められた教員の役割は、教授活動に限定されたものであることから、このことは、問題をはらんでおり、その結果、これに取り組む教師とそうでない教師が存在することになった」〔注21〕という。ドイツにおいても学級担任は先に触れたとおり「朝の輪」を実践する義務はなく、「なかには教師の職務を超えるものとして実施しない学級担任もいる」〔注22〕という。また、学級会にしても、「それほど高い頻度で行われているわけではない」〔注23〕ということである。こうして見ると、日本の教師は教科を教えること以外に、すなわち、特別活動や部活や事務仕事にかなりの労力を割いているといえる。日本の教師には包括的な能力が期待されているが、過重負担も相当なものである。特別活動や部活動は教育上期待されるところも大きいと思われるが、結局改善されてこなかった教師の抱えすぎを本気で解決しなければならない時期にきている。諸外国における学校スタッフの役割分担を参考にしてもよいのではないだろうか。

児童生徒の活動自体についてであるが、とくにここで取り上げた国々の児童生徒協議会が学校運営に大きくかかわっていることは日本との違いとして指摘できる。児童生徒代表は、校長や教師、そして保護者代表と学校で展開される教育活動について交渉や協議をしている。フランスの高等学校などでは生徒協議会が地域のいわば生徒協議会連合に代表を送り込み、さらにはそこで選抜された生徒は大臣が司会を務める国の教育政策会議にメンバーとして参加するなど、政治的レベルでの関与も見られる。各国の児童生徒協議会も教師の指導のもとに一連の活動が展開されているのであろうが、最終的に児童生徒の関与が許される範囲が日本と異なることには注目しておかねばならない。

日本の特別活動や部活動に相当するものがどれだけ各国で統一的に展開されているかということに関しては、見てきたようにかなりのばらつきがあるといわざるを得ない。各国の様子が日本に紹介されるときは、どうしても優れた実践があたかもその国で一般的であるかのように伝えられてしまう。本章で紹介してきたことが各国の学校の一般的な様子を描いているかどうかは、さらなる総合的な調査研究や情報収集の結果を待って判断すべきであろう。ところで、諸外国から見たならば、逆に日本の教育実践が優れて見えるようである。朝日新聞デジタルに「授業以外の『特活』に海外関心 考える力、視察相次ぐ」という記事が掲載されたことがある〔注24〕。掃除や給食、当番活動や学校行事といった教科の授業以外の活動である特別活動が海外から注目され、日本への教育視察が年々増加傾向にあるそうだ。日本の子どもたちが身につけている規律への意識や社会性の高さの秘密が特別活動にあるのではないか、というわけである。わたくしたちも日本の特別活動のよさを確認し、これを発展させていかなくてはならない。

注

〔注1〕武藤孝典・新井浅浩編著『ヨーロッパの学校における市民的社会性教育の発展—フランス・ドイツ・イギリス—』東信堂、二〇〇七年、三七-一五九頁、参照。

〔注2〕同、三七一五九頁、参照。

〔注3〕大津尚志「フランスにおける生徒・父母参加の制度と実態—市民性教育にも焦点をあてて—」、武庫川女子大学大学院文学研究科教育学専攻『教育学研究論集』編集委員会編『教育学研究論集』7、武庫川女子大学大学院文学研究科教育学専攻『教育学研究論集』編集委員会、二〇一二年、二一一二六頁、参照。

〔注4〕武藤・新井編著前掲書、三七一五九頁、参照。

〔注5〕同、三七一五九頁、参照。

〔注6〕同、一六一一二六一頁、参照。

〔注7〕松岡敬興「特別活動における望ましい『学級会活動』のあり方に関する研究—ドイツヘッセン州における『Klassenrat（学級会）』の取組に学ぶ」、桃山学院大学総合研究所編『桃山学院大学総合研究所紀要』39(3)、桃山学院大学総合研究所、二〇一四年、一三五頁。

〔注8〕武藤・新井編著前掲書、一六一一二六一頁、参照。

〔注9〕同、一六一一二六一頁、参照。

〔注10〕同、一六一一二六一頁、参照。

〔注11〕同、一六一一二六一頁、参照。

〔注12〕高山武志「教育と福祉：イギリスのパストラル・ケアについて」、北海道大学大学院教育学研究院教育福祉論研究グループ編『教育福祉研究』1号、北海道大学大学院教育学研究院教育福祉論研究グループ、一九九一年、五一一五五頁、参照。

〔注13〕武藤・新井編著前掲書、二六三‐三三八頁、参照。

〔注14〕同、二六三‐三三八頁、参照。

〔注15〕林尚示「イギリスにおける生徒指導と特別活動」、東京学芸大学紀要出版委員会編『東京学芸大学紀要・総合教育科学系』64（1）、東京学芸大学、二〇一三年、三頁、参照。

〔注16〕武藤・新井編著前掲書、二六三‐三三八頁、参照。

〔注17〕林前掲論文、三頁、参照。

〔注18〕武藤・新井編著前掲書、二六三‐三三八頁、参照。

〔注19〕林前掲論文、四‐五頁、参照。

〔注20〕文部科学省・国立教育政策研究所「ＯＥＣＤ国際教員指導環境調査（ＴＡＬＩＳ）２０１８報告書 vol・２のポイント」（令和2年3月23日）https://www.nier.go.jp/kokusai/talis/pdf/tails2018-vol2.pdf、二〇二一年九月一七日閲覧。

〔注21〕武藤・新井編著前掲書、七一頁。

〔注22〕同、二四三頁。

〔注23〕同、二四四頁。

〔注24〕朝日新聞デジタル、二〇一五年一〇月二五日。なお、元の朝日新聞デジタルの記事はすでに削除されているため、筆者は同記事が japonologie.com に転載されていたもの（https://www.japonologie.com/news-jp/social-jp/%E6%8E%88%E6%A5%AD%E4%BB%A5%E5%A4%96%E3%81%AE%E3%80%8C%E7%89%B9%E6%B4%BB%E

3%80%8D%E3%81%AB%E6%B5%B7%E5%A4%96%E9%96%A2%E5%BF%83%E3%80%80%E8%80%83%E3%81%88%E3%82%8B%E5%8A%9B%E3%80%81%E8%A6%96%E5%AF%9F/）を閲覧（二〇一一年九月一七日）した。

第15章　特別活動の現状と課題

まず、文部科学省が考える特別活動の課題を取り上げ検討する。その後、筆者が現状を見ていて感じる課題を記して最終章を閉じたい。

第一節　文部科学省の考える特別活動の課題

文部科学省には、中央教育審議会という審議会がある。二〇〇一（平成一三）年の省庁統合より前の文部省の時代は、中央教育審議会の他にも生涯学習審議会、理科教育及び産業教育審議会、教育課程審議会、教育職員養成審議会、大学審議会、保健体育審議会という並列する審議会が存在したが、省庁統合で文部科学省が誕生するとき、審議会としては中央教育審議会のみを残し、後は中央教育審議会の下に設けられた分科会、さらにその下に設けられる部会・委員会がそれぞれの協議事項を担当することになった。中央教育審議会は、このように〈中央教育審議会―各分科会―各部会・委員会〉の三層構造になっている。学習指導要領を改訂するときには、初等中等教育分科会の下に位置する教育課程部会で議論し、内容を確定していくことになる。今回の学習指導要領改訂の際に、この教育課程部会で示された特別活動の課題は次の三点である〔注1〕。

①育成を目指す資質・能力の視点

特別活動においては、「なすことによって学ぶ」ということが重視され、各学校で特色ある取組が進められている一方で、各活動において身に付けるべき資質・能力は何なのか、どのような学習過程を経ることにより資質・能力の向上につながるのかということが必ずしも意識されないまま指導が行われてきた実態も見られる。特別活動の時間において育成する資質・能力だけでなく、特別活動が各教科等の学びの基盤となるという面もあり、教育課程全体における特別活動の役割、機能も明らかにする必要がある。

②学習指導要領における内容の示し方の視点

これまで、各活動の内容や指導のプロセスについて構造的な整理が必ずしもなされておらず、各活動等の関係性や意義、役割の整理が十分でないまま実践が行われてきたという実態も見られる。特に中学校・高等学校の学級活動・ホームルーム活動の内容項目が多いことが、学級・ホームルームの課題を自分たちで見出して解決に向けて話合う活動が深まらない要因の一つとなっていると考えられる。

③複雑で変化の激しい社会の中で求められる能力を育成するという視点

社会参画の意識の低さが課題となる中で、自治的能力を育むことがこれまで以上に求められている。また、キャリア教育を学校教育全体で進めていく中で特別活動が果たす役割への期待も大きい。このほか、防災を含む安全教育、体験活動など、社会の変化や要請も視野に入れ、各教科等の学習と関連付けながら、特別活動において育成を目指す資質・能力を示す必要がある。

「①育成を目指す資質・能力の視点」は、特別活動の教育効果を意識し、資質・能力という点からまとめ直すとともに、教科やその他の領域との関係を明示する必要があるというものである。現行の学習指導要領は、この点から形式を整えられたことはこれまで見てきたとおりである。資質・能力による特別活動のまとめ直しが、特別活動の精査につながり、重複していたり不要なものを縮小したり、必要なものを加えたりしていくことにつながれば意味がある。しかし、こうしたことにつながらなければ、教師の不満を招くことにもなりかねない。学校現場では学習指導要領に合わせて年間指導計画等をつくらなければならないが、実際の特別活動がこのまとめ直しによって何も変わらなければ、ただ煩雑な書類をつくらなくてはいけないだけと思われてしまいかねない。教育行政や学校の管理職は、資質・能力という視点から特別活動を整理し直すことが現場の教育活動を具体的にどのようにサポートすることになるのか、しっかりと明示しながら指示を出す必要があるだろう。

「②学習指導要領における内容の示し方の視点」は、もっぱら学習指導要領をつくる側の問題といえよう。しかし、内容を見ると、「学級・ホームルームの課題を自分たちで見出して解決に向けて話合う活動が深まらない」という指摘がここにある。第7章で見たように（一〇五―一〇六頁参照）、このことは特別活動の第一番目の内容の第一項目であり、特別活動の要である。これがおろそかになっている。ここは民主主義の基本となる作法の習得に直結することであるから、立て直しをしなくてはならない。その対策の一つとして、これまでたくさん列挙されていた学級活動・ホームルーム活動の内容項目を減らすということを教育課程部会は行った。どのように減らしたのか、中学校のものを例に見てみよう。

「中学校学習指導要領」（二〇〇八〔平成二〇〕年改訂版）

〔学級活動〕

2　内容

(1)　学級や学校の生活づくり

ア　学級や学校における生活上の諸問題の解決

イ　学級内の組織づくりや仕事の分担処理

ウ　学校における多様な集団の生活の向上

(2)　適応と成長及び健康安全

ア　思春期の不安や悩みとその解決
イ　自己及び他者の個性の理解と尊重
ウ　社会の一員としての自覚と責任
エ　男女相互の理解と協力
オ　望ましい人間関係の確立
カ　ボランティア活動の意義の理解と参加
キ　心身ともに健康で安全な生活態度や習慣の形成
ク　性的な発達への適応
ケ　食育の観点を踏まえた学校給食と望ましい食習慣の形成

(3)　学業と進路

ア　学ぶことと働くこととの意義の理解
イ　自主的な学習態度の形成と学校図書館の利用
ウ　進路適性の吟味と進路情報の活用
エ　望ましい勤労観・職業観の形成
オ　主体的な進路の選択と将来設計

「中学校学習指導要領」（二〇一七〔平成二九〕年改訂版）※新たに加えられた短い説明文は省く。（筆者）

〔学級活動〕

2　内容

(1)　学級や学校における生活づくりへの参画

ア　学級や学校における生活上の諸問題の解決

イ　学級内の組織づくりや役割の自覚

ウ　学校における多様な集団の生活の向上

(2)　日常の生活や学習への適応と自己の成長及び健康安全

ア　自他の個性の理解と尊重、よりよい人間関係の形成

イ　男女相互の理解と協力

ウ　思春期の不安や悩みの解決、性的な発達への対応

エ　心身ともに健康で安全な生活態度や習慣の形成

オ　食育の観点を踏まえた学校給食と望ましい食習慣の形成

(3)　一人一人のキャリア形成と自己実現

ア　社会生活、職業生活との接続を踏まえた主体的な学習態度の形成と学校図書館等の活用

イ　社会参画意識の醸成や勤労観・職業観の形成

ウ　主体的な進路の選択と将来設計

ご覧のように、一七項目あった学級活動の内容が一一項目に減らされた。統合されたものもあれば、削除された項目もある。削除された項目は、旧学習指導要領の(2)の「カ　ボランティア活動の意義の理解と参加」と(3)の「ウ　進路適性の吟味と進路情報の活用」である。ボランティア活動はそれがまだ残されている生徒会活動や学校行事の方で行い、進路に関するものはキャリア教育のなかに統合されたと見なせばよいのであろう。学級活動の内容をスリム化し、重要なところにより力を注ぐという方針は評価してもよいのではないだろうか。

「③複雑で変化の激しい社会の中で求められる能力を育成するという視点」で掲げられている特別活動の課題は、けっこう難しく、乗り越えなければならないハードルは高い。「社会参画の意識の低さが課題」とあるが、第10章で見たように（一五三–一五五頁参照）、これは生徒会の活動を抑え込み、生徒が社会とかかわらないようにしてきたことの結果でもある。「自治的能力を育むことがこれまで以上に求められている」とあるが、これまでどれほどの自治を文部科学省や学校は認めてきたのであろうか。生徒の政治的な動きに警戒していたのかもしれないが、厳しい校則をつくって生徒たちに課し、その校則の改正を議論するらさせなかった学校はたくさんあるではないか。そうでなければ「ブラック校則」などという言葉が話題になったり、これをタイトルにした映画などつくられはしないはずである。それは、昔の話ではない。「ブラック校則」というタイトルの映画が公開されたのは、つい最近の二〇一九（令和元）年のことである。

校則に意見することは政治的なことなのか。党派的な問題がここにあるのか。そうではないだろう。学校は、政治的な危険性ということにかこつけて、そうしたことに直接関係のないレベルのことに対しても自治を認めてこなかったのである。特別権力関係論や部分社会論などが持ち出されることがあるが、ならば「自治的能力を育む」などといわない方がよいのではないか。これまでずっと学習指導要領では学級（ホームルーム）活動や生徒会活動を論じる際、「自治」という言葉を使ってきたのは何のためだったのか。もっとも、学習指導要領では正確には「自治的な活動」という表記であった。「自治的な活動」は「自治」ではないという論理なのか。紛らわしい表現を用いてまで建前をつくる必要があるのであろうか。

誤解しないでほしいのであるが、児童生徒の意見を一方的に受け入れろといっているのではない。民主主義的な力を児童生徒につけさせるために学級集団づくりの理論を鍛え上げ、その実践をリードした大西忠治は「現代を生き抜いたという私たちの自信で教育していくことが、私は教育上、非常に重要ではないかと思います。だから子どもと論争して負けることは、かんたんにはあってはいけません」〔注2〕といっている。教師も理論武装して児童生徒に対峙し、不当な要求や現実的でない要求ははねのけていけばよいのである。

経済産業省が格差拡大を克服しようとシティズンシップ教育の必要性を説くことによって不利益に対して声をあげることを促し、さらには若者の投票率の低さを危惧する総務省が主権者教育の必要性を説くことによって政治に関心をもつことを促すのであるが、本来であればこうした若者に対する教育に関して真っ先にプランを立て、声高に主張していなければならない文部科学省はまるで様子見でもしているかのごとく慎重な構えを見せていた。それでも、一八歳選挙権の実現を目前に控えたところで、ようやく文部科学省も動きだした。

こういうところを見ていると、はたして自治や政治に生徒がかかわることをどこまで積極的に文部科学省が考えているのか疑問に思ってしまう。第14章で見たように、もちろん教師の指導はあるがフランスの生徒代表協議会は学校管理評議会に代表を送り出し、校長を相手に生徒の利害をもって交渉している（二三〇-二三一頁参照）。さらに大学区の生徒代表協議会に代表を送り出し、そこで選ばれた者が大臣が司会を務める国の審議会に参加して教育政策の議論までしている。日本の場合はどうなのか。「社会参画の意識の低さが課題」「自治的能力を育むことがこれまで以上に求められている」というならば、自治概念を見直した上で、この課題に応えるにふさわしいより社会に開かれた場を生徒や生徒会に認めていく必要があるのではないだろうか。

第二節　特別活動の現状と課題

各章で特別活動のなかの各内容の現状と課題については取り上げてきたが、そうしたところで十分に触れることのできなかったことについて最後にここで取り上げてみたい。

①発達障害のある児童生徒と学級活動

二〇〇七（平成一九）年度にそれまでの特殊教育から特別支援教育に切り替わった。通常学級にいる軽度の発達障害のある児童生徒がケアの対象となるとともに、インクルーシブ教育ということで、障害のある児童生徒もなるべく一緒に学ぶというスタンスがとられるようになった。大学の教職課程で特別支援教育に関する授業が設けられたり、学校現場でも特別支援教育コーディネーターが教師のなかから選ばれて積極的に対応するなど、発達障害について理解や対応がそれなりに進んできた。しかし、繊細で難しい問題がそこにはある。

学級のトラブルが発達障害をめぐる問題と関係しているとき、単純に児童生徒に学級会で話し合って解決させるというわけにはいかなくなる場合がある。問題解決のためのルールを学級会で決めても守れない、といったようなケースがそれなりに出てきてしまう。たとえば、児童生徒が話し合って「忘れ物が目立つので忘れ物をしないようにしましょう」と決めても、注意欠陥多動性障害（ＡＤＨＤ）のある者にはそれを守ることが難しい。こうしたとき、教師のかかわり方が難しい。発達障害をクラス全体にどう受け止めさせるのかという、繊細な問題がここで生じることになる。

同種の問題が、今まさに、多くの現場で生じているに違いない。上手くいかなかったことも含めて、今はしっかりとこうしたことの対応例を蓄積していく段階であろう。こうした蓄積のなかから、有効な実践知が生み出されていくに違いない。

②外国につながる児童生徒と学級活動・学校行事

外国につながる児童生徒の居場所をつくったり、お互いに認め合う関係をつくっていくことも特別活動の重要な課題である。「グローバル社会」という言葉が象徴するように、政治・経済・文化など、さまざまなレベルで国境を越えたやり取りが世界で行われている。人や情報の流れは前世紀とは比べものにならないくらい活発である。新たな市場や安価な労働力を求めて企業は国境を越えるし、活躍の場や仕事を求めて人材も国境を越える。さまざまな国々で、それまでとは違った異国の色彩が強いコミュニティが誕生し拡大する。当然のことながら、多文化共生が強く求められる。

二〇一八（平成三〇）年度時点で、横浜市の小学校・中学校・義務教育学校四八八校には、九七一三人の外国につながる児童生徒が在籍している。二〇人以上の外国につながる児童が在籍する小学校は一〇四校（うち五〇人以上が在籍する学校は一五校）、二〇人以上の外国につながる生徒が在籍する中学校は四四校（うち五〇人以上が在籍する学校は一〇校）である。飯田北いちょう小学校などは全校児童二六五人中外国につながる児童は一四二人で外国につながる児童の割合が五四%と五割を超えている〔注3〕。

こうした現象は、今後さらに拡大していくだろう。そのなかで、習慣の違いなどからトラブルが起きそうなことについても、学級会などで事前に学習したり話し合ったりして理解を深め、お互いに居心地のいい学級をつくっていく必要がある。また、学校行事なども活用して外国につながる児童生徒の活躍の場をつくってあげることも大切である。外国につながる児童生徒がルーツとなる国の文化を披露することができるようなイベントを計画し、お互いの理解を深めたり、その存在を積極的に認め合うような機会を増やしていかねばならない。

③政治に対するスタンスを捉え直した上での主権者教育・生徒会活動

前節の内容と重複するが、ここでも主権者教育や生徒会活動について触れたい。

第10章第二節の③（一五三―一五五頁）で記したように、一九六〇年代の学園紛争への対応として一九六九（昭和四四）年に文部省初等中等教育局長通知として「高等学校における政治的教養と政治的活動について」（文初高第四八三号）が出された。「生徒は未成年者であり、民事上、刑事上などにおいて成年者と異なつた扱いをされるとともに選挙権等の参政権が与えられていないことなどからも明らかであるように、国家・社会としては未成年者が政治的活動を行なうことを期待していないし、むしろ行なわないよう要請しているともいえること」などといい、生徒会を含む生徒の活動全般に対して政治的活動を実質的に行わないよう要請した。政治的教養に関しても、「現実の具体的な政治的事象は、取り扱い上慎重を期さなければならない性格のものであるので、必要がある場合には、校長を中心に学校としての指導方針を確立すること」といったハードルを設け、教員が具体的な政治問題を簡単には扱うことができないようにしたのである。

しかし、文部科学省はこのスタンスに若干の変更を加えた。二〇一五（平成二七）年、公職選挙法等の一部を改正する法律が成立し、選挙権年齢が「満二〇歳以上」から「満一八歳以上」に引き下げられたとき、文部科学省は「高等学校等における政治的教養の教育と高等学校等の生徒による政治的活動等について（通知）」（二七文科初第九三三号）〔注4〕を出し、「議会制民主主義など民主主義の意義、政策形成の仕組みや選挙の仕組みなどの政治や選挙の理解に加えて現実の具体的な政治的事象も取り扱い、生徒が国民投票の投票権や選挙権を有する者（以下「有権者」という。）として自らの判断で権利を行使することができるよう、具体的かつ実践的な指導を行うことが重要です」と述べ、具体的な政治的事象を積極的に取り扱うように指示を出した。具体的な政治的事象の取り扱いに消極的だった一九六九（昭和四四）年の通達とは対照的である。

こうした文部科学省のスタンス変更の前から、神奈川県はシチズンシップ教育と題して二〇一一（平成二三）年度から高等学校を中心に積極的な主権者教育を行ってきた。国政選挙の際には各政党の主張をもとに生徒たちが議論し模擬投票を行う。たとえば、湘南台高等学校では、クラスで班ごとに担当の政党を割りあてその主要政策を発表してもらった上で比較検討している〔注5〕。こうした神奈川県の取り組みがきっかけになったと思われるが、形骸化した生徒会を民主主義体得の場として蘇生させるための積極的な取り組みも見られるようになった。松下政経塾が場を設け「高校生徒会リーダー夏合宿」と題する取り組みが二〇一七（平成二九）年から行われたりもしている〔注6〕。

だが、こうした動きはまだ限られている。高橋《たかはし》亮平《りょうへい》が二〇一五（平成二七）年に行った千葉市内全市立中学校五五校における生徒会活動の実態調査によると、生徒会長選挙が競争選挙なのはわずか七％で、多くは教師から会長職を要請されたものが信任投票によって生徒会長の任に就いている〔注7〕。無用な対立を避けようという思いがあるのかもしれないが、自治や民主主義を体験的に学ぶ場に生徒会活動がなっているとはとてもいえない。文部科学省が政治教育に関するスタンス変更をした今こそ、生徒会の在り方を見直す絶好の機会である。国政選挙の模擬投票や各政党の政策の検討などで具体的に学んだものを生徒会長選挙や生徒会活動に生かし、実践的な主権者教育を展開してほしい。

④日の丸・君が代について

日の丸・君が代については第12章で大きく論じたが（一八七-二〇七頁参照）、ここでも取り上げておきたい。数は定かではないが、日の丸・君が代に強い抵抗感をもつ人は確実に存在する。また一方で、その日の丸・君が代が教育と密接に結びつくことに関して、国家としては国民を統合していくことは必要であり、そのために国旗や国歌について学校教育で取り扱うことはあたり前で、それについて思想信条といったことを持ち出してとやかくいうべきではない、と考える人もいる。実際には、後者が圧倒的に多いのであろう。しかし、たとえば、いじめをめぐる議論では、いじめかどうかは被害者の気持ちをベースとすべきことが幾度も強調されてきた。とくに、文部科学省が強調してきた。この法則を、国旗や国歌の問題にあてはめるならば、それが思想信条の問題かどうかを決めるのは、抵抗を感じる人たちの側ではないだろうか。

卒業式・入学式における国旗掲揚・国歌斉唱はこれからも行われていくであろうが、これに抵抗を感じる人にどう対応するか、すなわち、国旗掲揚・国歌斉唱を粛々と行いたい側とこれに抵抗を感じる側とがどのように共生していくのか、について議論の余地なしとしてしまうのではなく、粘り強く考えていく必要があるように思う。考え方や見解、そして互いに感じ方の異なる者同士であっても、同じ国、地域、学校のなかで上手に生きていく、そんなシステムと教育の在り方を見つけることはできないのであろうか。

ここで参考になるのが藤田昌士《ふじたしょうじ》の紹介する「良心条項」といわれる海外の制度である。良心条項というのは、もともとはキリスト教を基盤とする宗教教育がなされてきたイギリスで、宗教教育を欲しない保護者が、自分の子どもに宗教教育を受けさせない権利を保障するものである。海外の教育の現場では、この良心条項が国旗や国歌に対する問題でも認められる場合があるという。

一九四〇年、エホバの証人の信者であった二人の生徒がアメリカ国旗に対する敬礼を拒否し、退学になった。この事件をきっかけにウェストバージニア州は国旗への敬礼を生徒に義務づける規則を制定した。これを不当として同じくエホバの証人の信者であるウォルター・バーネットは裁判を起こした。一九四三年、合衆国最高裁は、国旗に対する敬礼を拒否する権利は、合衆国憲法修正第1条が認めた権利であり、生徒は信仰の自由、世界観に基づいて国旗に対する敬礼を拒否することができるとした（バーネット事件判決）。また、カナダのオンタリオ州では、学校における国歌斉唱が規則で義務づけられているが、一八歳未満は両親が学校長に申し出れば、一八歳以上は本人が申し出れば免除される、という良心条項がある〔注8〕。

こうした藤田の紹介する事例を学んだ上で、日本での在り方を考えてみてもよいのではないだろうか。

特別活動は、学校の教育課程のなかで最も人と人とがかかわる領域である。人間関係のことであるから、出てくる問題や課題もデリケートなものが多い。また、それ故に繊細で柔軟な対応が求められる。出てくる難しい問題や課題は担任等が一人で抱え込むことなく、教師集団が協力し合って対応していってほしい。

注

〔注1〕中央教育審議会初等中等教育分科会教育課程部会「次期学習指導要領等に向けたこれまでの審議のまとめ（第2部）（特別活動、総合的な学習の時間）」https://www.mext.go.jp/content/1377021_1_7.pdf、二〇二一年九月二〇日閲覧。

〔注2〕大西忠治『生活指導入門』青木書店、一九九〇年、二九頁。

〔注3〕山脇啓造・服部信雄編著『新多文化共生の学校づくり―横浜市の挑戦』明石書店、二〇一九年、二一一二頁・六九頁、参照。

〔注4〕文部科学省「高等学校等における政治的教養の教育と高等学校等の生徒による政治的活動等について（通知）」（平成二七年一〇月二九日）https://warp.ndl.go.jp/info:ndljp/pid/11373293/www.mext.go.jp/b_menu/hakusho/nc/1363082.htm、二〇二一年九月二三日閲覧。

〔注5〕神奈川県立湘南台高等学校「湘南台高校のシチズンシップ教育の取り組み」（二〇一二年）http://www.akaruisenkyo.or.jp/wp/wp-content/uploads/2015/06/%E6%B9%98%E5%8D%97%E5%8F%B0%E9%AB%98%E6%A0%A1%E3%81%AE%E3%82%B7%E3%83%86%E3%82%A3%E3%82%BA%E3%83%B3%E3%82%B7%E3%83%83%E3%83%97%E6%95%99%E8%82%B2%E3%81%AE%E5%8F%96%E3%82%8A%E7%B5%84%E3%81%BF.pdf、二〇二一年九月二三日閲覧。

〔注6〕生徒会活動支援協会「高校生徒会リーダー夏合宿２０１９ in 松下政経塾の開催について」https://seitokai.

jp/archives/4347、二〇二一年九月二三日閲覧。

〔注7〕高橋亮平「データ調査をしたら『生徒会長選挙実施はわずか7%』だった。千葉市の先導的取り組み」（二〇一七年四月二四日）https://news.yahoo.co.jp/byline/takahashiryohei/20170424-00070181、二〇二一年九月二三日閲覧。

〔注8〕法学館憲法研究所ホームページ、藤田昌士「18歳選挙権導入に際しての提言」（二〇一五年三月二日）http://www.jicl.jp/old/hitokoto/backnumber/20150302.html、二〇二一年九月二三日閲覧。

おわりに

二〇一九（令和元）年に発生した新型コロナウイルス感染症の影響で、世の中が一変した。学校も例外ではない。集団での活動に大きな制限が加えられた関係で、学校教育のなかでも特別活動がとくに大きな打撃を受けたのではないだろうか。各教科がオンラインを駆使して何とか授業再開にこぎつけたのに比べ、学校行事などの特別活動には中止に追い込まれたものも少なくない。東洋経済新報社の「全国600人の小・中・高校の教員に向けたICT教育に関する調査」では、二〇二〇（令和二）年度において運動会や文化祭を無観客で小規模開催をしたと回答した者が六五・八％と最も多かったが、中止したと回答した者も二〇・七％いた。五校に一校は、日程調整や条件変更なども断念したのである。修学旅行や臨海学校に至っては、四四・三％が中止に追い込まれたと回答している。それでも二四・〇％が近場に泊まりなしで行って、それを修学旅行としたそうである。状況が好転すれば以前に近い状態に戻るのかもしれないが、合唱祭の開催にこぎつけるのにはまだしばらく時間がかかるだろう。

「はじめに」で記したように、日本の学校の特徴は特別活動にある。一変した学校を見ながら、こうした特別活動が縮小したり、なくなったりしたらどうなるのであろうかと、ふと思った。特別活動の効果を実証的に測定することは不可能に近いだろうから単なる想像に過ぎないが、特別活動での集団的な行動訓練がなくなれば、もしかしたら日本文化の美徳といわれる電車への整列乗車やレストランやデパートからコンビニに至るまでの丁寧な接客、ゴミのないきれいな街並みなどが失われていくのかもしれない。世界的に有名な渋谷のスクランブル交差点では、接触が多くなりトラブル続出などということにもなりかねない。また、教科の学習以外に活躍の場を見出していた児童生徒にとっては、学校が色あせたつまらないものになってしまうのかもしれない。それとも、集団行動は気を遣いながら自分の身体を合わせなくてはならないから、面倒くさいものがなくなってよかったと児童生徒は思うのだろうか。他人の顔色を必要以上に窺うことなく、自己主張できるようになるかもしれない。しかし、何よりも教師たちが楽になったと喜ぶのではないだろうか……。当たり前と思っていた日常がそうではなくなったこの機会に、特別活動についても根本からその意義やメリット、デメリットを皆さんも問い直してみてほしい。本書が、こうしたことを考えるきっかけになれたら幸いである。

前著同様、今回も武蔵野美術大学出版局の奥山直人氏に伴走してもらった。筆者は調子にのると、文章にも話し言葉が出てきてしまう。それを適切な表現に導いてくれる。気難しいところのある筆者に、気持ちよく手直しをさせるテクニックをもっているのである。だから奥山氏と本をつくるときは、のびのびと書くことができる。心から感謝しているし、頼りにしている。

二〇二一年一一月

伊東 毅

資料　学習指導要領特別活動関係箇所抜粋

● 1947（昭和 22）年　学習指導要領一般編（試案）

第三章　教科課程

二　小学校の教科課程と時間数

（四）　自由研究も，新しい教科課程で，はじめてとりあげたものであるが，この時間を，どんなふうに用いて行くかについては，少しく説明を要するかと思う。

後に述べるように，（指導法一般参照）教科の学習は，いずれも児童の自発的な活動を誘って，これによって学習がすすめられるようにして行くことを求めている。そういう場合に，児童の個性によっては，その活動が次の活動を生んで，一定の学習時間では，その活動の要求を満足させることができないようになる場合が出て来るだろう。たとえば，音楽で器楽を学んだ児童が，もっと器楽を深くやってみたいと要求するようなことが起るのがそれである。こういう時には，もちろん，児童は家庭に帰ってその活動を営むことにもなろうし，また，学校で放課後にその活動を営むことにもなろう。しかし，そのような場合に，児童がひとりでその活動によって学んで行くことが，なんのさしさわりがないばかりか，その方が学習の進められるのにも適当だということもあろうが，時としては，活動の誘導，すなわち，指導が必要な場合もあろう。このような場合に，何かの時間をおいて，児童の活動をのばし，学習を深く進めることが望ましいのである。ここに，自由研究の時間のおかれる理由がある。たとえば，鉛筆やペンで文字の書き方を習っている児童のなかに，毛筆で文字を書くことに興味を持ち，これを学びたい児童があったとすれば，そういう児童には自由研究として書道を学ばせ，教師が特に書道ついて指導するようにしたい。つまり，児童の個性の赴くところに従って，それを伸ばして行くことに，この時間を用いて行きたいのである。だから，もちろん，どの児童も同じことを学ぶ時間として，この時間を用いて行くことは避けたい。

こうして，児童青年の個性を，その赴くところに従って，のばして行こうというのであるから，そこには，さまざまな方向が考えられる。ある児童は工作に，ある児童は理科の実験に，ある児童は書道に，ある児童は絵画にというふうに，きわめて多様な活動がこの時間に営まれるようになろう。

このような場合に，児童が学年の区別を去って，同好のものが集まって，教師の指導とともに，上級生の指導もなされ，いっしょになって，その学習を進める組織，すなわち，クラブ組織をとって，この活動のために，自由研究の時間を使って行くことも望ましいことである。たとえば，音楽クラブ，書道クラブ，手芸クラブ，あるいはスポーツ・クラブといった組織による活動がそれである。

このような用い方は，要するに，児童や青年の自発的な活動のなされる余裕の時間として，個性の伸長に資し，教科の時間内では伸ばしがたい活動のために，教師や学校長の考えによって，この時間を用いたいというのであるが，なお，児童が学校や学級の全体に対して負うている責任を果たす—たとえば，当番の仕事をするとか，学級の委員としての仕事をするとか—ために，この時間をあてることも，その用い方の一つといえる。

こうして，自由研究の内容としては，さまざまなものが考えられ，その時間も多く要求されるが，ただこの時間を無制限に多くすることは，児童の負担を過重にするおそれがないでもないので，その凡その規準を挙げておいた。もちろん，それは凡その規準であるから，児童の負担を考えて，その伸縮をすることは，これまた，教師や学校長の判断に委せたい。

三　新制中学校の教科と時間数

（二）　社会科，自由研究を設けたわけは，すでに小学校の場合に述べたと同様である。

（三）　この教科表で一番注意されるのは，必修科目と選択科目とを設けたことであろう。必修科目はもちろん，どんな生徒でも必ず学ばなければならない科目で，時間も表にあるとおりにすることを原則とする。選択科目は，習字，外国語，職業（必修で課せられるものより，いっそう深

いことを学ぶ）及び自由研究である。これらのどれを選ぶかは，生徒の考えできめるのを本来とするが，学校として生徒の希望を考慮してきめてもよい。その時間はいろいろにきめることができよう。たとえば（週平均として）外国語二時間，職業科二時間をあてることもできるし，自由研究に四時間をあててもよい。要は，その時間が一年間に140時間（三十五週としてみて）を越えない範囲で生徒の希望，その他の事情，学校の設備などからみて，適当と思われるように，その学習時間をきめればよい。ただ，生徒の負担が過重でないと認めるなら校長の裁量で，この時間は6時間（一年210時間）までは増すことができる。

なお高等学校の教科及びその時間の割当は，その実施が昭和二十三年度からになっているので，ここでは，その説明を省くことにする。ただ，その要領については，別に文部省から発表されるものによって承知されたい。

● 1951（昭和26）年　学習指導要領一般編（試案）

I　教育の目標

4.　教科の目標

（省略）教育の一般目標のすべてを教科の学習だけでじゅうぶんに到達することは困難である。それゆえ，学校は教科の学習以外に，小学校においてはクラブ活動や児童会などの時間を設け，中等学校においては，特別教育活動の時間を設け，児童・生徒に，個人的，社会的なさまざまな経験を豊かにする機会を提供する必要がある。これらの活動は，余暇利用についての目標，集団行動についての目標，その他身体的，社会的，情緒的発達に関しての目標の到達に大いに貢献するであろう。民主教育の目標は，こうした教科以外の活動によって到達される部面がきわめて大きいのである。

II　教育課程

1.　小学校の教科と時間配当

（2）　自由研究の時間に代って，新たに教科以外の活動の時間を設けたことについて

ここに示唆された「教科とその時間配当表」には従来あった自由研究がなくなっている。昭和22年度に発行された学習指導要領一般編には，自由研究の時間の用い方として，（1）個人の興味と能力に応じた教科の発展としての自由な学習，（2）クラブ組織による活動，（3）当番の仕事や，学級要員としての仕事をあげている。これらの活動は，すべて教育的に価値あるものであり，今後も続けられるべきであろうが，そのうち，自由研究として強調された個人の興味と能力に応じた自由な学習は，各教科の学習指導法の進歩とともにかなりにまで各教科の学習の時間内にその目的を果すことができるようになったし，またそのようにすることが教育的に健全な考え方であるといえる。そうだとすれば，このために特別な時間を設ける必要はなくなる。

他方，特別な教科の学習と関係なく，現に学校が実施しており，また実施すべきであると思われる教育活動としては，児童全体の集会，児童の種々な委員会・遠足・学芸会・展覧会・音楽会・自由な読書・いろいろなクラブ活動等がある。これらは教育的に価値があり，こどもの社会的，情緒的，知的，身体的発達に寄与するものであるから，教育課程のうちに正当な位置をもつべきである。実際，教科の学習だけではじゅうぶん達せられない教育目標が，これらの活動によって満足に到達されるのである。

このように考えてくると，自由研究というよりも，むしろ教科以外の教育的に有効な活動として，これらの活動を包括するほうが適当である。そこで自由研究という名まえのもとに実施していた，いくつかの活動と，さらに広く学校の指導のもとに行われる諸活動を合わせて，教科以外の活動の時間を設けたのである。

教科以外の活動としては，どのようなものを選び，どのくらいの時間をそれにあてるかは，学校長や教師や児童がその必要に応じて定めるべきことである。しかしながら，ここに一例を示すならば，次のような諸活動を考えてみることができる。

(a)　民主的組織のもとに，学校全体の児童が学校の経営や活動に協力参加する活動

(i)　児童会（従来自治会といわれたもの）

児童会は，全校の児童によって選挙された代表児童をもって組織されるものであって，代表児童はこの組織を通じて，全児童に代って発言し，行動し，学校生活のよい建設に協力参加することを目的とするものである。小学校の段階において，児童会にどの程度の活動を期待したらよいか，また教師はどの程度の指導をしたらよいか，児童会によってどのような教育効果が望まれるか。これらの点について校長や教師は前もってじゅうぶん研究しておく必要がある。

ここにいう児童会という名まえは，学校によっていろいろ呼ばれているが，多くの場合自治会と呼ばれている。しかし自治会というときには学校長の権限から離れて独自の権限があるかのように誤解されるおそれがあるからこのことばはさける方がよい。児童会は校長より委された権限の範囲内において，校長や教師の指導のもとに学校の経営に参加し，よりよい学校の建設に寄与すべきものであることを児童も教師もよく理解している必要がある。

児童会に出席する代表児童は何学年ぐらいから選んだらよいかはよく研究しなければならない。少なくとも1年生や2年生は無理であろう。このようなこどもに対しては，児童会長がその希望を聞いたり，決定事項を親切に伝えるのがよいであろう。

(ii)　児童の種々な委員会

児童会は，学校長より任された権限の範囲内で，学校経営の実際の仕事に参加協力するために，いくつかの部あるいは班をもうけ，その仕事を分担させる必要が起るであろう。各部あるいは各班はそれぞれの委員会によつて構成されるが，その連絡調整には児童会の委員が当るのである。このような部あるいは班の委員会としては，次のような事項に関するものが考えられる。

○学校新聞の発行
○学校放送の実施
○学用品類の共同購買
○校舎内外の清掃，整備
○掲示物の展示とその管理
○学校図書館の運営
○運動場や運動器具の管理と遊びや運動の奨励
○飼育・栽培・気象の観測
○こども銀行の経営

(iii)　児童集会

全校の児童が一堂に会して，いろいろな発表や討議，あるいはレクリェーションを行うことは楽しいことでもありまた有意義である。また児童会の企画に基いて，適時に運動会・音楽会・展覧会・学芸会などを行うのも奨励されるべきことである。

(iv)　奉仕活動

児童会の決定に基いて，地域社会と緊密な連絡をとり，奉仕活動を積極的に行ったり，またそれに参加したりすることは奨励されるべきことである。しかし，これは学校の指導計画の範囲内にとどまり，それと密接な関係をもつかぎりにおいてとりあげられるべきであろう。奉仕活動としては，たとえば，次のようなものが考えられる。

○交通に関係すること。（上級生）
○清掃や施設の整備に関係すること。
○保健衛生に関すること。
○道徳の振興に関すること。
○共同募金に関すること。

(b)　学級を単位としての活動

(i)　学級会

学級に関するいろいろな問題を討議し解決するために，学級の児童全体が積極的に参加する組織が学級会である。もっともこのような名称は学校によっていろいろに呼ばれていることであろう。ともかく，このような会を通じて，民主社会のよい市民としての性格や態度がつくられるであろう。

(ii)　いろいろな委員会

学校内には，いろいろな仕事がある。たとえば出席をとること，机やいすの整頓や清掃，図書の貸出しや整理，黒板や掲示板の管理や掲示，教師に提出するものを集める仕事，運動具の管理などがそれである。これらの仕事を教師の指導のもとにこどもたち自身の責任において処理するために，いろいろな，委員会をもうけるのがよい。各委員は，自分のひき受けた仕事に責任をもって果すことを学ぶことができる。委員はときどき交代するのがよいであろう。

また学級で遠足その他のレクリエーションを計画することもよいことである。

(iii)　クラブ活動

学年の区別をすてて特殊な興味を持つこどもたちが，クラブを組織し，自己の個性や特徴を伸ばしていくことは有益である。たとえば音楽クラブ，演劇クラブ，科学クラブ，絵画クラブ，書道クラブ．手芸クラブ，スポーツクラブなどをあげることができる。クラブに参加するこどもは何年ぐらいからが適当か，教師の指導はどのようにすべきかについては，よく研究する必要がある。

以上は，教科以外の活動の一例にしかすぎない。ただこのような活動は自由研究とは異なって，そのうちのあるものは低学年から実施できるといえる。だから学校は，低学年にもこのような活動の機会を与えることが望ましい。もちろん，こどもの発達段階や能力や興味を考えて，児童の過重負担にならない程度において適切な時間を考え，教科の指導と相まって，児童の円満な発達を助けるようにすることが望まれる。

教科以外の活動が，適切に指導されるならば，児童を望ましい社会的行動に導くことができ，道徳教育として目ざすものの多くをも，実践を通じて体得させることができるであろう。そしてわれわれは，児童の成長発達について，次のようなよい結果を期待することができるであろう。

○学校の経営に積極的に参加し，自分たちの社会としての学校を明確に認識し，学校生活を楽しむようになる。
○自己の意見や考えを発表する能力を高め，学校のいろいろなでき事を解決する能力を高める。
○礼儀や規律を重んじ，りっぱな校風を作るようになる。
○企画性や協同性を高め，仕事の遂行に喜びを感ずるようになる。
○民主生活のしかたを学び，状況に応じてよい指導者となり，またよい服従者となるようになる。
○奉仕の精神を養い，社会的責任を自覚し，社会人としての望ましい態度をもつようになる。
○健康についてのよい習慣をもつようになり，個人的および社会的健康に注意するようになる。
○閑暇の時を有効に用いることができるようになる。
○自分の個性を自覚し，自己を評価することができるようになる。
○自己の趣味を広め，芸術・音楽・演劇などの鑑賞力を高めることができる。

2.　中学校の教科と時間配当

(3)　特別教育活動

(a)　特別教育活動の設けられた理由

従来選択教科の時間のうちに，自由研究があったが，昭和24年中学校の教育課程が改善されたとき，自由研究という名称は廃止され，新たに特別教育活動が設けられた。特別教育活動は，従来教科外活動とか，課外活動とかいわれた活動を含むが，しかし，それと同一のものと考えることはできない。ここに特別教育活動というのは，正課の外にあって，正課の次にくるもの，あるいは，正課に対する景品のようなものと考えてはならない。さきにも述べたように，教育の一般目標の完全な実現は，教科の学習だけでは足りないのであってそれ以外に重要な活動がいくつもある。教科の活動ではないが，一般目標の到達に寄与するこれらの活動をさして特別教育活動と呼ぶのである。したがって，これは単なる課外ではなくて，教科を中心として組織された学習活動でないいっさいの正規の学校活動なのである。

教科の学習においても，「なすことによって学ぶ」という原則は，きわめて重要であり，実際にそれが行われねばならないが，特に特別教育活動はこの原則を強く貫くものである。特別教育活動は，生徒たち自身の手で計画され，組織され，実行され，かつ評価されねばならない。もちろん，教師の指導も大いに必要ではあるが，それはいつも最小限度にとどめるべきである。このような種類の活動によって，生徒はみずから民主的生活の方法を学ぶことができ，公民としての

資質を高めることができるのである。

(b)　特別教育活動の領域

特別教育活動の領域は，広範囲にわたっているが，ホーム-ルーム，生徒会，クラブ活動，生徒集会はその主要なものということができる。

ホーム-ルーム　学校社会が改善され，生徒の幸福がもたらされるためには，小さな単位の集団生活がまずよいものにならねばならない。ホーム-ルームは，大きな学校生活を構成する一つの単位として，すなわち，「学校における家庭」として，まず生徒を楽しい生活のふんい気のなかにおき，生徒のもつ諸問題を取り上げて，その解決に助力し，生徒の個人的，社会的な成長発達を助成したり，職業選択の指導を行ったりするところである。ホーム-ルームにおける生活目標は，いろいろ考えることができるが，次のものはそのおもなものといえよう。

○個人としての成長を望みながら，団体として啓発し合い，さらに，成長発達の指導を受ける機会をもつこと。

○人格尊重の理想を行為に生かし，責任や義務をじゅうぶんに果し，また当然の権利はこれを主張する習慣と態度を養うこと。

○よい社会生活に必要なあらゆる基礎的な訓練の場をもつこと。

このようなホーム-ルームの生活目標は，これを大きくすると，学校という社会生活の目標ともなるであろう。また，ホーム-ルームの目標をじゅうぶん達成するためには，学校全体の生活の改善が必要になるであろう。

ホーム-ルームの時間は，さきにあげた表の特別教育活動の時間のなかに含まれている。この時間は，1週間あたり少なくとも1単位時間以上実施するのがよい。固定したへやをもったそれぞれのホーム-ルームにひとりひとりの教師が責任をもち，組織的研究的に計画を実行することが望ましい。

生徒会　生徒会は，生徒を学校活動に参加させ，りっぱな公民となるための経験を生徒に与えるためにつくられるものである。生徒は，生徒会の活動によって，民主主義の原理を理解することができ，奉仕の精神や協同の精神を養い，さらに団体生活に必要な道徳を向上させることができるのである。生徒会は，全校の生徒が会員となるのであって，学校に籍をおくものは，そのまま皆会員となって，会員の権利と義務および責任をもつことになるのである。

この生徒会は，生徒自治会と呼ばれることがあるが，生徒自治会というときは学校長の権限から離れて独自の権限があるかのように誤解されるから，このことばを避けて生徒会と呼ぶほうがよいと思われる。この生徒会は，一般的にいうと学校長から，学校をよくする事がらのうちで，生徒に任せ与えられた責任および権利の範囲内において，生徒のできる種々な事がらを処理する機関である。

生徒会が活動するためには，生徒代表から組織されている生徒評議会やそのなかに設けられるいくつかの委員会が必要である。生徒評議会やこれらの委員会は，いろいろな規則をつくったり，これを実行する仕事を受け持つのである。全生徒は，これらの評議会や委員会を通じて，学校生活を改善するためのいろいろな問題の解決に参加するのである。このような会で正当に決定された事がらは，校長や教師たちと協力して実行さるべきである。生徒の意見は，校長および教師たちの承認を得てはじめて有力となる。学校内外の社会に対し，学校に関する責任は，おもに校長および教師たちの負うところであるからである。

クラブ活動　全生徒が参加して，自発的に活動するものの一つにクラブ活動がある。クラブ活動は，教室における正規の教科の学習と並んで，ホーム-ルームの活動，生徒会の活動，図書館の利用とともに，生徒の学校生活のうちで重要な役割を果すべき分野である。中学校の生徒になれば運動能力も発達し，級友間に強い友情も感ずるようになり，また，団体生活に関心をもち，喜びを感ずるようになる。したがって，この時代の生徒は，クラブをつくっていろいろな活動に従事することに適している。クラブ活動は当然生徒の団体意識を高め，やがてはそれが社会意識となり，よい公民としての資質を養うことになる。また，秩序を維持し，責任を遂行し，自己の権利を主張し，いっそう進歩的な社会をつくる能力を養うこともできる。

次に，クラブをつくる場合に，特に注意すべき点をあげてみよう。

(i)　生徒の関心・興味・希望・能力をよく調べて，それに基いてクラブを組織する。

(ii) クラブは生徒の必要・関心に適合するようにつくられるべきで，教師の一方的な机上計画に従うべきではない。
(iii) 生徒は強制されてはいけない。生徒がクラブ活動の中心である。したがって，クラブ組織については，生徒評議会の会議でじゅうぶん討議され，審議されるべきである。教師は指導者となって働いてもよいが，生徒の意見を重んじなければならない。
(iv) 生徒の余暇の活用は，クラブ活動の重要な目標の一つであるから，このことについての注意を怠ってはならない。
(v) クラブ活動の多くは，季節に関係があるから，ある季節だけつくられるクラブもいくつかあってよい。

生徒集会　全校生徒が一堂に会合して，いろいろな発表や討議・懇談などをする機会をもつことは楽しい有意義なことである。しかも顧問の教師の適当な指導のもとに，生徒がみずから企画し，司会することによって，上級生も下級生も，進んで語り合い，発表し合うことは，生徒の個性の成長を促すとともに，よい校風をかもし出させる上にも，たいせつなことである。中等学校では週に一度（場合によっては隔週に）この集会を開催することが一般に望ましい。もし，この生徒集会が適当に計画され，実施されるとすれば，次のような目的を達することができよう。
○一貫した学校精神に触れる機会が与えられる。
○学校の気風をつくり，世論を発達させることができる。
○校風を高め，りっぱな伝統を築きあげることができる。
○芸術・音楽・演劇などの鑑賞力を養うことができる。
○生徒にとって，自分の意見や考えを発表する機会が与えられる。
○学校のいろいろのできごとを解決する機会が与えられる。

以上は，生徒集会で達することのできる目的の一部である。

生徒会は，生徒集会のプログラムの計画にあたって，重大な責任をもつわけであるから，生徒評議会が生徒集会委員会をつくって，生徒集会の実行にあたらせるのが普通である。もちろん，生徒集会の計画は，校長や教師の承認とその指導のもとに行わるべきものである。

3.　高等学校の教科と時間配当および単位数

(6)　特別教育活動

前にあげた表のなかには，単位の与えられない特別教育活動については示されていないが，これは決して単位外の活動を軽視したためではない。特別教育活動には単位は与えられないが，しかしそれは教科の学習では達せられない重要な目標をもっており，高等学校が，新しい教育に熱意をもっているかどうかは，この特別教育活動をどのように有効に実施しているかどうかによって，察することができるといえよう。教科の学習に重点をおき過ぎるあまり，特別教育活動が軽視されることのないように注意しなければならない。

特別教育活動の時間としては，週あたり少なくとも，ホーム-ルーム 1 単位時間，生徒集会 1 単位時間，クラブ活動 1 単位時間をとることが望ましい。したがって高等学校では年 35 週として，週あたり教科の学習 30 単位時間と特別教育活動の 3 単位時間を加え，少なくとも 33 単位時間としたい。ホーム-ルーム・生徒会・生徒集会・クラブ活動のそれぞれについては中学校の項（35 ページ以下）を参照されたい。

● 1955（昭和 30）年　高等学校学習指導要領一般編

第 1 章　高等学校の目標と教育課程

3　教科，科目および特別教育活動の性格

(2)　特別教育活動

特別教育活動は，教科，科目としては組織されないが，高等学校の教育目標の達成に寄与する有効な学習活動で，教育課程の一部として，教科の指導以外に，時間を設けて指導を行うものである。

特別教育活動においては，一般的に次の諸目標に重点がおかれる。

1　民主的な生活について望ましい態度と習慣を養う。
2　公民的資質を向上させる。
3　健全な趣味や教養を豊かにし，将来の進路を選択決定するのに必要な能力を養うなど，個性の伸張を図る。

その活動の領域は広範囲にわたるが，年間を通じて計画的，継続的に指導すべき活動としては，ホーム・ルーム活動，生徒会活動およびクラブ活動がある。

これらの活動については，学校は，生徒の自発的な活動が健全に行われるように，周到な計画のもとに，適切な指導をじゅうぶん行わなければならない。

● 1958（昭和33）年　小学校学習指導要領

第3章　道徳，特別教育活動および学校行事等

第2節　特別教育活動

第1　目標

1　児童の自発的，自治的な活動を通して，自主的な生活態度を養い，社会性の育成を図る。
2　所属する集団の運営に積極的に参加し，その向上発展に尽すことができるようにする。
3　実践活動を通して，個性の伸長を図り，心身ともに健康な生活ができるようにする。

第2　内容

特別教育活動においては，児童会活動，学級会活動，クラブ活動などを行うものとする。

A　児童会活動

児童会は，全校の児童をもって構成し，学校生活に関する諸問題を話し合い，解決し，さらに学校内の仕事を分担処理するための活動を行う。その運営は主として高学年児童によって行われる。

B　学級会活動

学級会は，学級ごとに，全員をもって組織し，学級生活に関する諸問題を話し合い，解決し，さらに学級内の仕事を分担処理するための活動を行う。

C　クラブ活動

クラブは，主として中学年以上の同好の児童が組織し，共通の興味・関心を追求する活動を行う。

第3　指導計画作成および指導上の留意事項

1　特別教育活動の指導計画作成およびその実施にあたっては，児童の自発的な要求を可能なかぎり受け入れるようにし，取り上げるべき種類，時間，方法などを慎重に考慮する必要がある。その際，各教科，道徳および学校行事等との関連にじゅうぶん留意しなければならない。

2　特別教育活動は児童の自主的活動を基本とするものであるから，その計画は，固定的なものではなく，児童とともにいっそう具体的な実施計画を立てることができるような弾力性・融通性に富むものでなければならない。

3　指導にあたっては，特に下記の事項に留意する必要がある。

A　児童会活動に関するもの

(1)　児童会は，あくまで児童による実践的な活動を基本とするものであるから，その活動が具体的な生活の場面で実際に生かされるものでなければならない。

(2)　児童会に所属するいくつかの部（またはこれに類するもの）の種別や数は，児童の希望，学校の事情などを考慮し，各部の活動が有機的関連をもって学校生活全体を向上しうるような配慮のもとに，決められなければならない。

(3)　必要に応じては，学校・学年の全児童が集まって児童会の集会を開くことがあり，また地域社会との関係において校外における奉仕活動が行われる場合も考えられるが，それらの際には学校行事等との関連に留意するとともに，その教育的価値と限界について配慮する必要がある。

B　学級会活動に関するもの

(1)　学級会は学級のすべての児童が，積極的に参加できる活動でなければならない。したがっ

て一部の児童だけが運営に参加していることのないように留意する必要がある。
(2) 学級会に所属するいくつかの係（またはこれに類するもの）の種別や数は，児童の希望，学級の事情などを考慮して，決められなければならない。
(3) 学級会の活動が，単に申合せや反省会の形で終ることなく，進んで自分たちの力で問題を解決したり，児童会へ問題を提起したりする実践的な活動とならなければならない。
(4) 毎週一定の時間を学級会にあてることが望ましい。しかし学年の段階によって，時間の長短は考慮されなければならない。
C　クラブ活動に関するもの
(1) クラブの種別，数の決定には，児童の希望，学校の実情，地域社会の特性などをじゅうぶん考慮しなければならない。
(2) どのクラブに参加するかは，児童の自発性にまつのであるが，その際にも教師の適切な指導を忘れてはならない。
(3) クラブ活動が教科の学習と深い関連をもつ場合が多いのであるが，単に教科の補習にならないように配慮する必要がある。

第3節　学校行事等

第1　目標

学校行事等は，各教科，道徳および特別教育活動のほかに，これらとあいまって小学校教育の目標を達成するために，学校が計画し実施する教育活動とし，児童の心身の健全な発達を図り，あわせて学校生活の充実と発展に資する。

第2　内容

学校行事等においては，儀式，学芸的行事，保健体育的行事，遠足，学校給食その他上記の目標を達成する教育活動を適宜行うものとする。

第3　指導計画作成および指導上の留意事項

1　学校行事等の指導計画作成およびその実施にあたっては，各教科，道徳および特別教育活動との関連を考慮するとともに，教育的見地から取り上げるべき種類ならびに実施の時期・時間・回数・方法などを決めなければならない。
2　地域社会の要請と関連して，学校行事等の計画を作成し，実施する場合には，その教育的価値をじゅうぶん検討し，学校全体の教育計画を乱すことのないよう，特に留意する必要がある。
3　学校行事等の計画や実施にあたっては，学校生活に変化を与え，児童の生活を楽しく豊かなものにするとともに，集団行動における児童の規律的な態度を育てることなどにじゅうぶん配慮する必要がある。
4　学校行事等の計画や実施にあたっては，児重の負担過重に陥ることのないように考慮し，その健康や安全に特に留意しなければならない。
5　国民の祝日などにおいて儀式などを行う場合には，児童に対してこれらの祝日などの意義を理解させるとともに，国旗を掲揚し，君が代をせい唱させることが望ましい。
6　学校給食を実施する学校においては，給食時において，関係の教科，道徳および特別教育活動との関連を考慮して，適切な指導を行うようにしなければならない。

● 1958（昭和33）年　中学校学習指導要領

第3章　道徳，特別教育活動および学校行事等

第2節　特別教育活動

第1　目標

1　生徒の自発的・自治的な活動を通して，楽しく規律正しい学校生活を築き，自主的な生活態度や公民としての資質を育てる。
2　健全な趣味や豊かな教養を養い，余暇を活用する態度を育て，個性の伸長を助ける。
3　心身の健康の助長を図るとともに，将来の進路を選択する能力を養う。

第2　内容

特別教育活動においては，生徒会活動，クラブ活動，学級活動などを行うものとする。

A　生徒会活動

生徒会は，全校の生徒を会員とし，主として学校における生徒の生活の改善や福祉を目ざす活動，およびクラブ活動，学級活動などの生徒活動の連絡調整に関する活動を行う。

B　クラブ活動

クラブは，学年や学級の所属を離れて同好の生徒をもって組織し，共通の興味・関心を追求して，それぞれ文化的，体育的または生産的などの活動を行う。

C　学級活動

学級活動においては，学級としての諸問題の話合いと処理，レクリエーション，心身の健康の保持，将来の進路の選択などに関する活動を行う。

なお，特に将来の進路の選択に関する活動においては，次の事項についての指導（進路指導）を行うことが必要である。

(1)　自己の個性や家庭環境などについての理解

自己分析をしたり，諸検査の結果を検討したりして，各自の個性や家庭環境を理解するとともに，それらと学習や進路との関連，学習や進路の計画・相談の必要，進路選択の一般的めやすなどについて理解すること。

(2)　職業・上級学校などについての理解

職業については，産業との関連を考慮して，仕事の内容，社会的な役割，資格その他の諸条件，就職の機会などの概要について理解するとともに，上級学校や学校以外の教育施設などについては，将来の職業との関連を中心にして，それらの内容を理解すること。

(3)　就職（家事・家業従事を含む）や進学についての知識

求人申込の状況，事業所の要求，事業所の選び方，進学先の特色と選び方，採用試験，卒業者の進路状況などについて知ること。

(4)　将来の生活における適応についての理解

職業生活と学校生活との相違，将来の生活への適応のしかたなどについて理解すること。

第３　指導計画作成および指導上の留意事項

1　特別教育活動においては，生徒の自発的な活動を助長することがたてまえであるが，常に教師の適切な指導が必要である。

2　指導計画の作成にあたっては，各活動相互の関連ならびに各教科，道徳，学校行事等との関連に留意することが必要である。

3　指導計画においては，なるべく生徒がみずから計画を作り，自主的に活動するのを奨励し，援助するように図ることが望ましい。

4　学級活動は，毎学年35単位時間以上実施するものとし，このうち進路指導については，毎学年計画的に実施し，卒業までの実施時数は40単位時間を下ってはならない。

5　生徒会活動やクラブ活動などは，学校の事情に応じ適当な時間を設けて，計画的に実施するように配慮する必要がある。

6　クラブ活動に全校生徒が参加できることは望ましいことであるが，生徒の自発的な参加によってそのような結果が生れるように指導することがたいせつである。

7　クラブ活動は教科の学習と深い関連をもつ場合もあるが，そのような場合には，単に教科の補習を目ざすようなものとならないように注意する必要がある。

8　学級活動の指導は，学級担任の教師が担当することを原則とするが，進路指導などの場合には，その内容に応じて適当な他の教師の協力を受けることが望ましい。

9　特に学級活動における進路指導においては，一方的な知識の注入に陥らないように留意し，生徒の自主的な活動を促すとともに，できるだけ具体的な事例に即して指導を行うなど，効果的な方法をくふうする必要がある。

なお，個々の生徒に対する進路指導を徹底するためには，適当な機会をとらえて，面接相談などによる指導を行うことが望ましい。

10　生徒会などにおいては，必要により全校または学年の集会活動を計画し，実施するが，この場合には，学校行事等との関連をじゅうぶん図るように指導する必要がある。

第3節　学校行事等

第1　目標

学校行事等は，各教科，道徳および特別教育活動のほかに，これらとあいまって中学校教育の目標を達成するために，学校が計画し実施する教育活動とし，生徒の心身の健全な発達を図り，あわせて学校生活の充実・発展に資する。

第2　内容

学佼行事等においては，儀式，学芸的行事，保健体育的行事，遠足，修学旅行，学校給食，その他上記の目標を達成する教育活動を適宜行うものとする。

第3　指導計画作成および指導上の留意事項

1　学校行事等は，学校が計画し，実施するものであるが，その計画や実施にあたっては，生徒に自主的な協力をさせるように配慮し，特に特別教育活動との関連を図ることが望ましい。

2　学校行事等の計画にあたっては，年間を通ずる指導計画のもとに，各教科，道徳および特別教育活動との関連を配慮して，その種類，ならびに実施の時期，時間，回数，方法などを決定するものとする。

3　地域社会の要請と関連して，学校行事等の計画を作成し，実施する場合には，その教育的価値をじゅうぶん検討し，学校全体の教育計画を乱すことのないよう，特に留意する必要がある。

4　学校行事等の計画や実施にあたっては，学校生活に変化を与え，生徒の生活を楽しく豊かなものにするとともに，集団行動における生徒の規律的な態度を育てることなどにじゅうぶん配慮する必要がある。

5　学校行事等の計画や実施にあたっては，生徒の負担過重に陥ることのないように考慮し，その健康や安全に特に留意しなければならない。

6　国民の祝日などにおいて儀式などを行う場合には，生徒に対してこれらの祝日などの意義を理解させるとともに，国旗を掲揚し，君が代をせい唱させることが望ましい。

7　学校給食の実施にあたっては，給食時において，関係の教科，道徳および特別教育活動との関連を考慮して，適切な指導を行うようにしなければならない。

● 1960（昭和35）年　高等学校学習指導要領

第3章　特別教育活動および学校行事等

第1節　特別教育活動

第1款　目標

生徒の自発的な活動を通して，個性の伸長を図り，民主的な生活のあり方を身につけさせ，人間としての望ましい態度を養う。

第2款　ホームルーム，生徒会活動およびクラブ活動

第1　ホームルーム

1　目標

(1)　人間としての望ましい生き方を自覚させるとともに，民主的な人間関係を育てる。
(2)　生活を楽しく豊かなものにするとともに，日常生活における自律的な態度を養う。
(3)　心身の健康の助長を図るとともに，自主的に進路を選択決定する能力を養う。

2　内容

ホームルームは，学校における基礎的な生活の場であって，そこでは，主として次のことがらを取り扱う。

(1)　ホームルームとしての共同生活の問題
(2)　人間としての望ましい生き方に関する問題
(3)　進路の選択決定やその後の適応に関する問題
(4)　心身の健康の保持や安全に関する問題
(5)　レクリエーション

3　指導計画作成および指導上の留意事項

(1)　生徒の自発的な活動を助長することがたてまえであるが，常に教師の適切な指導が必要である。
(2)　指導計画の作成および実施にあたっては，生徒会活動やクラブ活動との関連および各教科・科目や学校行事等との関連に留意することが必要である。なお，「人間としての望ましい生き方に関する問題」などの取り扱いにあたっては，特に「社会」の「倫理・社会」との関連を図ることが必要である。
(3)　指導計画の作成および実施にあたっては，なるべく生徒がみずから活動の計画を作り，自主的に活動するのを奨励し，援助するように図ることが望ましい。
(4)　ホームルームに充てる時間のうち，毎週少なくとも1回は，長時間（教科・科目に通常充てる1単位時間）のものとして実施することが望ましい。
(5)　教師相互の共通理解を深めるとともに，常に生徒の理解に努め，青年期の特性に即した指導を行なうように留意することがたいせつである。
(6)　教師が積極的な指導を行なう場合にも，生徒の自主的な活動を促すとともに，できるだけ具体的な事例に即して指導を行なうなど，効果的な方法をくふうする必要がある。この場合，視聴覚教材などを利用するにあたっては，特に事前や事後の指導を怠らないように留意することがたいせつである。
　なお，個々の生徒に対する指導を徹底するためには，適当な機会をとらえて，面接相談などによる指導を行なうことが望ましい。
(7)　ホームルームの指導は，ホームルーム担任の教師が担当することを原則とするが，その内容によっては，適当な他の教師の協力を受けることが望ましい。
(8)「進路の選択決定やその後の適応に関する問題」については，最終学年のみでなく，毎学年計画的に指導することが必要である。

第2　生徒会活動

1　目標

(1)　学校生活を楽しく規律正しいものにし，よい校風を作る態度を養う。
(2)　学校生活における集団の活動に積極的に参加し，民主的に行動する態度を養う。
(3)　学校生活において自治的な能力を養うとともに，公民としての資質を向上させる。

2　内容

　生徒会は，全校の生徒を会員として，主として次のような活動を行なう。
(1)　学校における生徒の生活の改善や福祉の向上を図る活動
(2)　ホームルーム，クラブ活動などにおける生徒活動の連絡調整に関する活動
(3)　学校行事等への協力に関する活動

3　指導計画作成および指導上の留意事項

(1)　生徒の自発的な活動を助長することがたてまえであるが，常に教師の適切な指導が必要である。
(2)　指導計画の作成および実施にあたっては，ホームルームやクラブ活動との関連および各教科・科目や学校行事等との関連に留意することが必要である。
(3)　指導計画の作成および実施にあたっては，なるべく生徒がみずから活動の計画を作り，自主的に活動するのを奨励し，援助するように図ることが望ましい。
(4)　学校の事情に応じ，適当な時間を設けて，計画的に実施するように配慮する必要がある。
(5)　教師相互の共通理解を深めるとともに，常に生徒の理解に努め，青年期の特性に即した指導を行なうように留意することがたいせつである。
(6)　全校の生徒が生徒会の活動に対する関心をもち，その運営が民主的に行なわれるように配慮することがたいせつである。
(7)　必要により全校または学年の集会活動を計画し，実施するものとするが，この場合には，特に学校行事等との関連をじゅうぶん図るように指導する必要がある。

第3　クラブ活動

1　目標

(1)　健全な趣味や豊かな教養を養い，個性の伸長を図る。

(2)　心身の健康を助長し，余暇を活用する態度を養う。
(3)　自主性を育てるとともに，集団生活において協力していく態度を養う。

2　内容

クラブは，学年の所属を離れて同好の生徒をもって組織するものとし，それぞれ次のいずれかに属する活動を行なう。

(1)　文化的な活動
(2)　体育的な活動
(3)　生産的な活動
(4)　その他の活動

3　指導計画作成および指導上の留意事項

(1)　生徒の自発的な活動を助長することがたてまえであるが，常に教師の適切な指導が必要である。
(2)　指導計画の作成および実施あたっては，ホームルームや生徒会活動との関連および各教科・科目や学校行事等との関連に留意することが必要である。
(3)　指導計画の作成および実施にあたっては，なるべく生徒がみずから活動の計画を作り，自主的に活動するのを奨励し，援助するように図ることが望ましい。
(4)　学校の事情に応じ，適当な時間を設けて，計画的に実施するように配慮する必要がある。
(5)　教師相互の共通理解を深めるとともに，常に生徒の理解に努め，青年期の特性に即した指導を行なうように留意することがたいせつである。
(6)　指導にあたっては，生徒の興味や欲求の充足に留意するとともに，熱心さのあまりゆきすぎの活動に陥ることのないように配慮する必要がある。
(7)　クラブ活動に全校生徒が参加することは望ましいことであるが，生徒の自発的な参加によってそのような結果が生まれるように指導することがたいせつである。
(8)　クラブ活動は教科の学習と深いつながりをもつ場合もあるが，そのような場合には，単に教科の補習を目ざすようなものとならないように注意する必要がある。

第2節　学校行事等

1　目標

学校行事等は，各教科・科目および特別教育活動のほかに，これらとあいまって高等学校教育の目標を達成するために，学校が計画し実施する教育活動とし，生徒の心身の健全な発達を図り，あわせて学校生活の充実・発展に資する。

2　内容

学校行事等においては，儀式，学芸的行事，保健体育的行事，遠足，修学旅行，その他上記の目標を達成する教育活動を適宜行なうものとする。

3　指導計画作成および指導上の留意事項

(1)　学校行事等は，学校が計画し実施するものであるが，その計画や実施にあたっては，生徒に自主的，積極的に協力させるようにし，特に特別教育活動との関連において配慮することが必要である。
(2)　学校行事等の年間を通ずる計画の作成にあたっては，各教科・科目および特別教育活動との関連を考慮して，その種類，実施の時期・回数などを決定することが必要である。
(3)　学校行事等の計画や実施にあたっては，それぞれのねらいを明らかにするとともに，実施の時間・方法などを適切にするように配慮することがたいせつである。
(4)　地域社会の要請と関連して，学校行事等の計画を作成し，実施する場合には，その教育的価値をじゅうぶん検討し，学校全体の教育計画を乱すことのないように特に留意する必要がある。
(5)　学校行事等の計画や実施にあたっては，学校生活に変化を与え，生徒の生活を楽しく豊かなものにするとともに，集団行動における生徒の規律的な態度を育てることなどにじゅうぶん配慮する必要がある。
(6)　学校行事等の計画や実施にあたっては，生徒の負担過重に陥ることのないように考慮し，その健康や安全に特に留意しなければならない。

(7)　儀式を行なう場合には，それぞれの儀式の趣旨に添うように配慮することが必要である。なお，国民の祝日などにおいて儀式などを行なう場合には，生徒に対してこれらの祝日などの意義を理解させるとともに，国旗を掲揚し，君が代をせい唱させることが望ましい。
(8)　学芸的行事や保健体育的行事においては，平素の教育活動の成果を総合的に生かすようにし，それぞれの趣旨を逸脱することのないように考慮し，特に一部の生徒の活動に終始しないように配慮することが必要である。
(9)　遠足や修学旅行においては，綿密な計画のもとに実施し，楽しく，豊かな経験を得させるように配慮するとともに，特に安全その他の指導について細心の注意を払わなければならない。
(10)「その他上記の目標を達成する教育活動」の一部として，学校給食を実施する場合には，給食時において，適切な指導を行なうようにすることが必要である。

● 1968（昭和 43）年　小学校学習指導要領

第 4 章　特別活動

第 1　目標

望ましい集団活動を通して，心身の調和的な発達を図るとともに，個性を伸長し，協力してよりよい生活を築こうとする実践的態度を育てる。

第 2　内容

特別活動は，児童活動，学校行事および学級指導から成るものとする。

〔児童活動〕

1　目標

児童の自発的，自治的な実践活動を通して，健全な自主性と豊かな社会性を育成し，個性の伸長を図る。

このため，

(1)　所属する集団の一員としての役割を自覚して，集団の運営に進んで参加し，その向上発展に尽くすことができるようにする。
(2)　集団のなかで自己を正しく生かすとともに，他の成員と協力して，楽しく豊かな生活を築くことができるようにする。

2　内容

児童活動においては，児童会活動，学級会活動およびクラブ活動を行なうものとする。

(1)　児童会活動

児童会は，全校の児童をもって構成し，学校生活に関する諸問題を話し合い，解決し，さらに学校内の仕事を分担処理するための活動を行なうものとし，その運営は，主として高学年の児童が行なうものとする。

(2)　学級会活動

学級会は，学級ごとに，全員をもって組織し，学級生活に関する諸問題を話し合い，解決し，さらに学級内の仕事を分担処理するための活動を行なうものとする。

(3)　クラブ活動

クラブは，主として第 4 学年以上の同好の児童をもって組織し，共通の興味・関心を追求する活動を行なうものとする。

3　内容の取り扱い

(1)　児童活動の指導に当たっては，教師の適切な指導のもとに，児童の自発的な考えを可能なかぎり受け入れるようにし，取り上げるべき具体的な内容，方法，時間などを慎重に考慮する必要がある。
(2)　児童活動は児童の自発的，自治的な活動を基本とするものであるから，その計画は，固定的なものではなく，児童とともにいっそう具体的な実施計画を立てることができるような弾力性・融通性に富むものでなければならない。
(3)　指導に当たっては，特に下記の事項に留意する必要がある。

ア　児童会活動に関するもの
（ア）　児童会は，児童による実践的な活動を基本とするものであるから，その活動が具体的な学校生活の場面で実際に生かされるものでなければならないこと。
（イ）　児童会に所属する代表委員会の構成およびいくつかの委員会（またはこれに類するもの）の種別や数は，児童の希望，学校の実態などを考慮し，それぞれの活動が有機的関連をもって学校生活全体を向上しうるような配慮のもとに決めること。
（ウ）　児童会活動には，毎週または毎月一定の時間を充てることが望ましいこと。
イ　学級会活動に関するもの
（ア）　学級会は，学級のすべての児童が積極的に参加できる活動でなければならないこと。したがって，一部の児童だけが運営に参加することのないようにすること。
（イ）　学級会に所属するいくつかの係り（またはこれに類するもの）の種別や数は，児童の希望などを考慮して決めること。
（ウ）　学級会活動には，毎週1単位時間（1単位時間の長さは，各教科および道徳に準ずる。クラブ活動についても同じ。）を充てることが望ましいこと。
ウ　クラブ活動に関するもの
（ア）　クラブの種別や数は，児童の希望，学校の実態などを考慮して決めること。
（イ）　クラブ活動は各教科の学習と深い関連をもつ場合が多いのであるが，単に各教科の補習にならないようにすること。
（ウ）　クラブ活動には，毎週1単位時間を充てることが望ましいこと。

〔学校行事〕

1　目標

学校生活に秩序と変化を与える教育活動によって，児童の心身の健全な発達を図り，あわせて学校生活の充実と発展に資する。

このため，

(1)　行事に積極的に参加させ，日常の学習成果の総合的な発展を図るとともに，学校生活を明るく豊かなものとする。
(2)　集団への所属感を深めさせるとともに，集団行動における望ましい態度を育てる。

2　内容

学校行事においては，儀式，学芸的行事，保健体育的行事，遠足的行事および安全指導的行事を行なうものとする。

3　内容の取り扱い

(1)　学校行事においては，その目標の達成に有効な活動を精選し，実施の時期，時間，回数，方法などについて慎重に考慮しなければならない。
(2)　地域社会の要請と関連する学校行事については，学校全体の教育計画の観点から，その教育的価値についてじゅうぶん検討するよう特に留意する必要がある。
(3)　国民の祝日などにおいて儀式などを行なう場合には，児童に対してこれらの祝日などの意義を理解させるとともに，国旗を掲揚し，「君が代」を斉（せい）唱させることが望ましい。
(4)　学校行事の各種類には，次のような活動が考えられるが，各種類ごとに適宜の活動を取り上げて実施するものとする。

ア　儀式
　入学式，卒業式，始業式，終業式，国民の祝日における儀式，朝会その他
イ　学芸的行事
　学芸会，展覧会，映画会その他
ウ　保健体育的行事
　運動会，健康診断その他
エ　遠足的行事
　遠足，修学旅行その他
オ　安全指導的行事
　安全指導，避難訓練その他

〔学級指導〕
1　目標
学級における好ましい人間関係を育てるとともに，児童の心身の健康・安全の保持増進や健全な生活態度の育成を図る。
2　内容
学級指導においては，学校給食，保健指導，安全指導，学校図書館の利用指導その他学級を中心として指導する教育活動を適宜行なうものとする。
3　内容の取り扱い
(1)　学級指導においては，各教科，道徳ならびに特別活動の児童活動および学校行事における指導との関連をじゅうぶんに図るとともに，児童の個人差に応ずる指導を特に考慮する必要がある。
(2)　学校給食においては，食事の正しいあり方を体得させるとともに，食事を通して好ましい人間関係を育成し，児童の心身の健全な発達に資するように配慮しなければならない。
第3　指導計画の作成
1　指導計画の作成に当たっては，児童の発達段階をじゅうぶん考慮し，異なる学年の児童がともに活動する場合においても無理なく目標が達成されるよう配慮しなければならない。
2　児童活動，学校行事および学級指導の指導計画は，それぞれの特質に応じて作成しなければならない。その場合，それら相互の関連をじゅうぶん図るよう配慮する必要がある。

● 1969（昭和44）年　中学校学習指導要領

第4章　特別活動
第1　目標
教師と生徒および生徒相互の人間的な接触を基盤とし，望ましい集団活動を通して豊かな充実した学校生活を経験させ，もって人格の調和的な発達を図り，健全な社会生活を営む上に必要な資質の基礎を養う。
このため，
1　自律的，自主的な生活態度を養うとともに，公民としての資質，特に社会連帯の精神と自治的な能力の育成を図る。
2　心身の健全な発達を助長するとともに，現在および将来の生活において自己を正しく生かす能力を養い，勤労を尊重する態度を育てる。
3　集団の一員としての役割を自覚させ，他の成員と協調し友情を深めて，楽しく豊かな共同生活を築く態度を育て，集団の向上発展に尽くす能力を養う。
4　健全な趣味や豊かな教養を育て，余暇を善用する態度を養うとともに，能力・適性等の発見と伸長を助ける。
第2　内容
A　生徒活動
1　生徒活動の内容は，次のとおりとする。
(1)　生徒会活動
(2)　クラブ活動
(3)　学級会活動
2　生徒活動においては，教師の適切な指導のもとに，生徒が自発的，自治的な活動を展開しうるようにするとともに，全生徒が積極的に参加する活動となるようにする必要がある。その際，教師は，平素から生徒との接触を密にし，生徒の活動を内面から方向づけるなど，適切な援助を与えるように努める必要がある。
3　生徒会活動の内容の取り扱いに当たっては，次の事項に配慮する必要がある。
(1)　生徒会は，全生徒をもって組織し，生徒の学校生活の改善と向上を図る活動および生徒活動における他の諸活動間の連絡調整に関する活動を行なうこと。

(2)　生徒会活動においては，生徒総会（たとえば，年間の活動計画の決定，各種の役員の承認，生徒会規約の改正などを行なう。）各種の委員会（たとえば，生徒会の運営，各種の活動の企画立案，生徒の諸活動間の連絡調整などを行なう。）などにおける諸活動が有機的に関連をもつようにすること。
(3)　生徒会活動においては，生徒会の健全な運営により，全生徒が進んで参加し，個々の生徒のもつ問題や意見を適切に反映し，学校生活を楽しく規律正しいものにするとともに，よい校風を築く活動となるようにすること。
4　クラブ活動の内容の取り扱いに当たっては，次の事項に配慮する必要がある。
(1)　クラブは，学年や学級の所属を離れて共通の興味や関心をもつ生徒をもって組織することをたてまえとし，全生徒が文化的，体育的または生産的な活動を行なうこと。
(2)　クラブの種別や数は，生徒の希望，男女の構成，学校の伝統，施設設備の実態，指導に当たる教師の有無などを考慮して，適切に定めること。
(3)　クラブ活動は，各教科の単なる補習，一部の生徒を対象とする選手養成などのための活動となってはならないこと。
(4)　クラブ活動においては，各生徒がそれぞれ個性を発揮し，協力し合う活動となるようにすること。
5　学級会活動の内容の取り扱いに当たっては，次の事項に配慮する必要がある。
(1)　学級会は，学級の全生徒をもって組織し，学級生活に関する諸問題の解決，学級内の仕事の分担処理および楽しく規律正しい学級生活を築くことに関する活動を行なうこと。
(2)　学級会の係りなどの種別や数は，学級の実態，生徒の希望などを考慮して，適切に定めること。
　なお，それぞれの係りなどの活動の有機的な関連を図るとともに，それらの活動をできるだけ計画的に実施すること。
(3)　学級会活動においては，学級内における具体的な問題を積極的に話し合ったり，学級の仕事を協力して分担し合ったりする活動となるようにすること。

B　学級指導

1　学級指導の内容は，次のとおりとする。
(1)　個人的適応に関すること。
(2)　集団生活への適応に関すること。
(3)　学業生活に関すること。
(4)　進路の選択に関すること。
(5)　健康・安全に関すること。
2　学級指導の内容の取り扱いに当たっては，次の事項に配慮する必要がある。
(1)　学級指導においては，たとえば，次のような項目を取り上げるようにすること。
ア　個人的適応に関することとしては，新しい学校生活への適応，個人的な悩みや不安の解消，自己の個性の理解など。
イ　集団生活への適応に関することとしては，集団活動への適応，望ましい人間関係の確立，健全な生活態度の形成など。
ウ　学業生活に関することとしては，学業上の不適応の解消，学習意欲の高揚，望ましい学習習慣の形成など。
エ　進路の選択に関することとしては，進路への関心の高揚，進路の明確化とその吟味，適切な進路の選択など。
オ　健康・安全に関することとしては，心身の健康の増進，性的な発達への適応，安全な行動の習慣化など。
(2)　生徒の学校生活全般において起こる問題を考慮するとともに，学級指導の各内容相互の関連を図り，3年間を見通して，できるだけ具体的な資料や事例を活用し，組織的，発展的な指導を行なうようにすること。
　なお，進路の選択に関連する内容については，特に各学年にわたり取り扱うようにすること。
(3)　平素から，個々の生徒についての理解に必要な資料（たとえば，個人記録，家庭環境，地

域環境などの資料。）を豊富に収集するようにし，適切な指導となるようにすること。

なお，個々の生徒に対する指導の徹底を図るためには，生徒の家庭との連絡を密にし，教育相談（進路相談を含む。）などを，計画的に実施することが望ましいこと。

(4)　学校給食時には，食事についての適切な指導を行ない，望ましい食習慣の形成，好ましい人間関係の育成など，心身の健全な発達に資すること。

C　学校行事

1　学校行事の内容は，次のとおりとする。

(1)　儀式的行事

(2)　学芸的行事

(3)　体育的行事

(4)　修学旅行的行事

(5)　保健・安全的行事

(6)　勤労・生産的行事

2　学校行事の（1）から（6）までは，適宜行なうものとし，その内容の取り扱いに当たっては，次の事項に配慮する必要がある。

(1)　儀式的行事においては，生活に有意義な変化や折り目をつけ，清新な気分を味わい，新しい生活の展開への動機づけとなるような活動にすること。

(2)　学芸的行事においては，平素の学習活動の成果を総合的に生かすようにし，さらにその後の向上への意欲をつちかうような活動にすること。

(3)　体育的行事においては，心身の健全な発達に資し，公正に行動し，進んで規則を守り，互いに協力して責任を果たすような活動にすること。

(4)　修学旅行的行事においては，平素と異なる生活環境の中にあって，見聞を広めるとともに，楽しく豊かな集団行動を行なうことにより，集団生活のきまり，公衆道徳などについての望ましい体験をつむような活動にすること。

(5)　保健・安全的行事においては，生徒が自己の心身の発達，健康の保持などについての理解を深めるとともに，安全な行動が体得できるような活動にすること。

(6)　勤労・生産的行事においては，勤労の尊さや意義，創造することの喜びなどが体得できるとともに，職業についての啓発的な経験が得られるような活動にすること。

3　学校行事については，精選に努めるとともに，その実施に当たっては，次の事項に配慮する必要がある。

(1)　主として，学校または学年，あるいはそれらに準ずる集団による活動を行なうものとすること。

(2)　生徒の健康・安全などを考慮し，特に負担過重にならないようにすること。また，事前および事後の指導を適切に行ない，実施する行事のねらいを明確にし，その意義を理解させ，積極的な参加意欲を育成するようにすること。

(3)　地域社会の要請と関連する学校行事については，学校全体の教育計画の観点から，その教育的な価値について，じゅうぶん検討するようにすること。

(4)　国民の祝日などにおいて儀式などを行なう場合には，生徒に対してこれらの祝日などの意義を理解させるとともに，国旗を掲揚し，「君が代」を斉唱（せいしょう）させることが望ましいこと。

第3　指導計画の作成と内容全体にわたる取り扱い

1　特別活動に充てる授業時数については，次のとおりとする。

(1)　クラブ活動，学級会活動および学級指導（学校給食を除く。）のそれぞれに充てる授業時数は，学校や学級の実態を考慮して，適切に定めること。

なお，この際，クラブ活動に充てる授業時数については，選択教科等に充てる授業時数の運用，1単位時間の定め方などによって，毎週，適切な時間を確保するように配慮すること。

(2)　生徒会活動および学校行事については，それぞれの内容の特質に応じて，年間，学期または月ごとなどに，適切な時間を充てるものとすること。また，その実施の時期，回数，方法などについても，地域や学校の実態に応じて，適切に定めること。

(3)　学校給食の指導には，学校の実態を考慮して，適切な時間を設けること。
2　特別活動を指導する教師の担当については，次のとおりとする。
(1)　学級会活動および学級指導については，主として学級ごとに，学級担任の教師が指導を行なうことを原則とする。
(2)　生徒会活動，クラブ活動および学校行事については，学校の指導体制を確立して，できるだけ全教師がそれぞれ適切な指導を行なうこと。
3　指導計画は，生徒の発達段階や特性を考慮するとともに，各教科および道徳との密接な関連のもとに，中学校教育の目標を達成するための教育活動であることを明確にし，特に，学校の創意と教育的識見を生かして作成されなければならない。
4　指導計画の作成に当たっては，生徒活動，学級指導および学校行事のそれぞれについて，相互に密接な関連を図るとともに，次の事項に配慮する必要がある。
(1)　生徒の自主的，実践的な活動を助長しうるように作成すること。この際，それぞれの内容の特質に応じて，できるだけ生徒がみずから活動の計画を立てるように援助すること。
(2)　地域や学校の実態，青年期の特性，生徒の個人差などを，じゅうぶん考慮すること。
5　特別活動の評価は，関係する教師の協力により，学級担任の教師を中心として，平素から個々の生徒の活動の状況，発達の状況などの把握（はあく）に努め，適正に行なう必要がある。

● 1970（昭和45）年　高等学校学習指導要領

第3章　各教科以外の教育活動

第1款　目標

望ましい集団活動を通して豊かな充実した学校生活を経験させ，自律的，自主的な生活態度を養うとともに，民主的な社会および国家の形成者として必要な資質の基礎を育てる。

このため，

1　人間として相互に尊重し合い，友情を深めるとともに，集団の規律を遵守し，責任を重んじ，協力して共同生活の充実発展に尽くす態度を養う。
2　広く考え，公正に判断し，誠実に実践する態度を養うとともに，公民としての資質，特に社会連帯の精神と自治的な能力の伸長を図る。
3　心身の健康を増進し，個性を伸長するとともに，人間としての望ましい生き方を自覚させ，将来の生活において自己を実現する能力を育てる。
4　健全な趣味や豊かな情操を育て，余暇を活用する態度を養うとともに，勤労を尊重する精神の確立を図る。

第2款　内容

第1　ホームルーム

1　内容

ホームルームは，学校における基礎的な生活の場であって，そこでは，主として次のことがらを取り扱う。

(1)　ホームルームとしての共同生活の充実に関する問題
(2)　個人としての生き方に関する問題
(3)　集団の一員としての生き方に関する問題
(4)　学業生活および進路の選択決定に関する問題

2　内容の取り扱い

(1)　教師は，平素から生徒との接触を密にし，好ましい人間関係を育てるように配慮するとともに，適切な指導のもとに，生徒の自発的な活動を助長するように努める必要がある。
(2)　内容の取り扱いに当たっては，たとえば，次のような項目を取り上げるようにする。
ア　ホームルームとしての共同生活の充実に関する問題としては，ホームルーム内の諸問題の話し合いと処理，生徒会活動・クラブ活動および学校行事と関連する問題の処理など。
イ　個人としての生き方に関する問題としては，青年期の特質や自己の個性の理解，望ましい生

活態度の確立，自他の生命の安全と健康の増進，男女の特性と相互のあり方についての理解など。
ウ　集団の一員としての生き方に関する問題としては，家族をはじめ身近な集団の一員としてのあり方，社会人としてのあり方，国民としての生き方など。
エ　学業生活および進路の選択決定に関する問題としては，各教科・科目等の選択，学業生活への適応，進路の吟味と選択，将来の職業生活等への適応など。
(3)　内容の指導に当たっては，次の事項に配慮するものとする。
ア　生徒の学校生活全般において起こる問題を考慮するとともに，ホームルームの各内容相互の関連を図り，できるだけ具体的な資料や事例を活用して，計画的な指導を行なうようにすること。
　なお，進路の選択決定に関連する内容については，特に各学年にわたり取り扱うようにすること。
イ　平素から，個々の生徒についての理解に必要な資料（たとえば，個人記録，家庭環境，地域環境などの資料。）を豊富に収集するようにし，適切な指導となるようにすること。
　なお，個々の生徒に対する指導の徹底を図るためには，生徒の家庭との連絡を密にし，教育相談（進路相談を含む。）などを，計画的に実施することが望ましいこと。
ウ　内容の (2)，(3) などの取り扱いに当たっては，特に社会の「倫理・社会」との関連を図ること。

第2　生徒会活動

1　内容

　生徒会は，全校の生徒を会員とし，主として次の活動を行なう。
(1)　学校における生徒の生活の改善と向上を図る活動
(2)　ホームルームおよびクラブ活動における生徒の活動の連絡調整に関する活動
(3)　学校行事への協力に関する活動

2　内容の取り扱い

(1)　教師は，平素から生徒との接触を密にし，好ましい人間関係を育てるように配慮するとともに，適切な指導のもとに，生徒が自発的，自治的な活動を展開しうるように努める必要がある。
(2)　内容の取り扱いについては，次のとおりとする。
ア　学校における生徒の生活の改善と向上を図る活動としては，たとえば，学校生活における規律とよい校風の確立，環境の美化，会員の知的教養と情操の向上，親睦と互助などのための活動を取り上げること。
イ　生徒会活動においては，生徒総会（たとえば，年間の活動計画の決定，各種の役員の承認，生徒会規約の改正などを行なう。），各種の委員会（たとえば，生徒会の運営，各種の活動の企画立案，生徒の諸活動間の連絡調整などを行なう。）などにおける諸活動が有機的に関連をもつようにすること。
(3)　内容の指導に当たっては，次の事項に配慮するものとする。
ア　全校の生徒が進んで活動に参加し，生徒会の運営が民主的に行なわれるようにするとともに，それを通して，個々の生徒が自己の意見を正しく表明し，他人の意見を尊重する態度を身につけるようにすること。
イ　全校または学年の集会活動を計画し，実施する場合には，特に学校行事との関連をじゅうぶんに図ること。

第3　クラブ活動

1　内容

　クラブは，学年やホームルームの所属を離れて共通の興味や関心をもつ生徒をもって組織することをたてまえとし，次のいずれかに属する活動を行なう。
(1)　文化的な活動
(2)　体育的な活動
(3)　生産的な活動

2　内容の取り扱い
(1)　教師は，平素から生徒との接触を密にし，好ましい人間関係を育てるように配慮するとともに，適切な指導のもとに生徒が自発的，自治的な活動を展開しうるように努める必要がある。
(2)　内容の取り扱いについては，次のとおりとする。
ア　全生徒がいずれかのクラブに所属するものとすること。
イ　クラブの種別や数は，生徒の希望，男女の構成，学校の伝統，施設設備の実態，指導に当たる教師の有無などを考慮し，適切に定めること。
(3)　内容の指導に当たっては，次の事項に配慮するものとする。
ア　各教科・科目の単なる補習，一部の生徒を対象とする選手養成などのための活動とならないようにすること。
イ　クラブ活動においては，個々の生徒の趣味や特技を育てるように努めるとともに，相互に協力して友情を深める活動となるようにすること。
第4　学校行事
1　内容
　学校行事は，主として全校または学年，あるいはそれらに準ずる集団による活動とし，次のことがらを適宜行なう。
(1)　儀式的行事
(2)　学芸的行事
(3)　体育的行事
(4)　旅行的行事
(5)　保健・安全的行事
(6)　勤労・生産的行事
2　内容の取り扱い
(1)　学校行事を計画し，実施するに当たっては，それぞれの行事の特質に応じて，生徒に自主的，積極的な協力をさせるように配慮する必要がある。
(2)　内容の取り扱いについては，次のとおりとする。
ア　儀式的行事においては，生活に有意義な変化や折り目をつけ，清新な気分を味わい，新しい生活の展開への動機づけとなるような活動にすること。
イ　学芸的行事においては，平素の学習活動の成果を総合的に生かすようにし，さらにその後の向上への意欲をつちかうような活動にすること。
ウ　体育的行事においては，心身の健全な発達に資し，公正に行動し，進んで規則を守り，互いに協力して責任を果たすような活動にすること。
エ　旅行的行事においては，平素と異なる生活環境の中にあって，見聞を広めるとともに，楽しく豊かな集団行動を行なうことにより，集団生活のきまり，公衆道徳などについての望ましい体験をつむような活動にすること。
オ　保健・安全的行事においては，生徒が自己の心身の発達，健康の保持などについての理解を深めるとともに，安全な行動が体得できるような活動にすること。
カ　勤労・生産的行事においては，勤労の尊さや意義，創造することの喜びなどが体得できるとともに，職業についての啓発的な経験が得られるような活動にすること。
(3)　学校行事については，精選に努めるとともに，内容の指導に当たっては，次の事項に配慮するものとする。
ア　学校の教育方針についての理解を深めるとともに，愛校心を育て，望ましい校風の形成に役だつようにすること。
イ　生徒の健康・安全などを考慮し，特に負担過重にならないようにすること。また，事前および事後の指導を適切に行ない，実施する行事のねらいを明確にし，その意義を理解させ，積極的な参加意欲を育成するようにすること。
ウ　地域社会の要請と関連する学校行事については，学校全体の教育計画の観点から，その教育的な価値についてじゅうぶん検討するようにすること。
エ　国民の祝日などにおいて儀式などを行なう場合には，生徒に対してこれらの祝日などの意義

を理解させるとともに，国旗を掲揚し，「君が代」を齊唱させることが望ましいこと。なお，儀式の内容については，従来の慣習だけにたよったり，単に形式的なものになったりすることのないよう配慮すること。

第3款　指導計画の作成と内容全体にわたる取り扱い

1　ホームルーム，生徒会活動および学校行事に充てる授業時数については，次の事項に配慮するものとする。

(1)　ホームルームのうち，第1章第1節第5款の1に定めるところにより履修させるものについては，毎週少なくとも1回は，長時間（各教科・科目に通常充てる1単位時間。）のものとして実施すること。

(2)　生徒会活動および学校行事については，それぞれの内容の特質に応じて，年間，学期または月ごとなどに，適切な時間を充てるものとすること。また，その実施の時期，回数，方法などについても，地域や学校の実態に応じて，適切に定めること。

2　各教科以外の教育活動を指導する教師の担当については，次の事項に配慮するものとする。

(1)　ホームルームについては，ホームルームごとに担任の教師を定めて指導を行なうこととするが，その内容によっては，適当な他の教師に担当を依頼すること，資料の提供を求めることなどの積極的な協力を受けること。

(2)　生徒会活動，クラブ活動および学校行事については，教師相互の共通理解を深めるとともに，学校の指導体制を確立して，できるだけ全教師がそれぞれ適切な指導を行なうこと。

3　指導計画は，生徒の発達段階や特性を考慮するとともに，各教科・科目との密接な関連のもとに，高等学校教育の目標を達成するための教育活動であることを明確にし，特に，学校の創意と教育的識見を生かして作成されなければならない。

4　指導計画の作成に当たっては，ホームルーム，生徒会活動，クラブ活動および学校行事のそれぞれについて，相互に密接な関連を図るとともに，次の事項に配慮するものとする。

(1)　生徒の自主的，実践的な活動を助長しうるように作成すること。この際，それぞれの内容の特質に応じて，できるだけ生徒がみずから活動の計画を立てるように援助すること。

(2)　地域や学校の実態，青年期の特性，生徒の個人差などをじゅうぶん考慮すること。

5　学校給食を実施する場合には，各教科以外の教育活動の一環として，適切な指導を行なうものとする。

6　各教科以外の教育活動の評価は，関係する教師の協力により，ホームルームの担任の教師を中心として，平素から個々の生徒の活動の状況，発達の状況などの把握に努め，適正に行なうものとする。

● 1977（昭和52）年　小学校学習指導要領

第4章　特別活動

第1　目標

望ましい集団活動を通して，心身の調和のとれた発達を図り，個性を伸長するとともに，集団の一員としての自覚を深め，協力してよりよい生活を築こうとする自主的，実践的な態度を育てる。

第2　内容

A　児童活動

(1)　学級会活動

学級会は，学級の全児童をもって組織し，学級生活における諸問題を話し合い，その解決を図る活動及び学級内の仕事の分担処理に関する活動を行うこと。

(2)　児童会活動

児童会は，学校の全児童をもって組織し，学校生活における諸問題を話し合い，その解決を図る活動及び学校内の仕事の分担処理に関する活動を行うこととし，その運営は，主として高学年の児童が行うこと。

(3)　クラブ活動
　クラブは，主として第4学年以上の同好の児童をもって組織し，共通の興味や関心を追求する活動を行うこと。
B　学校行事
(1)　儀式的行事
　学校生活に有意義な変化や折り目を付け，清新な気分を味わい，新しい生活の展開への動機付けとなるような活動を行うこと。
(2)　学芸的行事
　平素の学習活動の成果を総合的に生かし，一層の向上を図ることができるような活動を行うこと。
(3)　体育的行事
　心身の健全な発達と体力の向上に資し，公正に行動し，協力して責任を果たす態度を育てること。
(4)　遠足・旅行的行事
　校外において見聞を広め，集団生活のきまり，公衆道徳などについての望ましい体験を積むことができるような活動を行うこと。
(5)　保健・安全的行事
　心身の発達，健康の保持増進などについての理解を深め，安全な行動が体得できるような活動を行うこと。
(6)　勤労・生産的行事
　勤労の尊さや意義，奉仕の精神などが体得できるような活動を行うこと。
C　学級指導
(1)　学級生活や学校生活への適応に関する指導
(2)　保健・安全に関する指導
(3)　学校給食の指導，学校図書館の利用の指導
第3　指導計画の作成と内容の取扱い
1　指導計画は，学校の創意を生かすとともに児童の発達段階を十分考慮して作成するものとする。児童については，教師の適切な指導の下に，特に児童の自発的，自治的な実践活動が展開されるように配慮する必要がある。
2　学級会活動，クラブ活動及び学級指導（学校給食に係るものを除く。）のそれぞれに充てる授業時間数は，学校や学級の実態を考慮して適切に定めるものとする。
3　国民の祝日などにおいて儀式などを行う場合には，児童に対してこれらの祝日などの意義を理解させるとともに，国旗を掲揚し，国歌を齊唱（せいしょう）させることが望ましい。
4　第2の内容のCに掲げる各事項については，学校や学級の実態に応じて計画的に取り上げ指導するものとする。

● 1977（昭和52）年　中学校学習指導要領

第4章　特別活動
第1　目標
　望ましい集団活動を通して，心身の調和のとれた発達を図り，個性を伸長するとともに，集団の一員としての自覚を深め，協力してよりよい生活を築こうとする自主的，実践的な態度を育てる。
第2　内容
A　生徒活動
(1)　学級会活動
　学級会は，学級の全生徒をもって組織し，学級生活における諸問題の解決を図る活動，学級内の仕事の分担処理に関する活動及び楽しく規律正しい学級生活を築くための活動を行うこと。

(2)　生徒会活動
　生徒会は，学校の全生徒をもって組織し，学校生活の充実や改善向上を図る活動，生徒の他の諸活動についての連絡調整に関する活動及び学校行事への協力に関する活動を行うこと。
(3)　クラブ活動
　クラブは，学年や学級の所属を離れ，共通の興味や関心をもつ生徒をもって組織することを原則とし，全生徒が文化的な活動，体育的な活動又は生産的な活動のいずれかの活動を行うこと。
B　学校行事
(1)　儀式的行事
　学校生活に有意義な変化や折り目を付け，清新な気分を味わい，新しい生活の展開への動機付けになるような活動を行うこと。
(2)　学芸的行事
　平素の学習活動の成果を総合的に生かすようにし，向上への意欲を育てるような活動を行うこと。
(3)　体育的行事
　心身の健全な発達と体力の向上に資し，公正に行動し，規則を守り，協力して責任を果たすような活動を行うこと。
(4)　旅行的行事
　平素と異なる生活環境の中にあって見聞を広め，集団生活のきまり，公衆道徳などについての望ましい体験を積むような活動を行うこと。
(5)　保健・安全的行事
　心身の発達，健康の保持増進などについての理解を深め，安全な行動が体得できるような活動を行うこと。
(6)　勤労・生産的行事
　勤労の尊さや意義を理解し，働くことや創造することの喜びが体得できるようにするとともに，職業や社会奉仕についての啓発的な経験が得られるような活動を行うこと。
C　学級指導
(1)　個人及び集団の一員としての在り方に関すること。
　新しい学校生活への適応，個人的な悩みや不安の解消，望ましい人間関係の確立，自己の個性の理解などを取り上げること。
(2)　学業生活の充実に関すること。
　選択教科等の適切な選択の援助，学業上の不適応の解消，学習の意欲や態度の形成，学校図書館の利用の方法などを取り上げること。
(3)　進路の適切な選択に関すること。
　進路適性の吟味，進路の明確化，適切な進路選択の方法などを取り上げること。
(4)　健康で安全な生活などに関すること。
　心身の健康の増進，性的な発達への適応，安全な行動の習慣化，学校給食の指導などを取り上げること。

第3　指導計画の作成と内容の取扱い

1　特別活動を指導する教師の担当は，次のとおりとする。
(1)　学級会活動及び学級指導については，主として学級ごとに，学級担任の教師が指導することを原則とし，取り上げる内容によっては，他の教師の協力を得ること。
(2)　生徒会活動，クラブ活動及び学校行事については，全教師の協力により適切に指導すること。
2　指導計画は，学校の創意を生かすとともに，生徒の発達段階を考慮し，生徒自身による実践的な活動が助長されるように作成するものとする。生徒活動については，教師の適切な指導の下に，特に生徒の自発的，自治的な活動が展開されるように配慮する必要がある。また，教育相談（進路相談を含む。）については，生徒の家庭との連絡を密にし，適切に実施できるように配慮する必要がある。
3　学級会活動，クラブ活動及び学級指導（学校給食に係るものを除く。）のそれぞれに充てる

授業時数は，学校や学級の実態を考慮して適切に定めるものとする。クラブ活動については，毎週実施できるように配慮する必要がある。また，学校において計画する教育活動でクラブ活動と関連の深いものについても，適切に実施できるように配慮する必要がある。
4　国民の祝日などにおいて儀式などを行う場合には，生徒に対してこれらの祝日などの意義を理解させるとともに，国旗を掲揚し，国歌を斉唱（せいしょう）させることが望ましい。
5　学級指導においては，個々の生徒についての理解を深め，人間的な触れ合いを基礎にして，計画的な指導を行う必要がある。

● 1978（昭和 53）年　高等学校学習指導要領

第 3 章　特別活動

第 1　目標

望ましい集団活動を通して，心身の調和のとれた発達を図り，個性を伸長するとともに集団の一員としての自覚を深め，協力してよりよい生活を築こうとする自主的，実践的な態度を育て，将来において自己を正しく生かす能力を養う。

第 2　内容

A　ホームルーム

ホームルームは，学校における生徒の基礎的な生活集団として編成し，主として次の事項を取り扱う。
(1)　集団生活の充実に関すること。
(2)　学業生活の在り方に関すること。
(3)　進路の適切な選択決定に関すること。
(4)　健康で安全な生活に関すること。
(5)　人間としての望ましい生き方に関すること。

B　生徒会活動

生徒会は，全生徒を会員として組織し，主として次の活動を行う。
(1)　学校生活の充実や改善向上を図る活動
(2)　生徒の諸活動間の連絡調整に関する活動
(3)　学校行事への協力に関する活動

C　クラブ活動

クラブは，学年やホームルームの所属を離れて共通の興味や関心をもつ生徒をもって組織することを原則とし，次のいずれかに属する活動を行う。
(1)　文化的な活動
(2)　体育的な活動
(3)　生産的な活動

D　学校行事

学校行事は，主として全校若しくは学年，又はそれらに準ずる集団による活動とし，次の行事を適宜行う。
(1)　儀式的行事
(2)　学芸的行事
(3)　体育的行事
(4)　旅行的行事
(5)　保健・安全的行事
(6)　勤労・生産的行事

第 3　指導計画の作成と内容の取扱い

1　特別活動を指導する教師の担当は，次のとおりとする。
(1)　ホームルームについては，主としてホームルームごとに，ホームルーム担任の教師が指導することを原則とし，取り上げる内容によっては，他の教師の協力を得ること。

(2)　生徒会活動，クラブ活動及び学校行事については，学校の指導体制を確立し，全教師がそれぞれ適切に指導すること。
2　特別活動の指導計画の作成に当たっては，次の事項に配慮するものとする。
(1)　学校の創意を生かすとともに，生徒の発達段階や特性を考慮し，教師の適切な指導の下に，生徒自身による実践的な活動を助長すること。その際，勤労にかかわる体験的な学習の機会をできるだけ取り入れること。
(2)　教育相談（進路相談を含む。）については，家庭との連絡を密にし，適切に実施できるようにすること。
3　内容の取扱いに当たっては，次の事項に配慮するものとする。
(1)　ホームルームにおいては，生徒相互の人間関係を密にするとともに，生徒の自発的な活動を助長することにより，ホームルーム内の諸問題の解決を図り，健全な生活態度の形成に資すること。また，ホームルームの五つの事項相互の関連を図るとともに，社会科，特に「現代社会」との関連を図り，道徳性の育成に資すること。
(2)　生徒会活動及びクラブ活動においては，生徒の自発的，自治的な活動を助長するとともに，生徒の立てる活動の計画に基づく展開となるように援助すること。また，全生徒がいずれかのクラブに所属すること。
(3)　学校行事においては，個々の行事の特質に応じ，生徒の自発的な活動を助長すること。
(4)　国民の祝日などにおいて儀式などを行う場合には，生徒に対してこれらの祝日などの意義を理解させるとともに，国旗を掲揚し，国歌を齊唱（せいしょう）させることが望ましいこと。
(5)　学校においては，特別活動との関連を十分考慮して文化部や運動部などの活動が活発に実施されるようにするものとすること。また，特別活動の一環として学校給食を実施する場合には，適切な指導を行うこと。

● 1989（平成元）年　小学校学習指導要領

第 4 章　特別活動

第 1　目標

望ましい集団活動を通して，心身の調和のとれた発達と個性の伸長を図るとともに，集団の一員としての自覚を深め，協力してよりよい生活を築こうとする自主的，実践的な態度を育てる。

第 2　内容

A　学級活動

学級活動においては，学級を単位として，学級生活の充実と向上を図り，健全な生活態度の育成に資する活動を行うこと。
(1)　学級や学校の生活の充実と向上に関すること。学級や学校における生活上の諸問題の解決，学級内の仕事の分担処理など
(2)　日常の生活や学習への適応及び健康や安全に関すること。不安や悩みの解消，基本的な生活習慣の形成，望ましい人間関係の育成，意欲的な学習態度の形成，学校図書館の利用や情報の適切な活用，健康で安全な生活態度の形成，学校給食など

B　児童会活動

児童会活動においては，学校の全児童をもって組織する児童会において，学校生活の充実と向上のために諸問題を話し合い，協力してその解決を図る活動を行うこと。

C　クラブ活動

クラブ活動においては，学年や学級の所属を離れ，主として第 4 学年以上の同好の児童をもって組織するクラブにおいて，共通の興味や関心を追求する活動を行うこと。

D　学校行事

学校行事においては，全校又は学年を単位として，学校生活に秩序と変化を与え，集団への所属感を深め，学校生活の充実と発展に資する体験的な活動を行うこと。
(1)　儀式的行事

学校生活に有意義な変化や折り目を付け，厳粛で清新な気分を味わい，新しい生活の展開への動機付けとなるような活動を行うこと。
(2) 学芸的行事
平素の学習活動の成果を総合的に生かし，その向上の意欲を一層高めるような活動を行うこと。
(3) 健康安全・体育的行事
心身の健全な発達や健康の保持増進などについての関心を高め，安全な行動や規律ある集団行動の体得，運動に親しむ態度の育成，責任感や連帯感の涵養，体力の向上などに資するような活動を行うこと。
(4) 遠足・集団宿泊的行事
平素と異なる生活環境にあって，見聞を広め，自然や文化などに親しむとともに，集団生活の在り方や公衆道徳などについての望ましい体験を積むことができるような活動を行うこと。
(5) 勤労生産・奉仕的行事
勤労の尊さや生産の喜びを体得するとともに，社会奉仕の精神を涵養する体験が得られるような活動を行うこと。

第3 指導計画の作成と内容の取扱い

1 指導計画の作成に当たっては，次の事項に配慮するものとする。
(1) 学校の創意工夫を生かすとともに，学校の実態や児童の発達段階などを考慮し，児童による自主的，実践的な活動が助長されるようにすること。
(2) 学級活動（学校給食に係るものを除く。）及びクラブ活動については，学校や児童の実態に応じた指導が行われるよう適切にそれぞれの授業時数を配当すること。
(3) 学級活動の指導については，学校や児童の実態に応じて取り上げる指導内容の重点化を図るようにすること。また，生徒指導との関連を図るようにすること。
(4) 学校行事については，学校や地域及び児童の実態に応じて，各種類ごとに，行事及びその内容を精選して実施すること。
2 第2の内容の取扱いについては，次の事項に配慮する必要がある。
(1) 学級活動，児童会活動及びクラブ活動の指導については，指導内容の特質に応じて，教師の適切な指導の下に，児童の自発的，自治的な活動が展開されるようにすること。
(2) 児童会活動の運営は，主として高学年の児童が行うこと。
3 入学式や卒業式などにおいては，その意義を踏まえ，国旗を掲揚するとともに，国歌を斉唱するよう指導するものとする。

● 1989（平成元）年　中学校学習指導要領

第4章 特別活動

第1 目標

望ましい集団活動を通して，心身の調和のとれた発達と個性の伸長を図り，集団の一員としてよりよい生活を築こうとする自主的，実践的な態度を育てるとともに，人間としての生き方についての自覚を深め自己を生かす能力を養う。

第2 内容

A 学級活動

学級活動においては，学級を単位として，学級や学校の生活の充実と向上を図り，生徒が当面する諸課題への対応や健全な生活態度の育成に資する活動を行うこと。
(1) 学級や学校の生活の充実と向上に関すること。
学級や学校における生活上の諸問題の解決，学級内の組織づくりや仕事の分担処理など
(2) 個人及び社会の一員としての在り方，学業生活の充実及び健康や安全に関すること。
ア 青年期の理解，自己の個性の理解，個人的な不安や悩みの解消，健全な生き方の探求，望ましい人間関係の確立など
イ 自主的な学習の意欲や態度の形成，選択教科等の適切な選択，学校図書館の利用，情報の適

切な活用など
ウ　健康で安全な生活態度や習慣の形成，性的な発達への適応，学校給食など
(3)　将来の生き方と進路の適切な選択に関すること。
　進路適正の吟味，進路情報の理解と活用，望ましい職業観の形成，将来の生活の設計，適切な進路の選択など
B　生徒会活動
　生徒会活動においては，学校の全生徒をもって組織する生徒会において，学校生活の充実や改善向上を図る活動，生徒の諸活動についての連絡調整に関する活動及び学校行事への協力に関する活動などを行うこと。
C　クラブ活動
　クラブ活動においては，原則として学年や学級の所属を離れ，共通の興味や関心をもつ生徒をもって組織するクラブにおいて，全生徒が文化的，体育的，生産的又は奉仕的な活動のいずれかの活動を行うこと。
D　学校行事
　学校行事においては，全校又は学年を単位として，学校生活に秩序と変化を与え，集団への所属感を深め，学校生活の充実と発展に資する体験的な活動を行うこと。
(1)　儀式的行事
　学校生活に有意義な変化や折り目を付け，厳粛で清新な気分を味わい，新しい生活の展開への動機付けとなるような活動を行うこと。
(2)　学芸的行事
　平素の学習活動の成果を総合的に生かし，その向上の意欲を一層高めるような活動を行うこと。
(3)　健康安全・体育的行事
　心身の健全な発達や健康の保持増進などについての理解を深め，安全な行動や規律ある集団行動の体得，運動に親しむ態度の育成，責任感や連帯感の涵〔かん〕養，体力の向上などに資するような活動を行うこと。
(4)　旅行・集団宿泊的行事
　平素と異なる生活環境にあって，見聞を広め，自然や文化などに親しむとともに，集団生活の在り方や公衆道徳などについての望ましい体験を積むことができるような活動を行うこと。
(5)　勤労生産・奉仕的行事
　勤労の尊さや意義を理解し，働くことや創造することの喜びを体得し，社会奉仕の精神を養うとともに，職業や進路にかかわる啓発的な体験が得られるような活動を行うこと。

第3　指導計画の作成と内容の取扱い

1　指導計画の作成に当たっては，次の事項に配慮するものとする。
(1)　学校の創意工夫を生かすとともに，学校の実態や生徒の発達段階などを考慮し，教師の適切な指導の下に，生徒による自主的，実践的な活動が助長されるようにすること。
(2)　生徒指導の機能を十分に生かすとともに，教育相談（進路相談を含む。）についても，生徒の家庭との連絡を密にし，適切に実施できるようにすること。
(3)　学級活動（学校給食に係るものを除く。）については，年間35単位時間程度以上の授業時数を配当するものとし，毎週実施するようにすること。学級活動に配当する授業時数の3分の2程度は第2の内容のAの（2）及び（3）の指導に配当すること。
(4)　クラブ活動に充てる授業時敷は，クラブ活動のねらいの達成のために必要な時間が確保されるよう，学校の実態等を考慮して，適切に定めること。
2　学級活動については，学校や生徒の実態に応じて取り上げる指導内容の重点化を図るよう配慮するものとする。また，個々の生徒についての理解を深め，人間的な触れ合いを基礎に指導を行うとともに，指導内容の特質に応じて，教師の適切な指導の下に，生徒の目的，自治的な活動が助長されるよう配慮するものとする。
3　生徒会活動及びクラブ活動については，教師の適切な指導の下に，生徒の自発的，自治的な活動が展開されるよう配慮するものとする。
4　クラブ活動については，学校や生徒の実態に応じて実施の形態や方法などを適切に工夫する

よう配慮するものとする。なお，部活動に参加する生徒については，当該部活動への参加によりクラブ活動を履修した場合と同様の成果があると認められるときは，部活動への参加をもってクラブ活動の一部又は全部の履修に替えることができるものとする。
5　学校行事については，学校や地域及び生徒の実態に応じて，各種類ごとに，行事及びその内容を精選して実施するよう配慮するものとする。
6　入学式や卒業式などにおいては，その意義を踏まえ，国旗を掲揚するとともに，国歌を斉唱するよう指導するものとする。
7　学級活動については，主として学級ごとに，学級担任の教師が指導することを原則とし，活動の内容によって，他の教師などの協力を得ることとする。生徒会活動，クラブ活動及び学校行事については，全教師の協力により適切に指導するものとする。

● 1989（平成元）年　高等学校学習指導要領

第3章　特別活動
第1　目標
望ましい集団活動を通して，心身の調和のとれた発達と個性の伸長を図り，集団の一員としてよりよい生活を築こうとする自主的，実践的な態度を育てるとともに，人間としての在り方生き方についての自覚を深め，自己を生かす能力を養う。
第2　内容
A　ホームルーム活動
ホームルーム活動においては，学校における生徒の基礎的な生活集団として編成したホームルームを単位として，ホームルーム生活の充実と向上を図り，生徒が当面する諸課題への対応や健全な生活態度の育成に資する活動を行うこと。
(1)　ホームルームにおける集団生活の充実と向上に関すること。
ホームルームにおける生活上の諸問題の解決，ホームルームを基盤とした集団生活の向上など
(2)　個人及び社会の一員としての在り方生き方に関すること。
ア　個人生活及び社会生活の充実
青年期の特質の理解，自己の個性の理解，人間としての生き方の探求，男女相互の理解と協力，集団生活における人間関係の確立，国際理解と親善など
イ　学業生活の充実
主体的な学習態度の確立，教科・科目の適切な選択，学校図書館の利用，情報の適切な活用など
ウ　健康・安全
健康で安全な生活態度や習慣の確立など
(3)　将来の生き方と進路の適切な選択決定に関すること。
進路適性の理解，進路情報の理解と活用，望ましい職業観の形成，将来の生活の設計，適切な進路の選択決定，進路先への適応など
B　生徒会活動
生徒会活動においては，学校の全生徒をもって組織する生徒会において，学校生活の充実や改善向上を図る活動，生徒の諸活動についての連絡調整に関する活動及び学校行事への協力に関する活動などを行うこと。
C　クラブ活動
クラブ活動においては，原則として学年やホームルームの所属を離れ，共通の興味や関心をもつ生徒をもって組織するクラブにおいて，全生徒が文化的，体育的，生産的又は奉仕的な活動のいずれかの活動を行うこと。
D　学校行事
学校行事においては，全校若しくは学年又はそれらに準ずる集団を単位として，学校生活に秩序と変化を与え，集団への所属感を深め，学校生活の充実と発展に資する体験的な活動を行うこ

と。
(1)　儀式的行事
学校生活に有意義な変化や折り目を付け，厳粛で清新な気分を味わい，新しい生活の展開への動機付けとなるような活動を行うこと。
(2)　学芸的行事
平素の学習活動の成果を総合的に生かし，その向上の意欲を一層高めるような活動を行うこと。
(3)　健康安全・体育的行事
心身の健全な発達や健康の保持増進などについての理解を深め，安全な行動や規律ある集団行動の体得，運動に親しむ態度の育成，責任感や連帯感の涵養，体力の向上などに資するような活動を行うこと。
(4)　旅行・集団宿泊的行事
平素と異なる生活環境にあって，見聞を広め，自然や文化などに親しむとともに，集団生活の在り方や公衆道徳などについての望ましい体験を積むことができるような活動を行うこと。
(5)　勤労生産・奉仕的行事
勤労の尊さや意義を理解し，働くことや創造することの喜びを体得し，社会奉仕の精神を養うとともに，職業観の形成や進路の選択決定などに資する体験が得られるような活動を行うこと。

第3　指導計画の作成と内容の取扱い

1　指導計画の作成に当たっては，次の事項に配慮するものとする。
(1)　学校の創意工夫を生かすとともに，学校の実態や生徒の発達段階及び特性等を考慮し，教師の適切な指導の下に，生徒による自主的，実践的な活動が助長されるようにすること。その際，奉仕的な活動や，勤労にかかわる体験的な活動の機会をできるだけ取り入れること。
(2)　生徒指導の機能を十分に生かすとともに，教育相談（進路相談を含む。）についても，生徒の家庭との連絡を密にし，適切に実施できるようにすること。
(3)　人間としての在り方生き方の指導がホームルーム活動を中心として，特別活動の全体を通じて行われるようにすること。その際，他の教科，特に公民科との関連を図ること。
(4)　ホームルーム活動に配当する授業時数の3分の2程度は内容の（2）及び（3）に配当すること。
2　内容の取扱いに当たっては，次の事項に配慮するものとする。
(1)　内容のAにおいては，その特質に応じて教師の適切な指導を行うとともに，特に，次の事項に留意すること。
ア　内容の（1）については，ホームルーム内の諸問題の解決を図りホームルームが健全な学校生活の基盤となるよう，教師と生徒及び生徒相互の人間関係を密にし，生徒の自発的，自治的な活動を助長すること。
イ　内容の（2）及び（3）については，生徒一人一人が現在及び将来にわたる諸課題を明確にし，自主的，実践的な活動ができるよう援助すること。
ウ　内容の（1），（2）及び（3）相互の関連を図るとともに内容のB，C及びDとの関連を図ること。
(2)　内容のB及びCについては，教師の適切な指導の下に，生徒の自発的，自治的な活動が展開されるようにすること。
(3)　内容のCについては，学校や生徒の実態に応じて実施の形態や方法などを適切に工夫すること。なお，部活動に参加する生徒については，当該部活動への参加によりクラブ活動を履修した場合と同様の成果があると認められるときは，部活動への参加をもってクラブ活動の一部又は全部の履修に替えることができること。
(4)　内容のDについては，学校や地域及び生徒の実態に応じて，各種類ごとに，行事及びその内容を精選して実施すること。
(5)　特別活動の一環として学校給食を実施する場合には，適切な指導を行うこと。
3　入学式や卒業式などにおいては，その意義を踏まえ，国旗を掲揚するとともに，国歌を斉唱するよう指導するものとする。

4　特別活動の指導を担当する教師については，内容のAは，主としてホームルームごとにホームルーム担任の教師が指導することを原則とし，活動の内容によっては他の教師などの協力を得ることとする。内容のB，C及びDは，学校の指導体制を確立し，全教師の協力により適切に指導するものとする。

● 1998（平成10）年　小学校学習指導要領

第4章　特別活動

第1　目標

望ましい集団活動を通して，心身の調和のとれた発達と個性の伸長を図るとともに，集団の一員としての自覚を深め，協力してよりよい生活を築こうとする自主的，実践的な態度を育てる。

第2　内容

A　学級活動

学級活動においては，学級を単位として，学級や学校の生活の充実と向上を図り，健全な生活態度の育成に資する活動を行うこと。

(1)　学級や学校の生活の充実と向上に関すること。

学級や学校における生活上の諸問題の解決，学級内の組織づくりや仕事の分担処理など

(2)　日常の生活や学習への適応及び健康や安全に関すること。

希望や目標をもって生きる態度の形成，基本的な生活習慣の形成，望ましい人間関係の育成，学校図書館の利用，心身ともに健康で安全な生活態度の形成，学校給食と望ましい食習慣の形成など

B　児童会活動

児童会活動においては，学校の全児童をもって組織する児童会において，学校生活の充実と向上のために諸問題を話し合い，協力してその解決を図る活動を行うこと。

C　クラブ活動

クラブ活動においては，学年や学級の所属を離れ，主として第4学年以上の同好の児童をもって組織するクラブにおいて，共通の興味・関心を追求する活動を行うこと。

D　学校行事

学校行事においては，全校又は学年を単位として，学校生活に秩序と変化を与え，集団への所属感を深め，学校生活の充実と発展に資する体験的な活動を行うこと。

(1)　儀式的行事

学校生活に有意義な変化や折り目を付け，厳粛で清新な気分を味わい，新しい生活の展開への動機付けとなるような活動を行うこと。

(2)　学芸的行事

平素の学習活動の成果を総合的に生かし，その向上の意欲を一層高めるような活動を行うこと。

(3)　健康安全・体育的行事

心身の健全な発達や健康の保持増進などについての関心を高め，安全な行動や規律ある集団行動の体得，運動に親しむ態度の育成，責任感や連帯感の涵養，体力の向上などに資するような活動を行うこと。

(4) 遠足・集団宿泊的行事

平素と異なる生活環境にあって，見聞を広め，自然や文化などに親しむとともに，集団生活の在り方や公衆道徳などについての望ましい体験を積むことができるような活動を行うこと。

(5)　勤労生産・奉仕的行事

勤労の尊さや生産の喜びを体得するとともに，ボランティア活動など社会奉仕の精神を涵養する体験が得られるような活動を行うこと。

第3　指導計画の作成と内容の取扱い

1　指導計画の作成に当たっては，次の事項に配慮するものとする。

(1)　学校の創意工夫を生かすとともに，学校の実態や児童の発達段階などを考慮し，児童によ

る自主的，実践的な活動が助長されるようにすること。また，家庭や地域の人々との連携，社会教育施設等の活用などを工夫すること。
(2)　学級活動などにおいて，児童が自ら現在及び将来の生き方を考えることができるよう工夫すること。
(3)　クラブ活動については，学校や地域の実態等を考慮しつつ児童の興味・関心を踏まえて計画し実施できるようにすること。
2　第２の内容の取扱いについては，次の事項に配慮するものとする。
(1)　学級活動，児童会活動及びクラブ活動の指導については，指導内容の特質に応じて，教師の適切な指導の下に，児童の自発的，自治的な活動が効果的に展開されるようにするとともに，内容相互の関連を図るよう工夫すること。
(2)　学級活動については，学校や児童の実態に応じて取り上げる指導内容の重点化を図るようにすること。また，生徒指導との関連を図るようにすること。
(3)　児童会活動の運営は，主として高学年の児童が行うこと。
(4)　学校行事については，学校や地域及び児童の実態に応じて，各種類ごとに，行事及びその内容を重点化するとともに，行事間の関連や統合を図るなど精選して実施すること。また，実施に当たっては，幼児，高齢者，障害のある人々などとの触れ合い，自然体験や社会体験などを充実するよう工夫すること。
3　入学式や卒業式などにおいては，その意義を踏まえ，国旗を掲揚するとともに，国歌を斉唱するよう指導するものとする。

● 1998（平成 10）年　中学校学習指導要領

第４章　特別活動

第１　目標

望ましい集団活動を通して，心身の調和のとれた発達と個性の伸長を図り，集団や社会の一員としてよりよい生活を築こうとする自主的，実践的な態度を育てるとともに，人間としての生き方についての自覚を深め，自己を生かす能力を養う。

第２　内容

A　学級活動

学級活動においては，学級を単位として，学級や学校の生活への適応を図るとともに，その充実と向上，生徒が当面する諸課題への対応及び健全な生活態度の育成に資する活動を行うこと。
(1)　学級や学校の生活の充実と向上に関すること。
学級や学校における生活上の諸問題の解決，学級内の組織づくりや仕事の分担処理，学校における多様な集団の生活の向上など
(2)　個人及び社会の一員としての在り方，健康や安全に関すること。
ア　青年期の不安や悩みとその解決，自己及び他者の個性の理解と尊重，社会の一員としての自覚と責任，男女相互の理解と協力，望ましい人間関係の確立，ボランティア活動の意義の理解など
イ　心身ともに健康で安全な生活態度や習慣の形成，性的な発達への適応，学校給食と望ましい食習慣の形成など
(3)　学業生活の充実，将来の生き方と進路の適切な選択に関すること。
学ぶことの意義の理解，自主的な学習態度の形成と学校図書館の利用，選択教科等の適切な選択，進路適性の吟味と進路情報の活用，望ましい職業観・勤労観の形成，主体的な進路の選択と将来設計など

B　生徒会活動

生徒会活動においては，学校の全生徒をもって組織する生徒会において，学校生活の充実や改善向上を図る活動，生徒の諸活動についての連絡調整に関する活動，学校行事への協力に関する活動，ボランティア活動などを行うこと。

C　学校行事

学校行事においては，全校又は学年を単位として，学校生活に秩序と変化を与え，集団への所属感を深め，学校生活の充実と発展に資する体験的な活動を行うこと。

(1)　儀式的行事

学校生活に有意義な変化や折り目を付け，厳粛で清新な気分を味わい，新しい生活の展開への動機付けとなるような活動を行うこと。

(2)　学芸的行事

平素の学習活動の成果を総合的に生かし，その向上の意欲を一層高めるような活動を行うこと。

(3)　健康安全・体育的行事

心身の健全な発達や健康の保持増進などについての理解を深め，安全な行動や規律ある集団行動の体得，運動に親しむ態度の育成，責任感や連帯感の涵（かん）養，体力の向上などに資するような活動を行うこと。

(4)　旅行・集団宿泊的行事

平素と異なる生活環境にあって，見聞を広め，自然や文化などに親しむとともに，集団生活の在り方や公衆道徳などについての望ましい体験を積むことができるような活動を行うこと。

(5)　勤労生産・奉仕的行事

勤労の尊さや創造することの喜びを体得し，職業や進路にかかわる啓発的な体験が得られるようにするとともに，ボランティア活動など社会奉仕の精神を養う体験が得られるような活動を行うこと。

第3　指導計画の作成と内容の取扱い

1　指導計画の作成に当たっては，次の事項に配慮するものとする。

(1)　学校の創意工夫を生かすとともに，学校の実態や生徒の発達段階などを考慮し，教師の適切な指導の下に，生徒による自主的，実践的な活動が助長されるようにすること。また，家庭や地域の人々との連携，社会教育施設等の活用などを工夫すること。

(2)　生徒指導の機能を十分に生かすとともに，教育相談（進路相談を含む。）についても，生徒の家庭との連絡を密にし，適切に実施できるようにすること。

(3)　学校生活への適応や人間関係の形成，選択教科や進路の選択などの指導に当たっては，ガイダンスの機能を充実するよう学級活動等の指導を工夫すること。

2　第2の内容の取扱いについては，次の事項に配慮するものとする。

(1)　学級活動については，学校や生徒の実態に応じて取り上げる指導内容の重点化を図るようにすること。また，個々の生徒についての理解を深め，信頼関係を基礎に指導を行うとともに，指導内容の特質に応じて，教師の適切な指導の下に，生徒の自発的，自治的な活動が助長されるようにすること。

(2)　生徒会活動については，教師の適切な指導の下に，生徒の自発的，自治的な活動が展開されるようにすること。

(3)　学校行事については，学校や地域及び生徒の実態に応じて，各種類ごとに，行事及びその内容を重点化するとともに，行事間の関連や統合を図るなど精選して実施すること。また，実施に当たっては，幼児，高齢者，障害のある人々などとの触れ合い，自然体験や社会体験などを充実するよう工夫すること。

3　入学式や卒業式などにおいては，その意義を踏まえ，国旗を掲揚するとともに，国歌を斉唱するよう指導するものとする。

● 1999（平成11）年　高等学校学習指導要領

第4章　特別活動

第1　目標

望ましい集団活動を通して，心身の調和のとれた発達と個性の伸長を図り，集団や社会の一員としてよりよい生活を築こうとする自主的，実践的な態度を育てるとともに，人間としての在り

方生き方についての自覚を深め，自己を生かす能力を養う。

第2　内容

A　ホームルーム活動

ホームルーム活動においては，学校における生徒の基礎的な生活集団として編成したホームルームを単位として，ホームルームや学校の生活への適応を図るとともに，その充実と向上，生徒が当面する諸課題への対応及び健全な生活態度の育成に資する活動を行うこと。

(1)　ホームルームや学校の生活の充実と向上に関すること。

ホームルームや学校における生活上の諸問題の解決，ホームルーム内の組織づくりと自主的な活動，学校における多様な集団の生活の向上など

(2)　個人及び社会の一員としての在り方生き方，健康や安全に関すること。

ア　青年期の悩みや課題とその解決，自己及び他者の個性の理解と尊重，社会生活における役割の自覚と自己責任，男女相互の理解と協力，コミュニケーション能力の育成と人間関係の確立，ボランティア活動の意義の理解，国際理解と国際交流など

イ　心身の健康と健全な生活態度や習慣の確立，生命の尊重と安全な生活態度や習慣の確立など

(3)　学業生活の充実，将来の生き方と進路の適切な選択決定に関すること。

学ぶことの意義の理解，主体的な学習態度の確立と学校図書館の利用，教科・科目の適切な選択，進路適性の理解と進路情報の活用，望ましい職業観・勤労観の確立，主体的な進路の選択決定と将来設計など

B　生徒会活動

生徒会活動においては，学校の全生徒をもって組織する生徒会において，学校生活の充実や改善向上を図る活動，生徒の諸活動についての連絡調整に関する活動，学校行事への協力に関する活動，ボランティア活動などを行うこと。

C　学校行事

学校行事においては，全校若しくは学年又はそれらに準ずる集団を単位として，学校生活に秩序と変化を与え，集団への所属感を深め，学校生活の充実と発展に資する体験的な活動を行うこと。

(1)　儀式的行事

学校生活に有意義な変化や折り目を付け，厳粛で清新な気分を味わい，新しい生活の展開への動機付けとなるような活動を行うこと。

(2)　学芸的行事

平素の学習活動の成果を総合的に生かし，その向上の意欲を一層高めるような活動を行うこと。

(3)　健康安全・体育的行事

心身の健全な発達や健康の保持増進などについての理解を深め，安全な行動や規律ある集団行動の体得，運動に親しむ態度の育成，責任感や連帯感の涵（かん）養，体力の向上などに資するような活動を行うこと。

(4)　旅行・集団宿泊的行事

平素と異なる生活環境にあって，見聞を広め，自然や文化などに親しむとともに，集団生活の在り方や公衆道徳などについての望ましい体験を積むことができるような活動を行うこと。

(5)　勤労生産・奉仕的行事

勤労の尊さや創造することの喜びを体得し，職業観の形成や進路の選択決定などに資する体験が得られるようにするとともに，ボランティア活動など社会奉仕の精神を養う体験が得られるような活動を行うこと。

第3　指導計画の作成と内容の取扱い

1　指導計画の作成に当たっては，次の事項に配慮するものとする。

(1)　学校の創意工夫を生かすとともに，学校の実態や生徒の発達段階及び特性等を考慮し，教師の適切な指導の下に，生徒による自主的，実践的な活動が助長されるようにすること。その際，ボランティア活動や，就業体験など勤労にかかわる体験的な活動の機会をできるだけ取り入れるとともに，家庭や地域の人々との連携，社会教育施設等の活用などを工夫すること。

(2)　生徒指導の機能を十分に生かすとともに，教育相談（進路相談を含む。）についても，生

徒の家庭との連絡を密にし，適切に実施できるようにすること。
(3)　学校生活への適応や人間関係の形成，教科・科目や進路の選択などの指導に当たっては，ガイダンスの機能を充実するようホームルーム活動等の指導を工夫すること。
(4)　人間としての在り方生き方の指導がホームルーム活動を中心として，特別活動の全体を通じて行われるようにすること。その際，他の教科，特に公民科との関連を図ること。
2　内容の取扱いについては，次の事項に配慮するものとする。
(1)　ホームルーム活動については，学校や生徒の実態に応じて取り上げる指導内容の重点化を図るようにすること。また，個々の生徒についての理解を深め，信頼関係を基礎に指導を行うとともに，指導内容の特質に応じて，教師の適切な指導の下に，生徒の自発的，自治的な活動が助長されるようにすること。
(2)　生徒会活動については，教師の適切な指導の下に，生徒の自発的，自治的な活動が展開されるようにすること。
(3)　学校行事については，学校や地域及び生徒の実態に応じて，各種類ごとに，行事及びその内容を重点化するとともに，行事間の関連や統合を図るなど精選して実施すること。また，実施に当たっては，幼児，高齢者，障害のある人々などとの触れ合い，自然体験や社会体験などを充実するよう工夫すること。
(4)　特別活動の一環として学校給食を実施する場合には，適切な指導を行うこと。
3　入学式や卒業式などにおいては，その意義を踏まえ，国旗を掲揚するとともに，国歌を斉唱するよう指導するものとする。
4　ホームルーム活動については，主としてホームルームごとにホームルーム担任の教師が指導することを原則とし，活動の内容によっては他の教師などの協力を得ることとする。

● 2008（平成 20）年　小学校学習指導要領

第 6 章　特別活動

第 1　目標

望ましい集団活動を通して，心身の調和のとれた発達と個性の伸長を図り，集団の一員としてよりよい生活や人間関係を築こうとする自主的，実践的な態度を育てるとともに，自己の生き方についての考えを深め，自己を生かす能力を養う。

第 2　各活動・学校行事の目標及び内容

〔学級活動〕

1　目標

学級活動を通して，望ましい人間関係を形成し，集団の一員として学級や学校におけるよりよい生活づくりに参画し，諸問題を解決しようとする自主的，実践的な態度や健全な生活態度を育てる。

2　内容

〔第 1 学年及び第 2 学年〕

学級を単位として，仲良く助け合い学級生活を楽しくするとともに，日常の生活や学習に進んで取り組もうとする態度の育成に資する活動を行うこと。

〔第 3 学年及び第 4 学年〕

学級を単位として，協力し合って楽しい学級生活をつくるとともに，日常の生活や学習に意欲的に取り組もうとする態度の育成に資する活動を行うこと。

〔第 5 学年及び第 6 学年〕

学級を単位として，信頼し支え合って楽しく豊かな学級や学校の生活をつくるとともに，日常の生活や学習に自主的に取り組もうとする態度の向上に資する活動を行うこと。

〔共通事項〕

(1)　学級や学校の生活づくり

ア　学級や学校における生活上の諸問題の解決

イ　学級内の組織づくりや仕事の分担処理
ウ　学校における多様な集団の生活の向上
(2)　日常の生活や学習への適応及び健康安全
ア　希望や目標をもって生きる態度の形成
イ　基本的な生活習慣の形成
ウ　望ましい人間関係の形成
エ　清掃などの当番活動等の役割と働くことの意義の理解
オ　学校図書館の利用
カ　心身ともに健康で安全な生活態度の形成
キ　食育の観点を踏まえた学校給食と望ましい食習慣の形成

〔児童会活動〕

1　目標

児童会活動を通して，望ましい人間関係を形成し，集団の一員としてよりよい学校生活づくりに参画し，協力して諸問題を解決しようとする自主的，実践的な態度を育てる。

2　内容

学校の全児童をもって組織する児童会において，学校生活の充実と向上を図る活動を行うこと。

(1)　児童会の計画や運営
(2)　異年齢集団による交流
(3)　学校行事への協力

〔クラブ活動〕

1　目標

クラブ活動を通して，望ましい人間関係を形成し，個性の伸長を図り，集団の一員として協力してよりよいクラブづくりに参画しようとする自主的，実践的な態度を育てる。

2　内容

学年や学級の所属を離れ，主として第4学年以上の同好の児童をもって組織するクラブにおいて，異年齢集団の交流を深め，共通の興味・関心を追求する活動を行うこと。

(1)　クラブの計画や運営
(2)　クラブを楽しむ活動
(3)　クラブの成果の発表

〔学校行事〕

1　目標

学校行事を通して，望ましい人間関係を形成し，集団への所属感や連帯感を深め，公共の精神を養い，協力してよりよい学校生活を築こうとする自主的，実践的な態度を育てる。

2　内容

全校又は学年を単位として，学校生活に秩序と変化を与え，学校生活の充実と発展に資する体験的な活動を行うこと。

(1)　儀式的行事

学校生活に有意義な変化や折り目を付け，厳粛で清新な気分を味わい，新しい生活の展開への動機付けとなるような活動を行うこと。

(2)　文化的行事

平素の学習活動の成果を発表し，その向上の意欲を一層高めたり，文化や芸術に親しんだりするような活動を行うこと。

(3)　健康安全・体育的行事

心身の健全な発達や健康の保持増進などについての関心を高め，安全な行動や規律ある集団行動の体得，運動に親しむ態度の育成，責任感や連帯感の涵（かん）養，体力の向上などに資するような活動を行うこと。

(4)　遠足・集団宿泊的行事

自然の中での集団宿泊活動などの平素と異なる生活環境にあって，見聞を広め，自然や文化な

どに親しむとともに，人間関係などの集団生活の在り方や公衆道徳などについての望ましい体験を積むことができるような活動を行うこと。
(5)　勤労生産・奉仕的行事
　勤労の尊さや生産の喜びを体得するとともに，ボランティア活動などの社会奉仕の精神を養う体験が得られるような活動を行うこと。
第3　指導計画の作成と内容の取扱い
1. 指導計画の作成に当たっては，次の事項に配慮するものとする。
(1)　特別活動の全体計画や各活動・学校行事の年間指導計画の作成に当たっては，学校の創意工夫を生かすとともに，学級や学校の実態や児童の発達の段階などを考慮し，児童による自主的，実践的な活動が助長されるようにすること。また，各教科，道徳，外国語活動及び総合的な学習の時間などの指導との関連を図るとともに，家庭や地域の人々との連携，社会教育施設等の活用などを工夫すること。
(2)〔学級活動〕などにおいて，児童が自ら現在及び将来の生き方を考えることができるよう工夫すること。
(3)〔クラブ活動〕については，学校や地域の実態等を考慮しつつ児童の興味・関心を踏まえて計画し実施できるようにすること。
(4)　第1章総則の第1の2及び第3章道徳の第1に示す道徳教育の目標に基づき，道徳の時間などとの関連を考慮しながら，第3章道徳の第2に示す内容について，特別活動の特質に応じて適切な指導をすること。
2. 第2の内容の取扱いについては，次の事項に配慮するものとする。
(1)〔学級活動〕，〔児童会活動〕及び〔クラブ活動〕の指導については，指導内容の特質に応じて，教師の適切な指導の下に，児童の自発的，自治的な活動が効果的に展開されるようにするとともに，内容相互の関連を図るよう工夫すること。また，よりよい生活を築くために集団としての意見をまとめるなどの話合い活動や自分たちできまりをつくって守る活動，人間関係を形成する力を養う活動などを充実するよう工夫すること。
(2)〔学級活動〕については，学級，学校及び児童の実態，学級集団の育成上の課題や発達の課題及び第3章道徳の第3の1の（3）に示す道徳教育の重点などを踏まえ，各学年段階において取り上げる指導内容の重点化を図るとともに，必要に応じて，内容間の関連や統合を図ったり，他の内容を加えたりすることができること。また，学級経営の充実を図り，個々の児童についての理解を深め，児童との信頼関係を基礎に指導を行うとともに，生徒指導との関連を図るようにすること。
(3)〔児童会活動〕の運営は，主として高学年の児童が行うこと。
(4)〔学校行事〕については，学校や地域及び児童の実態に応じて，各種類ごとに，行事及びその内容を重点化するとともに，行事間の関連や統合を図るなど精選して実施すること。また，実施に当たっては，異年齢集団による交流，幼児，高齢者，障害のある人々などとの触れ合い，自然体験や社会体験などの体験活動を充実するとともに，体験活動を通して気付いたことなどを振り返り，まとめたり，発表し合ったりするなどの活動を充実するよう工夫すること。
3. 入学式や卒業式などにおいては，その意義を踏まえ，国旗を掲揚するとともに，国歌を斉唱するよう指導するものとする。

● 2008（平成20）年　中学校学習指導要領

第5章　特別活動
第1　目標
　望ましい集団活動を通して，心身の調和のとれた発達と個性の伸長を図り，集団や社会の一員としてよりよい生活や人間関係を築こうとする自主的，実践的な態度を育てるとともに，人間としての生き方についての自覚を深め，自己を生かす能力を養う。
第2　各活動・学校行事の目標及び内容

〔学級活動〕

1　目標

学級活動を通して，望ましい人間関係を形成し，集団の一員として学級や学校におけるよりよい生活づくりに参画し，諸問題を解決しようとする自主的，実践的な態度や健全な生活態度を育てる。

2　内容

学級を単位として，学級や学校の生活の充実と向上，生徒が当面する諸課題への対応に資する活動を行うこと。

(1)　学級や学校の生活づくり

ア　学級や学校における生活上の諸問題の解決

イ　学級内の組織づくりや仕事の分担処理

ウ　学校における多様な集団の生活の向上

(2)　適応と成長及び健康安全

ア　思春期の不安や悩みとその解決

イ　自己及び他者の個性の理解と尊重

ウ　社会の一員としての自覚と責任

エ　男女相互の理解と協力

オ　望ましい人間関係の確立

カ　ボランティア活動の意義の理解と参加

キ　心身ともに健康で安全な生活態度や習慣の形成

ク　性的な発達への適応

ケ　食育の観点を踏まえた学校給食と望ましい食習慣の形成

(3)　学業と進路

ア　学ぶことと働くことの意義の理解

イ　自主的な学習態度の形成と学校図書館の利用

ウ　進路適性の吟味と進路情報の活用

エ　望ましい勤労観・職業観の形成

オ　主体的な進路の選択と将来設計

〔生徒会活動〕

1　目標

生徒会活動を通して，望ましい人間関係を形成し，集団や社会の一員としてよりよい学校生活づくりに参画し，協力して諸問題を解決しようとする自主的，実践的な態度を育てる。

2　内容

学校の全生徒をもって組織する生徒会において，学校生活の充実と向上を図る活動を行うこと。

(1)　生徒会の計画や運営

(2)　異年齢集団による交流

(3)　生徒の諸活動についての連絡調整

(4)　学校行事への協力

(5)　ボランティア活動などの社会参加

〔学校行事〕

1　目標

学校行事を通して，望ましい人間関係を形成し，集団への所属感や連帯感を深め，公共の精神を養い，協力してよりよい学校生活を築こうとする自主的，実践的な態度を育てる。

2　内容

全校又は学年を単位として，学校生活に秩序と変化を与え，学校生活の充実と発展に資する体験的な活動を行うこと。

(1)　儀式的行事

学校生活に有意義な変化や折り目を付け，厳粛で清新な気分を味わい，新しい生活の展開への

動機付けとなるような活動を行うこと。
(2) 文化的行事
平素の学習活動の成果を発表し，その向上の意欲を一層高めたり，文化や芸術に親しんだりするような活動を行うこと。
(3) 健康安全・体育的行事
心身の健全な発達や健康の保持増進などについての理解を深め，安全な行動や規律ある集団行動の体得，運動に親しむ態度の育成，責任感や連帯感の涵（かん）養，体力の向上などに資するような活動を行うこと。
(4) 旅行・集団宿泊的行事
平素と異なる生活環境にあって，見聞を広め，自然や文化などに親しむとともに，集団生活の在り方や公衆道徳などについての望ましい体験を積むことができるような活動を行うこと。
(5) 勤労生産・奉仕的行事
勤労の尊さや創造することの喜びを体得し，職場体験などの職業や進路にかかわる啓発的な体験が得られるようにするとともに，共に助け合って生きることの喜びを体得し，ボランティア活動などの社会奉仕の精神を養う体験が得られるような活動を行うこと。

第3　指導計画の作成と内容の取扱い

1. 指導計画の作成に当たっては，次の事項に配慮するものとする。
(1) 特別活動の全体計画や各活動・学校行事の年間指導計画の作成に当たっては，学校の創意工夫を生かすとともに，学校の実態や生徒の発達の段階などを考慮し，生徒による自主的，実践的な活動が助長されるようにすること。また，各教科，道徳及び総合的な学習の時間などの指導との関連を図るとともに，家庭や地域の人々との連携，社会教育施設等の活用などを工夫すること。
(2) 生徒指導の機能を十分に生かすとともに，教育相談（進路相談を含む。）についても，生徒の家庭との連絡を密にし，適切に実施できるようにすること。
(3) 学校生活への適応や人間関係の形成，進路の選択などの指導に当たっては，ガイダンスの機能を充実するよう〔学級活動〕等の指導を工夫すること。特に，中学校入学当初においては，個々の生徒が学校生活に適応するとともに，希望と目標をもって生活をできるよう工夫すること。
(4) 第1章総則の第1の2及び第3章道徳の第1に示す道徳教育の目標に基づき，道徳の時間などとの関連を考慮しながら，第3章道徳の第2に示す内容について，特別活動の特質に応じて適切な指導をすること。
2. 第2の内容の取扱いについては，次の事項に配慮するものとする。
(1) 〔学級活動〕及び〔生徒会活動〕の指導については，指導内容の特質に応じて，教師の適切な指導の下に，生徒の自発的，自治的な活動が効果的に展開されるようにするとともに，内容相互の関連を図るよう工夫すること。また，よりよい生活を築くために集団としての意見をまとめるなどの話合い活動や自分たちできまりをつくって守る活動，人間関係を形成する力を養う活動などを充実するよう工夫すること。
(2) 〔学級活動〕については，学校，生徒の実態及び第3章道徳の第3の1の(3)に示す道徳教育の重点などを踏まえ，各学年において取り上げる指導内容の重点化を図るとともに，必要に応じて，内容間の関連や統合を図ったり，他の内容を加えたりすることができること。また，個々の生徒についての理解を深め，生徒との信頼関係を基礎に指導を行うとともに，生徒指導との関連を図るようにすること。
(3) 〔学校行事〕については，学校や地域及び生徒の実態に応じて，各種類ごとに，行事及びその内容を重点化するとともに，行事間の関連や統合を図るなど精選して実施すること。また，実施に当たっては，幼児，高齢者，障害のある人々などとの触れ合い，自然体験や社会体験などの体験活動を充実するとともに，体験活動を通して気付いたことなどを振り返り，まとめたり，発表し合ったりするなどの活動を充実するよう工夫すること。
3. 入学式や卒業式などにおいては，その意義を踏まえ，国旗を掲揚するとともに，国歌を斉唱するよう指導するものとする。

● 2009（平成 21）年　高等学校学習指導要領

第５章　特別活動

第１　目標

望ましい集団活動を通して，心身の調和のとれた発達と個性の伸長を図り，集団や社会の一員としてよりよい生活や人間関係を築こうとする自主的，実践的な態度を育てるとともに，人間としての在り方生き方についての自覚を深め，自己を生かす能力を養う。

第２　各活動・学校行事の目標及び内容

〔ホームルーム活動〕

1　目標

ホームルーム活動を通して，望ましい人間関係を形成し，集団の一員としてホームルームや学校におけるよりよい生活づくりに参画し，諸問題を解決しようとする自主的，実践的な態度や健全な生活態度を育てる。

2　内容

学校における生徒の基礎的な生活集団として編成したホームルームを単位として，ホームルームや学校の生活の充実と向上，生徒が当面する諸課題への対応に資する活動を行うこと。

(1)　ホームルームや学校の生活づくり

ア　ホームルームや学校における生活上の諸問題の解決
イ　ホームルーム内の組織づくりと自主的な活動
ウ　学校における多様な集団の生活の向上

(2)　適応と成長及び健康安全

ア　青年期の悩みや課題とその解決
イ　自己及び他者の個性の理解と尊重
ウ　社会生活における役割の自覚と自己責任
エ　男女相互の理解と協力
オ　コミュニケーション能力の育成と人間関係の確立
カ　ボランティア活動の意義の理解と参画
キ　国際理解と国際交流
ク　心身の健康と健全な生活態度や規律ある習慣の確立
ケ　生命の尊重と安全な生活態度や規律ある習慣の確立

(3)　学業と進路

ア　学ぶことと働くことの意義の理解
イ　主体的な学習態度の確立と学校図書館の利用
ウ　教科・科目の適切な選択
エ　進路適性の理解と進路情報の活用
オ　望ましい勤労観・職業観の確立
カ　主体的な進路の選択決定と将来設計

〔生徒会活動〕

1　目標

生徒会活動を通して，望ましい人間関係を形成し，集団や社会の一員としてよりよい学校生活づくりに参画し，協力して諸問題を解決しようとする自主的，実践的な態度を育てる。

2　内容

学校の全生徒をもって組織する生徒会において，学校生活の充実と向上を図る活動を行うこと。

(1)　生徒会の計画や運営
(2)　異年齢集団による交流
(3)　生徒の諸活動についての連絡調整
(4)　学校行事への協力
(5)　ボランティア活動などの社会参画

〔学校行事〕

1　目標

学校行事を通して，望ましい人間関係を形成し，集団への所属感や連帯感を深め，公共の精神を養い，協力してよりよい学校生活や社会生活を築こうとする自主的，実践的な態度を育てる。

2　内容

全校若しくは学年又はそれらに準ずる集団を単位として，学校生活に秩序と変化を与え，学校生活の充実と発展に資する体験的な活動を行うこと。

(1)　儀式的行事

学校生活に有意義な変化や折り目を付け，厳粛で清新な気分を味わい，新しい生活の展開への動機付けとなるような活動を行うこと。

(2)　文化的行事

平素の学習活動の成果を総合的に生かし，その向上の意欲を一層高めたり，文化や芸術に親しんだりするような活動を行うこと。

(3)　健康安全・体育的行事

心身の健全な発達や健康の保持増進などについての理解を深め，安全な行動や規律ある集団行動の体得，運動に親しむ態度の育成，責任感や連帯感の涵（かん）養，体力の向上などに資するような活動を行うこと。

(4)　旅行・集団宿泊的行事

平素と異なる生活環境にあって，見聞を広め，自然や文化などに親しむとともに，集団生活の在り方や公衆道徳などについての望ましい体験を積むことができるような活動を行うこと。

(5)　勤労生産・奉仕的行事

勤労の尊さや創造することの喜びを体得し，就業体験などの職業観の形成や進路の選択決定などに資する体験が得られるようにするとともに，共に助け合って生きることの喜びを体得し，ボランティア活動などの社会奉仕の精神を養う体験が得られるような活動を行うこと。

第3　指導計画の作成と内容の取扱い

1　指導計画の作成に当たっては，次の事項に配慮するものとする。

(1)　特別活動の全体計画や各活動・学校行事の年間指導計画の作成に当たっては，学校の創意工夫を生かすとともに，学校の実態や生徒の発達の段階及び特性等を考慮し，生徒による自主的，実践的な活動が助長されるようにすること。また，各教科・科目や総合的な学習の時間などの指導との関連を図るとともに，家庭や地域の人々との連携，社会教育施設等の活用などを工夫すること。その際，ボランティア活動などの社会奉仕の精神を養う体験的な活動や就業体験などの勤労にかかわる体験的な活動の機会をできるだけ取り入れること。

(2)　生徒指導の機能を十分に生かすとともに，教育相談（進路相談を含む。）についても，生徒の家庭との連絡を密にし，適切に実施できるようにすること。

(3)　学校生活への適応や人間関係の形成，教科・科目や進路の選択などの指導に当たっては，ガイダンスの機能を充実するよう〔ホームルーム活動〕等の指導を工夫すること。特に，高等学校入学当初においては，個々の生徒が学校生活に適応するとともに，希望と目標をもって生活をできるよう工夫すること。

(4)〔ホームルーム活動〕を中心として特別活動の全体を通じて，特に社会において自立的に生きることができるようにするため，社会の一員としての自己の生き方を探求するなど，人間としての在り方生き方の指導が行われるようにすること。その際，他の教科，特に公民科や総合的な学習の時間との関連を図ること。

2　第2の内容の取扱いについては，次の事項に配慮するものとする。

(1)〔ホームルーム活動〕及び〔生徒会活動〕の指導については，指導内容の特質に応じて，教師の適切な指導の下に，生徒の自発的，自治的な活動が効果的に展開されるようにするとともに，内容相互の関連を図るよう工夫すること。また，よりよい生活を築くために集団としての意見をまとめるなどの話合い活動や自分たちできまりをつくって守る活動，人間関係を形成する力を養う活動などを充実するよう工夫すること。

(2)〔ホームルーム活動〕及び〔生徒会活動〕については，学校や地域及び生徒の実態に応じ

て，取り上げる指導内容の重点化を図るとともに，入学から卒業までを見通して，必要に応じて内容間の関連や統合を図ったり，他の内容を加えたりすることができること。また，〔ホームルーム活動〕については，個々の生徒についての理解を深め，生徒との信頼関係を基礎に指導を行うとともに，生徒指導との関連を図るようにすること。
(3) 〔学校行事〕については，学校や地域及び生徒の実態に応じて，各種類ごとに，行事及びその内容を重点化するとともに，入学から卒業までを見通して，行事間の関連や統合を図るなど精選して実施すること。また，実施に当たっては，幼児，高齢者，障害のある人々などとの触れ合い，自然体験や社会体験などの体験活動を充実するとともに，体験活動を通して気付いたことなどを振り返り，まとめたり，発表し合ったりするなどの活動を充実するよう工夫すること。
(4) 特別活動の一環として学校給食を実施する場合には，食育の観点を踏まえた適切な指導を行うこと。
3 入学式や卒業式などにおいては，その意義を踏まえ，国旗を掲揚するとともに，国歌を斉唱するよう指導するものとする。
4 〔ホームルーム活動〕については，主としてホームルームごとにホームルーム担任の教師が指導することを原則とし，活動の内容によっては他の教師などの協力を得ることとする。

● 2017（平成 29）年　小学校学習指導要領

第6章　特別活動

第1　目標

集団や社会の形成者としての見方・考え方を働かせ，様々な集団活動に自主的，実践的に取り組み，互いのよさや可能性を発揮しながら集団や自己の生活上の課題を解決することを通して，次のとおり資質・能力を育成することを目指す。
(1) 多様な他者と協働する様々な集団活動の意義や活動を行う上で必要となることについて理解し，行動の仕方を身に付けるようにする。
(2) 集団や自己の生活，人間関係の課題を見いだし，解決するために話し合い，合意形成を図ったり，意思決定したりすることができるようにする。
(3) 自主的，実践的な集団活動を通して身に付けたことを生かして，集団や社会における生活及び人間関係をよりよく形成するとともに，自己の生き方についての考えを深め，自己実現を図ろうとする態度を養う。

第2　各活動・学校行事の目標及び内容

〔学級活動〕

1　目標

学級や学校での生活をよりよくするための課題を見いだし，解決するために話し合い，合意形成し，役割を分担して協力して実践したり，学級での話合いを生かして自己の課題の解決及び将来の生き方を描くために意思決定して実践したりすることに，自主的，実践的に取り組むことを通して，第1の目標に掲げる資質・能力を育成することを目指す。

2　内容

1の資質・能力を育成するため，全ての学年において，次の各活動を通して，それぞれの活動の意義及び活動を行う上で必要となることについて理解し，主体的に考えて実践できるよう指導する。
(1) 学級や学校における生活づくりへの参画
ア　学級や学校における生活上の諸問題の解決
学級や学校における生活をよりよくするための課題を見いだし，解決するために話し合い，合意形成を図り，実践すること。
イ　学級内の組織づくりや役割の自覚
学級生活の充実や向上のため，児童が主体的に組織をつくり，役割を自覚しながら仕事を分担して，協力し合い実践すること。

ウ　学校における多様な集団の生活の向上
　児童会など学級の枠を超えた多様な集団における活動や学校行事を通して学校生活の向上を図るため，学級としての提案や取組を話し合って決めること。
(2)　日常の生活や学習への適応と自己の成長及び健康安全
ア　基本的な生活習慣の形成
　身の回りの整理や挨拶などの基本的な生活習慣を身に付け，節度ある生活にすること。
イ　よりよい人間関係の形成
　学級や学校の生活において互いのよさを見付け，違いを尊重し合い，仲よくしたり信頼し合ったりして生活すること。
ウ　心身ともに健康で安全な生活態度の形成
　現在及び生涯にわたって心身の健康を保持増進することや，事件や事故，災害等から身を守り安全に行動すること。
エ　食育の観点を踏まえた学校給食と望ましい食習慣の形成
　給食の時間を中心としながら，健康によい食事のとり方など，望ましい食習慣の形成を図るとともに，食事を通して人間関係をよりよくすること。
(3)　一人一人のキャリア形成と自己実現
ア　現在や将来に希望や目標をもって生きる意欲や態度の形成
　学級や学校での生活づくりに主体的に関わり，自己を生かそうとするとともに，希望や目標をもち，その実現に向けて日常の生活をよりよくしようとすること。
イ　社会参画意識の醸成や働くことの意義の理解
　清掃などの当番活動や係活動等の自己の役割を自覚して協働することの意義を理解し，社会の一員として役割を果たすために必要となることについて主体的に考えて行動すること。
ウ　主体的な学習態度の形成と学校図書館等の活用
　学ぶことの意義や現在及び将来の学習と自己実現とのつながりを考えたり，自主的に学習する場としての学校図書館等を活用したりしながら，学習の見通しを立て，振り返ること。
3　内容の取扱い
(1)　指導に当たっては，各学年段階で特に次の事項に配慮すること。
〔第1学年及び第2学年〕
　話合いの進め方に沿って，自分の意見を発表したり，他者の意見をよく聞いたりして，合意形成して実践することのよさを理解すること。基本的な生活習慣や，約束やきまりを守ることの大切さを理解して行動し，生活をよくするための目標を決めて実行すること。
〔第3学年及び第4学年〕
　理由を明確にして考えを伝えたり，自分と異なる意見も受け入れたりしながら，集団としての目標や活動内容について合意形成を図り，実践すること。自分のよさや役割を自覚し，よく考えて行動するなど節度ある生活を送ること。
〔第5学年及び第6学年〕
　相手の思いを受け止めて聞いたり，相手の立場や考え方を理解したりして，多様な意見のよさを積極的に生かして合意形成を図り，実践すること。高い目標をもって粘り強く努力し，自他のよさを伸ばし合うようにすること。
(2)　2の(3)の指導に当たっては，学校，家庭及び地域における学習や生活の見通しを立て，学んだことを振り返りながら，新たな学習や生活への意欲につなげたり，将来の生き方を考えたりする活動を行うこと。その際，児童が活動を記録し蓄積する教材等を活用すること。
〔児童会活動〕
1　目標
　異年齢の児童同士で協力し，学校生活の充実と向上を図るための諸問題の解決に向けて，計画を立て役割を分担し，協力して運営することに自主的，実践的に取り組むことを通して，第1の目標に掲げる資質・能力を育成することを目指す。
2　内容
　1の資質・能力を育成するため，学校の全児童をもって組織する児童会において，次の各活動

を通して，それぞれの活動の意義及び活動を行う上で必要となることについて理解し，主体的に考えて実践できるよう指導する。
(1) 児童会の組織づくりと児童会活動の計画や運営
児童が主体的に組織をつくり，役割を分担し，計画を立て，学校生活の課題を見いだし解決するために話し合い，合意形成を図り実践すること。
(2) 異年齢集団による交流
児童会が計画や運営を行う集会等の活動において，学年や学級が異なる児童と共に楽しく触れ合い，交流を図ること。
(3) 学校行事への協力
学校行事の特質に応じて，児童会の組織を活用して，計画の一部を担当したり，運営に協力したりすること。
3 内容の取扱い
(1) 児童会の計画や運営は，主として高学年の児童が行うこと。その際，学校の全児童が主体的に活動に参加できるものとなるよう配慮すること。
〔クラブ活動〕
1 目標
異年齢の児童同士で協力し，共通の興味・関心を追求する集団活動の計画を立てて運営することに自主的，実践的に取り組むことを通して，個性の伸長を図りながら，第1の目標に掲げる資質・能力を育成することを目指す。
2 内容
1の資質・能力を育成するため，主として第4学年以上の同好の児童をもって組織するクラブにおいて，次の各活動を通して，それぞれの活動の意義及び活動を行う上で必要となることについて理解し，主体的に考えて実践できるよう指導する。
(1) クラブの組織づくりとクラブ活動の計画や運営
児童が活動計画を立て，役割を分担し，協力して運営に当たること。
(2) クラブを楽しむ活動
異なる学年の児童と協力し，創意工夫を生かしながら共通の興味・関心を追求すること。
(3) クラブの成果の発表
活動の成果について，クラブの成員の発意・発想を生かし，協力して全校の児童や地域の人々に発表すること。

〔学校行事〕
1 目標
全校又は学年の児童で協力し，よりよい学校生活を築くための体験的な活動を通して，集団への所属感や連帯感を深め，公共の精神を養いながら，第1の目標に掲げる資質・能力を育成することを目指す。
2 内容
1の資質・能力を育成するため，全ての学年において，全校又は学年を単位として，次の各行事において，学校生活に秩序と変化を与え，学校生活の充実と発展に資する体験的な活動を行うことを通して，それぞれの学校行事の意義及び活動を行う上で必要となることについて理解し，主体的に考えて実践できるよう指導する。
(1) 儀式的行事
学校生活に有意義な変化や折り目を付け，厳粛で清新な気分を味わい，新しい生活の展開への動機付けとなるようにすること。
(2) 文化的行事
平素の学習活動の成果を発表し，自己の向上の意欲を一層高めたり，文化や芸術に親しんだりするようにすること。
(3) 健康安全・体育的行事
心身の健全な発達や健康の保持増進，事件や事故，災害等から身を守る安全な行動や規律ある集団行動の体得，運動に親しむ態度の育成，責任感や連帯感の涵（かん）養，体力の向上などに

資するようにすること。
(4)　遠足・集団宿泊的行事
　自然の中での集団宿泊活動などの平素と異なる生活環境にあって，見聞を広め，自然や文化などに親しむとともに，よりよい人間関係を築くなどの集団生活の在り方や公衆道徳などについての体験を積むことができるようにすること。
(5)　勤労生産・奉仕的行事
　勤労の尊さや生産の喜びを体得するとともに，ボランティア活動などの社会奉仕の精神を養う体験が得られるようにすること。
3　内容の取扱い
(1)　児童や学校，地域の実態に応じて，2に示す行事の種類ごとに，行事及びその内容を重点化するとともに，各行事の趣旨を生かした上で，行事間の関連や統合を図るなど精選して実施すること。また，実施に当たっては，自然体験や社会体験などの体験活動を充実するとともに，体験活動を通して気付いたことなどを振り返り，まとめたり，発表し合ったりするなどの事後の活動を充実すること。
第3　指導計画の作成と内容の取扱い
1　指導計画の作成に当たっては，次の事項に配慮するものとする。
(1)　特別活動の各活動及び学校行事を見通して，その中で育む資質・能力の育成に向けて，児童の主体的・対話的で深い学びの実現を図るようにすること。その際，よりよい人間関係の形成，よりよい集団生活の構築や社会への参画及び自己実現に資するよう，児童が集団や社会の形成者としての見方・考え方を働かせ，様々な集団活動に自主的，実践的に取り組む中で，互いのよさや個性，多様な考えを認め合い，等しく合意形成に関わり役割を担うようにすることを重視すること。
(2)　各学校においては特別活動の全体計画や各活動及び学校行事の年間指導計画を作成すること。その際，学校の創意工夫を生かし，学級や学校，地域の実態，児童の発達の段階などを考慮するとともに，第2に示す内容相互及び各教科，道徳科，外国語活動，総合的な学習の時間などの指導との関連を図り，児童による自主的，実践的な活動が助長されるようにすること。また，家庭や地域の人々との連携，社会教育施設等の活用などを工夫すること。
(3)　学級活動における児童の自発的，自治的な活動を中心として，各活動と学校行事を相互に関連付けながら，個々の児童についての理解を深め，教師と児童，児童相互の信頼関係を育み，学級経営の充実を図ること。その際，特に，いじめの未然防止等を含めた生徒指導との関連を図るようにすること。
(4)　低学年においては，第1章総則の第2の4の（1）を踏まえ，他教科等との関連を積極的に図り，指導の効果を高めるようにするとともに，幼稚園教育要領等に示す幼児期の終わりまでに育ってほしい姿との関連を考慮すること。特に，小学校入学当初においては，生活科を中心とした関連的な指導や，弾力的な時間割の設定を行うなどの工夫をすること。
(5)　障害のある児童などについては，学習活動を行う場合に生じる困難さに応じた指導内容や指導方法の工夫を計画的，組織的に行うこと。
(6)　第1章総則の第1の2の（2）に示す道徳教育の目標に基づき，道徳科などとの関連を考慮しながら，第3章特別の教科道徳の第2に示す内容について，特別活動の特質に応じて適切な指導をすること。
2　第2の内容の取扱いについては，次の事項に配慮するものとする。
(1)　学級活動，児童会活動及びクラブ活動の指導については，指導内容の特質に応じて，教師の適切な指導の下に，児童の自発的，自治的な活動が効果的に展開されるようにすること。その際，よりよい生活を築くために自分たちできまりをつくって守る活動などを充実するよう工夫すること。
(2)　児童及び学校の実態並びに第1章総則の第6の2に示す道徳教育の重点などを踏まえ，各学年において取り上げる指導内容の重点化を図るとともに，必要に応じて，内容間の関連や統合を図ったり，他の内容を加えたりすることができること。
(3)　学校生活への適応や人間関係の形成などについては，主に集団の場面で必要な指導や援助

を行うガイダンスと，個々の児童の多様な実態を踏まえ，一人一人が抱える課題に個別に対応した指導を行うカウンセリング（教育相談を含む。）の双方の趣旨を踏まえて指導を行うこと。特に入学当初や各学年のはじめにおいては，個々の児童が学校生活に適応するとともに，希望や目標をもって生活できるよう工夫すること。あわせて，児童の家庭との連絡を密にすること。
(4)　異年齢集団による交流を重視するとともに，幼児，高齢者，障害のある人々などとの交流や対話，障害のある幼児児童生徒との交流及び共同学習の機会を通して，協働することや，他者の役に立ったり社会に貢献したりすることの喜びを得られる活動を充実すること。
3　入学式や卒業式などにおいては，その意義を踏まえ，国旗を掲揚するとともに，国歌を斉唱するよう指導するものとする。

● 2017（平成29）年　中学校学習指導要領

第5章　特別活動

第1　目標

集団や社会の形成者としての見方・考え方を働かせ，様々な集団活動に自主的，実践的に取り組み，互いのよさや可能性を発揮しながら集団や自己の生活上の課題を解決することを通して，次のとおり資質・能力を育成することを目指す。
(1)　多様な他者と協働する様々な集団活動の意義や活動を行う上で必要となることについて理解し，行動の仕方を身に付けるようにする。
(2)　集団や自己の生活，人間関係の課題を見いだし，解決するために話し合い，合意形成を図ったり，意思決定したりすることができるようにする。
(3)　自主的，実践的な集団活動を通して身に付けたことを生かして，集団や社会における生活及び人間関係をよりよく形成するとともに，人間としての生き方についての考えを深め，自己実現を図ろうとする態度を養う。

第2　各活動・学校行事の目標及び内容

〔学級活動〕

1　目標

学級や学校での生活をよりよくするための課題を見いだし，解決するために話し合い，合意形成し，役割を分担して協力して実践したり，学級での話合いを生かして自己の課題の解決及び将来の生き方を描くために意思決定して実践したりすることに，自主的，実践的に取り組むことを通して，第1の目標に掲げる資質・能力を育成することを目指す。

2　内容

1の資質・能力を育成するため，全ての学年において，次の各活動を通して，それぞれの活動の意義及び活動を行う上で必要となることについて理解し，主体的に考えて実践できるよう指導する。
(1)　学級や学校における生活づくりへの参画
ア　学級や学校における生活上の諸問題の解決
学級や学校における生活をよりよくするための課題を見いだし，解決するために話し合い，合意形成を図り，実践すること。
イ　学級内の組織づくりや役割の自覚
学級生活の充実や向上のため，生徒が主体的に組織をつくり，役割を自覚しながら仕事を分担して，協力し合い実践すること。
ウ　学校における多様な集団の生活の向上
生徒会など学級の枠を超えた多様な集団における活動や学校行事を通して学校生活の向上を図るため，学級としての提案や取組を話し合って決めること。
(2)　日常の生活や学習への適応と自己の成長及び健康安全
ア　自他の個性の理解と尊重，よりよい人間関係の形成
自他の個性を理解して尊重し，互いのよさや可能性を発揮しながらよりよい集団生活をつくる

こと。
イ　男女相互の理解と協力
　男女相互について理解するとともに，共に協力し尊重し合い，充実した生活づくりに参画すること。
ウ　思春期の不安や悩みの解決，性的な発達への対応
　心や体に関する正しい理解を基に，適切な行動をとり，悩みや不安に向き合い乗り越えようとすること。
エ　心身ともに健康で安全な生活態度や習慣の形成
　節度ある生活を送るなど現在及び生涯にわたって心身の健康を保持増進することや，事件や事故，災害等から身を守り安全に行動すること。
オ　食育の観点を踏まえた学校給食と望ましい食習慣の形成
　給食の時間を中心としながら，成長や健康管理を意識するなど，望ましい食習慣の形成を図るとともに，食事を通して人間関係をよりよくすること。
(3)　一人一人のキャリア形成と自己実現
ア　社会生活，職業生活との接続を踏まえた主体的な学習態度の形成と学校図書館等の活用
　現在及び将来の学習と自己実現とのつながりを考えたり，自主的に学習する場としての学校図書館等を活用したりしながら，学ぶことと働くことの意義を意識して学習の見通しを立て，振り返ること。
イ　社会参画意識の醸成や勤労観・職業観の形成
　社会の一員としての自覚や責任をもち，社会生活を営む上で必要なマナーやルール，働くことや社会に貢献することについて考えて行動すること。
ウ　主体的な進路の選択と将来設計
　目標をもって，生き方や進路に関する適切な情報を収集・整理し，自己の個性や興味・関心と照らして考えること。

3　内容の取扱い

(1)　2の(1)の指導に当たっては，集団としての意見をまとめる話合い活動など小学校からの積み重ねや経験を生かし，それらを発展させることができるよう工夫すること。
(2)　2の(3)の指導に当たっては，学校，家庭及び地域における学習や生活の見通しを立て，学んだことを振り返りながら，新たな学習や生活への意欲につなげたり，将来の生き方を考えたりする活動を行うこと。その際，生徒が活動を記録し蓄積する教材等を活用すること。

〔生徒会活動〕

1　目標

　異年齢の生徒同士で協力し，学校生活の充実と向上を図るための諸問題の解決に向けて，計画を立て役割を分担し，協力して運営することに自主的，実践的に取り組むことを通して，第1の目標に掲げる資質・能力を育成することを目指す。

2　内容

　1の資質・能力を育成するため，学校の全生徒をもって組織する生徒会において，次の各活動を通して，それぞれの活動の意義及び活動を行う上で必要となることについて理解し，主体的に考えて実践できるよう指導する。
(1)　生徒会の組織づくりと生徒会活動の計画や運営
　生徒が主体的に組織をつくり，役割を分担し，計画を立て，学校生活の課題を見いだし解決するために話し合い，合意形成を図り実践すること。
(2)　学校行事への協力
　学校行事の特質に応じて，生徒会の組織を活用して，計画の一部を担当したり，運営に主体的に協力したりすること。
(3)　ボランティア活動などの社会参画
　地域や社会の課題を見いだし，具体的な対策を考え，実践し，地域や社会に参画できるようにすること。

〔学校行事〕

1　目標

全校又は学年の生徒で協力し，よりよい学校生活を築くための体験的な活動を通して，集団への所属感や連帯感を深め，公共の精神を養いながら，第１の目標に掲げる資質・能力を育成することを目指す。

2　内容

1の資質・能力を育成するため，全ての学年において，全校又は学年を単位として，次の各行事において，学校生活に秩序と変化を与え，学校生活の充実と発展に資する体験的な活動を行うことを通して，それぞれの学校行事の意義及び活動を行う上で必要となることについて理解し，主体的に考えて実践できるよう指導する。

(1)　儀式的行事

学校生活に有意義な変化や折り目を付け，厳粛で清新な気分を味わい，新しい生活の展開への動機付けとなるようにすること。

(2)　文化的行事

平素の学習活動の成果を発表し，自己の向上の意欲を一層高めたり，文化や芸術に親しんだりするようにすること。

(3)　健康安全・体育的行事

心身の健全な発達や健康の保持増進，事件や事故，災害等から身を守る安全な行動や規律ある集団行動の体得，運動に親しむ態度の育成，責任感や連帯感の涵（かん）養，体力の向上などに資するようにすること。

(4)　旅行・集団宿泊的行事

平素と異なる生活環境にあって，見聞を広め，自然や文化などに親しむとともに，よりよい人間関係を築くなどの集団生活の在り方や公衆道徳などについての体験を積むことができるようにすること。

(5)　勤労生産・奉仕的行事

勤労の尊さや生産の喜びを体得し，職場体験活動などの勤労観・職業観に関わる啓発的な体験が得られるようにするとともに，共に助け合って生きることの喜びを体得し，ボランティア活動などの社会奉仕の精神を養う体験が得られるようにすること。

3　内容の取扱い

(1)　生徒や学校，地域の実態に応じて，2に示す行事の種類ごとに，行事及びその内容を重点化するとともに，各行事の趣旨を生かした上で，行事間の関連や統合を図るなど精選して実施すること。また，実施に当たっては，自然体験や社会体験などの体験活動を充実するとともに，体験活動を通して気付いたことなどを振り返り，まとめたり，発表し合ったりするなどの事後の活動を充実すること。

第3　指導計画の作成と内容の取扱い

1　指導計画の作成に当たっては，次の事項に配慮するものとする。

(1)　特別活動の各活動及び学校行事を見通して，その中で育む資質・能力の育成に向けて，生徒の主体的・対話的で深い学びの実現を図るようにすること。その際，よりよい人間関係の形成，よりよい集団生活の構築や社会への参画及び自己実現に資するよう，生徒が集団や社会の形成者としての見方・考え方を働かせ，様々な集団活動に自主的，実践的に取り組む中で，互いのよさや個性，多様な考えを認め合い，等しく合意形成に関わり役割を担うようにすることを重視すること。

(2)　各学校においては特別活動の全体計画や各活動及び学校行事の年間指導計画を作成すること。その際，学校の創意工夫を生かし，学級や学校，地域の実態，生徒の発達の段階などを考慮するとともに，第2に示す内容相互及び各教科，道徳科，総合的な学習の時間などの指導との関連を図り，生徒による自主的，実践的な活動が助長されるようにすること。また，家庭や地域の人々との連携，社会教育施設等の活用などを工夫すること。

(3)　学級活動における生徒の自発的，自治的な活動を中心として，各活動と学校行事を相互に関連付けながら，個々の生徒についての理解を深め，教師と生徒，生徒相互の信頼関係を育み，学級経営の充実を図ること。その際，特に，いじめの未然防止等を含めた生徒指導との関連を図

るようにすること。
(4)　障害のある生徒などについては，学習活動を行う場合に生じる困難さに応じた指導内容や指導方法の工夫を計画的，組織的に行うこと。
(5)　第1章総則の第1の2の（2）に示す道徳教育の目標に基づき，道徳科などとの関連を考慮しながら，第3章特別の教科道徳の第2に示す内容について，特別活動の特質に応じて適切な指導をすること。
2　第2の内容の取扱いについては，次の事項に配慮するものとする。
(1)　学級活動及び生徒会活動の指導については，指導内容の特質に応じて，教師の適切な指導の下に，生徒の自発的，自治的な活動が効果的に展開されるようにすること。その際，よりよい生活を築くために自分たちできまりをつくって守る活動などを充実するよう工夫すること。
(2)　生徒及び学校の実態並びに第1章総則の第6の2に示す道徳教育の重点などを踏まえ，各学年において取り上げる指導内容の重点化を図るとともに，必要に応じて，内容間の関連や統合を図ったり，他の内容を加えたりすることができること。
(3)　学校生活への適応や人間関係の形成，進路の選択などについては，主に集団の場面で必要な指導や援助を行うガイダンスと，個々の生徒の多様な実態を踏まえ，一人一人が抱える課題に個別に対応した指導を行うカウンセリング（教育相談を含む。）の双方の趣旨を踏まえて指導を行うこと。特に入学当初においては，個々の生徒が学校生活に適応するとともに，希望や目標をもって生活をできるよう工夫すること。あわせて，生徒の家庭との連絡を密にすること。
(4)　異年齢集団による交流を重視するとともに，幼児，高齢者，障害のある人々などとの交流や対話，障害のある幼児児童生徒との交流及び共同学習の機会を通して，協働することや，他者の役に立ったり社会に貢献したりすることの喜びを得られる活動を充実すること。
3　入学式や卒業式などにおいては，その意義を踏まえ，国旗を掲揚するとともに，国歌を斉唱するよう指導するものとする。

● 2018（平成30）年　高等学校学習指導要領

第5章　特別活動

第1　目標

集団や社会の形成者としての見方・考え方を働かせ，様々な集団活動に自主的，実践的に取り組み，互いのよさや可能性を発揮しながら集団や自己の生活上の課題を解決することを通して，次のとおり資質・能力を育成することを目指す。
(1)　多様な他者と協働する様々な集団活動の意義や活動を行う上で必要となることについて理解し，行動の仕方を身に付けるようにする。
(2)　集団や自己の生活，人間関係の課題を見いだし，解決するために話し合い，合意形成を図ったり，意思決定したりすることができるようにする。
(3)　自主的，実践的な集団活動を通して身に付けたことを生かして，主体的に集団や社会に参画し，生活及び人間関係をよりよく形成するとともに，人間としての在り方生き方についての自覚を深め，自己実現を図ろうとする態度を養う。

第2　各活動・学校行事の目標及び内容

〔ホームルーム活動〕

1　目標

ホームルームや学校での生活をよりよくするための課題を見いだし，解決するために話し合い，合意形成し，役割を分担して協力して実践したり，ホームルームでの話合いを生かして自己の課題の解決及び将来の生き方を描くために意思決定して実践したりすることに，自主的，実践的に取り組むことを通して，第1の目標に掲げる資質・能力を育成することを目指す。

2　内容

1の資質・能力を育成するため，全ての学年において，次の各活動を通して，それぞれの活動の意義及び活動を行う上で必要となることについて理解し，主体的に考えて実践できるよう指導

する。
(1) ホームルームや学校における生活づくりへの参画
ア ホームルームや学校における生活上の諸問題の解決
ホームルームや学校における生活を向上・充実させるための課題を見いだし，解決するために話し合い，合意形成を図り，実践すること。
イ ホームルーム内の組織づくりや役割の自覚
ホームルーム生活の充実や向上のため，生徒が主体的に組織をつくり，役割を自覚しながら仕事を分担して，協力し合い実践すること。
ウ 学校における多様な集団の生活の向上
生徒会などホームルームの枠を超えた多様な集団における活動や学校行事を通して学校生活の向上を図るため，ホームルームとしての提案や取組を話し合って決めること。
(2) 日常の生活や学習への適応と自己の成長及び健康安全
ア 自他の個性の理解と尊重，よりよい人間関係の形成
自他の個性を理解して尊重し，互いのよさや可能性を発揮し，コミュニケーションを図りながらよりよい集団生活をつくること。
イ 男女相互の理解と協力
男女相互について理解するとともに，共に協力し尊重し合い，充実した生活づくりに参画すること。
ウ 国際理解と国際交流の推進
我が国と他国の文化や生活習慣などについて理解し，よりよい交流の在り方を考えるなど，共に尊重し合い，主体的に国際社会に生きる日本人としての在り方生き方を探求しようとすること。
エ 青年期の悩みや課題とその解決
心や体に関する正しい理解を基に，適切な行動をとり，悩みや不安に向き合い乗り越えようとすること。
オ 生命の尊重と心身ともに健康で安全な生活態度や規律ある習慣の確立
節度ある健全な生活を送るなど現在及び生涯にわたって心身の健康を保持増進することや，事件や事故，災害等から身を守り安全に行動すること。
(3) 一人一人のキャリア形成と自己実現
ア 学校生活と社会的・職業的自立の意義の理解
現在及び将来の生活や学習と自己実現とのつながりを考えたり，社会的・職業的自立の意義を意識したりしながら，学習の見通しを立て，振り返ること。
イ 主体的な学習態度の確立と学校図書館等の活用
自主的に学習する場としての学校図書館等を活用し，自分にふさわしい学習方法や学習習慣を身に付けること。
ウ 社会参画意識の醸成や勤労観・職業観の形成
社会の一員としての自覚や責任をもち，社会生活を営む上で必要なマナーやルール，働くことや社会に貢献することについて考えて行動すること。
エ 主体的な進路の選択決定と将来設計
適性やキャリア形成などを踏まえた教科・科目を選択することなどについて，目標をもって，在り方生き方や進路に関する適切な情報を収集・整理し，自己の個性や興味・関心と照らして考えること。

3 内容の取扱い

(1) 内容の（1）の指導に当たっては，集団としての意見をまとめる話合い活動など中学校の積み重ねや経験を生かし，それらを発展させることができるよう工夫すること。
(2) 内容の（3）の指導に当たっては，学校，家庭及び地域における学習や生活の見通しを立て，学んだことを振り返りながら，新たな学習や生活への意欲につなげたり，将来の在り方生き方を考えたりする活動を行うこと。その際，生徒が活動を記録し蓄積する教材等を活用すること。

〔生徒会活動〕

1　目標

異年齢の生徒同士で協力し，学校生活の充実と向上を図るための諸問題の解決に向けて，計画を立て役割を分担し，協力して運営することに自主的，実践的に取り組むことを通して，第1の目標に掲げる資質・能力を育成することを目指す。

2　内容

1の資質・能力を育成するため，学校の全生徒をもって組織する生徒会において，次の各活動を通して，それぞれの活動の意義及び活動を行う上で必要となることについて理解し，主体的に考えて実践できるよう指導する。

(1)　生徒会の組織づくりと生徒会活動の計画や運営

生徒が主体的に組織をつくり，役割を分担し，計画を立て，学校生活の課題を見いだし解決するために話し合い，合意形成を図り実践すること。

(2)　学校行事への協力

学校行事の特質に応じて，生徒会の組織を活用して，計画の一部を担当したり，運営に主体的に協力したりすること。

(3)　ボランティア活動などの社会参画

地域や社会の課題を見いだし，具体的な対策を考え，実践し，地域や社会に参画できるようにすること。

〔学校行事〕

1　目標

全校若しくは学年又はそれらに準ずる集団で協力し，よりよい学校生活を築くための体験的な活動を通して，集団への所属感や連帯感を深め，公共の精神を養いながら，第1の目標に掲げる資質・能力を育成することを目指す。

2　内容

1の資質・能力を育成するため，全校若しくは学年又はそれらに準ずる集団を単位として，次の各行事において，学校生活に秩序と変化を与え，学校生活の充実と発展に資する体験的な活動を行うことを通して，それぞれの学校行事の意義及び活動を行う上で必要となることについて理解し，主体的に考えて実践できるよう指導する。

(1)　儀式的行事

学校生活に有意義な変化や折り目を付け，厳粛で清新な気分を味わい，新しい生活の展開への動機付けとなるようにすること。

(2)　文化的行事

平素の学習活動の成果を発表し，自己の向上の意欲を一層高めたり，文化や芸術に親しんだりするようにすること。

(3)　健康安全・体育的行事

心身の健全な発達や健康の保持増進，事件や事故，災害等から身を守る安全な行動や規律ある集団行動の体得，運動に親しむ態度の育成，責任感や連帯感の涵（かん）養，体力の向上などに資するようにすること。

(4)　旅行・集団宿泊的行事

平素と異なる生活環境にあって，見聞を広め，自然や文化などに親しむとともに，よりよい人間関係を築くなどの集団生活の在り方や公衆道徳などについての体験を積むことができるようにすること。

(5)　勤労生産・奉仕的行事

勤労の尊さや創造することの喜びを体得し，就業体験活動などの勤労観・職業観の形成や進路の選択決定などに資する体験が得られるようにするとともに，共に助け合って生きることの喜びを体得し，ボランティア活動などの社会奉仕の精神を養う体験が得られるようにすること。

3　内容の取扱い

(1)　生徒や学校，地域の実態に応じて，内容に示す行事の種類ごとに，行事及びその内容を重点化するとともに，各行事の趣旨を生かした上で，行事間の関連や統合を図るなど精選して実施

すること。また，実施に当たっては，自然体験や社会体験などの体験活動を充実するとともに，体験活動を通して気付いたことなどを振り返り，まとめたり，発表し合ったりするなどの事後の活動を充実すること。

第3　指導計画の作成と内容の取扱い

1　指導計画の作成に当たっては，次の事項に配慮するものとする。

(1)　特別活動の各活動及び学校行事を見通して，その中で育む資質・能力の育成に向けて，生徒の主体的・対話的で深い学びの実現を図るようにすること。その際，よりよい人間関係の形成，よりよい集団生活の構築や社会への参画及び自己実現に資するよう，生徒が集団や社会の形成者としての見方・考え方を働かせ，様々な集団活動に自主的，実践的に取り組む中で，互いのよさや個性，多様な考えを認め合い，等しく合意形成に関わり役割を担うようにすることを重視すること。

(2)　各学校においては，次の事項を踏まえて特別活動の全体計画や各活動及び学校行事の年間指導計画を作成すること。

ア　学校の創意工夫を生かし，ホームルームや学校，地域の実態，生徒の発達の段階などを考慮すること。

イ　第2に示す内容相互及び各教科・科目，総合的な探究の時間などの指導との関連を図り，生徒による自主的，実践的な活動が助長されるようにすること。特に社会において自立的に生きることができるようにするため，社会の一員としての自己の生き方を探求するなど，人間としての在り方生き方の指導が行われるようにすること。

ウ　家庭や地域の人々との連携，社会教育施設等の活用などを工夫すること。その際，ボランティア活動などの社会奉仕の精神を養う体験的な活動や就業体験活動などの勤労に関わる体験的な活動の機会をできるだけ取り入れること。

(3)　ホームルーム活動における生徒の自発的，自治的な活動を中心として，各活動と学校行事を相互に関連付けながら，個々の生徒についての理解を深め，教師と生徒，生徒相互の信頼関係を育み，ホームルーム経営の充実を図ること。その際，特に，いじめの未然防止等を含めた生徒指導との関連を図るようにすること。

(4)　障害のある生徒などについては，学習活動を行う場合に生じる困難さに応じた指導内容や指導方法の工夫を計画的，組織的に行うこと。

(5)　第1章第1款の2の(2)に示す道徳教育の目標に基づき，特別活動の特質に応じて適切な指導をすること。

(6)　ホームルーム活動については，主としてホームルームごとにホームルーム担任の教師が指導することを原則とし，活動の内容によっては他の教師などの協力を得ること。

2　内容の取扱いに当たっては，次の事項に配慮するものとする。

(1)　ホームルーム活動及び生徒会活動の指導については，指導内容の特質に応じて，教師の適切な指導の下に，生徒の自発的，自治的な活動が効果的に展開されるようにすること。その際，よりよい生活を築くために自分たちできまりをつくって守る活動などを充実するよう工夫すること。

(2)　生徒及び学校の実態並びに第1章第7款の1に示す道徳教育の重点などを踏まえ，各学年において取り上げる指導内容の重点化を図るとともに，必要に応じて，内容間の関連や統合を図ったり，他の内容を加えたりすることができること。

(3)　学校生活への適応や人間関係の形成，教科・科目や進路の選択などについては，主に集団の場面で必要な指導や援助を行うガイダンスと，個々の生徒の多様な実態を踏まえ，一人一人が抱える課題に個別に対応した指導を行うカウンセリング（教育相談を含む。）の双方の趣旨を踏まえて指導を行うこと。特に入学当初においては，個々の生徒が学校生活に適応するとともに，希望や目標をもって生活をできるよう工夫すること。あわせて，生徒の家庭との連絡を密にすること。

(4)　異年齢集団による交流を重視するとともに，幼児，高齢者，障害のある人々などとの交流や対話，障害のある幼児児童生徒との交流及び共同学習の機会を通して，協働することや，他者の役に立ったり社会に貢献したりすることの喜びを得られる活動を充実すること。

(5) 特別活動の一環として学校給食を実施する場合には，食育の観点を踏まえた適切な指導を行うこと。
3 入学式や卒業式などにおいては，その意義を踏まえ，国旗を掲揚するとともに，国歌を斉唱するよう指導するものとする。

※本資料は、国立教育政策研究所教育研究情報データベース（通称：ERID）の「学習指導要領の一覧」（https://erid.nier.go.jp/guideline.html）の特別活動に関する記載事項をもとに作成したものである。ERIDでは発表年度で記されているものもあるが、ここでは本書の記載基準（改訂年を表記する）にしたがい変更を加えた。

伊東毅（いとう・たけし）

一九六二年生まれ。武蔵野美術大学教授。東京大学大学院教育学研究科博士課程満期退学。教育哲学を専攻。単著に『未来の教師におくる特別活動論』（武蔵野美術大学出版局、二〇一一年）。共著に『なくならない「いじめ」を考える』（国土社、二〇〇八年）、『よくわかる教育原理』（ミネルヴァ書房、二〇一一年）、『みんなで生き方を考える道徳：中学生―教師用指導書』［1年～3年］（日本標準、二〇一三年）、『新しい教育相談論』（武蔵野美術大学出版局、二〇一六年）、『道徳科教育講義』（武蔵野美術大学出版局、二〇一七年）、『道徳教育の批判と創造―社会転換期を拓く』（エイデル研究所、二〇一九年）、『これからの生活指導と進路指導』（武蔵野美術大学出版局、二〇二〇年）ほか。

未来の教師と考える特別活動論

二〇二二年四月一日　初版第一刷発行

著者　伊東毅

発行者　白賀洋平

発行所　武蔵野美術大学出版局

〒一八〇-八五六六

東京都武蔵野市吉祥寺東町三-三-七

電話　〇四二二-二三-〇八一〇（営業）

〇四二二-二二-八五八〇（編集）

印刷・製本　株式会社精興社

定価はカバーに表記しています

乱丁・落丁本はお取り替えいたします

ISBN978-4-86463-147-1　C3037　Printed in Japan